Beschreibung

der

Haupt- und Residenzstadt

München

(im gegenwärtigen Zustande)

vom

Profeßor Westenrieder.

München 1782.
bey Johann Baptist Strobl.

ISBN 3 87249 083 4

Faksimile-Nachdruck (Reprint) des 1782 bei Johann Baptist Strobl, München, erschienenen Originals.
Beim Nachdruck wurden gegenüber der Originalvorlage keinerlei Veränderungen vorgenommen.

Gesamtherstellung:
Carl Gerber Grafische Betriebe GmbH, München

An den Leser.

Beschreibungen von Städten sind denselben in mancherley Rücksicht äusserst wichtig, so, daß in jedem wohlgeordneten Staat ein Gesätz gemacht werden sollte, dieselben wenigst zu Ende jedes Jahrhunderts zu erneuern. Man würde hieraus, ohne allem Vorurtheil, ersehen, was man verbessert, oder vernachläßigt, und ob man, in Verhältniß mit andern Städten, zugenommen, oder verloren habe. Zu gleicher Zeit diente ein solches Buch zum Haus- und Geschichtsbuch des Volks, zur Kunst- und Handwerks- und Gelehrtengeschichte, in welchem jeder nach seinem Bedürfniß finden würde, was ihn erheben kann, — Unterricht und Vergnügen finden würde. Es wäre ein Buch des vaterländischen Ruhms für grosse und gute Bürger, und eine unumstößliche Urkunde unsrer Denkungsart, und unsers Geschmacks; ein Heilungsmittel des Vorurtheils, und eine reiche Quelle des Wetteifers, wodurch von Zeit zu Zeit die fähigsten Männer angefeuert würden, sich durch etwas Ruhmwürdiges ein Recht in diesem Denkmal des Andenkens zu verschaffen.

Was mich zu dieser Beschreibung vorzüglich ermuntert hat, ist die Hoffnung, durch dieselbe meinen Landsleuten ein rühmliches Verlangen nach fernern, ältern, und umständlichen Nachrichten der Dinge, welche uns so nahe, wie diese, betreffen, einzuflößen; und ich habe daher, um das Buch durch seinen Preis nicht zu kostbar zu machen, mit Absicht mich hauptsächlich nur auf den gegenwärtigen Zustand unsrer Haupt- und Vaterstadt eingeschränkt, und erwarte nun, daß mich der Antheil, welchen man daran nehmen wird, ermuntern soll, die Geschichte der Vergangenheit, welche ich hier nur gelegentlich berühret habe, eine

Ge-

Geschichte, worinn der Ursprung, und Fortgang aller für uns wichtigen Dinge angezeigt werden soll, in einem besondern Bande zu liefern.

Ich habe in dieser Beschreibung vieles über unsre häuslichen Einrichtungen und Gewohnheiten, und vieles über das Uebliche in Dingen gesagt, welche vielleicht manchem beym ersten Anblick keiner Betrachtung würdig zu seyn scheinen möchten, und es doch vorzüglich sind. Wenn man einmal von einem Staat getreue Nachrichten dieser Art hat, so läßt sich schon ziemlich zuversichtlich auf die Beschaffenheit der Verfassung und innern Einrichtuug schliessen. Diese Dinge gleichen den karakteristischen Zügen, welche durch die innern Seelenbewegungen auf dem Angesicht hervor kommen, und den leidentschaftlichen und geistigen Zustand der Seele verkündigen. Man sieht daraus, welche Bestandtheile aus alten, bessern, oder schlimmern Zeiten noch übrig, und wie viel von dem Salz vorhanden sey, welches ein lebhaftes und richtiges Nachdenken erzeugt, und wechselweise von diesem geweckt wird.

Auch liegen hierinn nicht selten die Quellen grosser Tugenden, oder verwüstender Unordnungen.

Wie ein Bauverständiger, so bald er die Anordnung, und Vertheilung der Behältnisse sieht, weis, zu welcher Absicht das Gebäude bestimmt, ob es wohl gar zu keiner bestimmt, oder ob es derselben vollkommen angemessen; ob etwas am unrechten Ort gestellt, und ohne Kenntniß und Geschmack angebracht sey: so sieht ein verständiger Bürger, so bald er den Zustand der vorhandnen Verfassung erblickt, die Tugenden, oder die Gebrechen und Mängel der Stadt; er merkt es genau, ohne daß man ihn erinnert, ob zwischen denen, welche Brod schaffen, und denen, welche es aufzehren, zwischen denen, die tragen und ziehen, und denen, die gezogen und getragen werden, ein vernünftiges Verhältniß, ob in dieser bürgerlichen Verfassung irgend etwas, das der Schnellkraft bey einem Uhrwerk gleicht, eingeführt, ob etwas Originelles im Thun vorhanden, oder ob alles dem kommenden Tag, und dem Glück und Zufall überlassen sey.

sey. Ich habe bey manchen Gelegenheiten solche Data ausgestellt, welche dem Nachdenker auffallen, und ihm, wenn er ein Mann von Bedeutung ist, (und dieß ist Jedermann) Gelegenheit zur Erinnerung und Mittheilung geben werden.

Ich habe vieles von Leibsübungen, Spielen, und Feyerlichkeiten gesagt. Diese Dinge waren noch jedem Staat wichtig; sie waren von weisen Regierungen, oder grossen Köpfen aus kluger Absicht erfunden; und nun sich ihr Endzweck mit den Geschichten aller Zeiten in die Vergangenheit dreht; — als wir die lästigen Halskrausen weglegten, bedienten wir uns sorgfältig andrer Arten von Kleidern: was setzen wir in die Stelle von jenen? u. s. w.

Das Verzeichniß der Künstler, so wie der vorzüglichen Kunststücke in den Kirchen, und kurfürstl. Wohnungen, welches meines Wissens das erste dieser Art ist, habe ich so vollständig zu machen, und die Nämen der Meister so richtig anzugeben gesucht, als es jemand, der sich beynahe alle erdenkliche

Mühe giebt, die Wahrheit zu erforschen, nur möglich ist. Bekanntlich haben wir nie ein ordentliches öffentliches Hand- oder Jahrbuch, wo sich wenigst die Nämen der bessern Künstler ununterbrochen fänden, gehalten; und da die Nämen der Meister, welche uns kostbare Denkmäler hinterlassen haben, gewöhnlich weder bey ihren Werken, noch in Urkundsbüchern gefunden werden: so habe ich, ungeachtet der Sorgfalt, mit der ich Kenner zu Rath gezogen habe, in den Nämen einzelner Meister, wie dann bey einigen Altarblättern verschiedne angegeben werden, mich irren können, und ich bitte daher denjenigen, der etwas Bestimmtes aus ungezweifelten Urkunden mir mittheilen kann, um seine Erinnerung. Manchmal liegt in Schriften, wo man nichts weniger, als Dinge über Kunst und Litteratur suchen sollte, eine Nachricht, die hundert Zweifel auflöst, über welche es vergebens ist, etwas Erläuterndes zu sagen. Es ist, wenn wir die Ehre der Künstler befördern, vorzüglich um die Ehre unsers Vaterlandes zu thun; denn diese sind die Männer, und diese Werke sind die Denkmäler, in denen wir leben;

alles übrige (wir sehens) vergeht, und wird, gleich einer Fabel, beynahe vergessen. Manche Staatsverfassung hat noch nie die Vollkommenheit einer mittelmäßigen Zeichnung erreicht, und das Pochen der Gewaltigen, und, Gott lob, auch das Weinen der Unglücklichen liegt mit den Zeiten begraben. Jenes war selten, was die Kunst immer ist, — ein Menschenwerk, ein Werk, worinn das ganze Geschlecht der Menschen Eine Sprache, und Eine Gesinnung hat.

Und hiemit empfehle ich meinen Lesern diese Beschreibung unsrer Haushaltung, mit dem sehnlichsten Wunsche, daß sie uns veranlassen möchte, uns des Guten zu freuen, und mit vereinigten Herzen dasselbe zu befördern.

Inhalt.

Erster Theil.

Vom Civilwesen.

Erster Abschnitt.

Zweyter Abschnitt.

d)

Dritter Abschnitt.

Vierter Abschnitt.

Fünfter

Fünfter Abschnitt.

Vom Militär.

Sechster Abschnitt.

Von der Bürgerschaft, und zwar

§. I. Von der bürgerlichen Verfassung.

§. II. Von den zünftigen Gewerben, und Bensitzern.

§. III. Von der bürgerlichen Miliz.

Siebenter Abschnitt.

Von hiesigen Münzen, Gewichten, und Maaße.

Achter Abschnitt.

Preis der vornehmsten Viktualien, und dahin gehöriger Dinge.

Neunter Abschnitt.

Manufakturen und Fabriken, als: 1) Die Hautlice-Tapeten-Manufaktur. 2) Die Cotton-Manufaktur. 3) Die Strümpffabrik. 4) Die Porzelainfabrik. 5) Die Tabaksfabrik. 6) Die Zeugfabrik. 7) Die Lederfabrik. 8) Die Gold- und Silberfabrik. 9) Die Kartenfabrik. 10) Die Pinselfabrik. 11) Die Pulvermühlen. 12) Das Münzwesen. ꝛc.

Zwey-

Zweyter Theil.

Vom Kirchenwesen.

Erster Abschnitt.

Zweyter Abschnitt.

Von den Kirchen, wobey keine Klöster sind.

§. X.

Dritter Abschnitt.

§. V.

Dritter

Achter

)( )(Sieben-

Die beygefügte Charte ist, wie man leicht sieht, vorzüglich zum Gebrauch der Fremden bestimmt. Es wird eben gegenwärtig ein vollständiger geometrischer Plan von München, und dessen Bezirk, welchen Hr. Adrian Riedl, kurf. Hofkammerrath, und Ingenieurhauptmann rc. verfertigt hat, gestochen, und binnen kurzer Zeit, wie die Zeitung ankündigen wird, besonders zu haben seyn.

Erster

Erster Theil

vom

Civilwesen.

Erster Abschnit.

§. I.

Vom Ursprung der Stadt.

München liegt in der Breite von 48°, 10', in der Länge 29°, 11'.

Die Untersuchung, was auf dem Platz, wo itzt München steht, vor Erbauung derselben vorhanden war, gehört unter diejenigen, deren Entscheidung, und Aufklärung, wenn sie auch ganz möglich wäre, uns nicht besser, noch glücklicher machen würde. Dieß ist längst hinab in die Vergangenheit gerücket, und hat auf uns Gegenwärtige nicht die geringste Beziehung. —

Das Kloster Schöstlarn, von welchem man immer sagt, daß es da, wo itzt München steht, einen Meyrhof besessen haben soll, besaß hier nichts; wohl aber gehörte nach Schöstlarn schon damals der sogenannte Conradshof, dessen Gründe, und Felder, welche gleich auf der Anhöhe um die Dachauerstrasse zum Theil noch innerhalb dem Burgfried anfangen, das Kloster noch bis diese Stunde besitzet. Wahrscheinlichst war die ganze Gegend vom Gasteigberg, bis zum Neuhauserberg, eine Wildnis, dem wechselnden, und ungewissen Rinsaal des damals noch ganz uneingeschrenkten Isarstroms überlassen, (wie man dann von dem Lauf desselben noch überall Spuren sieht) und wenn die Stadt ihren Namen, und Wappen von Mönchen hergeleitet hat: so geschah es weit vermuthlicher darum, weil dieser Ort eine Zufluchtsstatt für die unglücklichen Mönchen gewesen, welche um diese Zeit von den Hungarn grausam mishandelt worden. — Schon stunden aber damals **Sendling**, und **Mosach**, **Schwabing**, **Neuching**, und ganz gewiß ein' paar einsiedlerische ärmliche Kapellen auf der wilden Stromebne, wo dermal München steht.

Daß **Herzog Heinrich**, genannt der Löw, der letzte von den Welfen, welche in Bayern herrschten, (ein großer Fürst in allen seinen

Tha-

Thaten, und seinen überaus rührenden Unglücksfällen standhaft, und groß, der, wenn er einmal statt matten Kronikschreibern einen Homer von Geschichtschreiber fände, uns ein bischen mehr seyn würde, als was Achil den den Griechen war,) — daß, sag ich, Heinrich der Löw im Jahr 1158 die Brücke bey dem großen Dorf, oder Mark Vöhring, wo damals eine Niederlag des bairischen Salzes, welches von Reichenhall über Wasserburg geführt worden, dann ein Salzzoll, und eine freysingerische Münzstatt geblüht hat, niedergerissen, und dafür Brücke, über welche das Salz geführt werden sollte, in seinem Gebiet, erbaut; daß er auch eine Salzniederlag, und Münzstatt auf dem Platz, wo München steht, aufgerichtet, und selbe behauptet habe, ist bekannt. Um diese Zeit hatte München wahrscheinlich schon etwas, einem Dorf ähnliches. Nun zogen, wie auf Einmal, eine Menge Menschen, Zöllner, Münzmeister, Münzknechte, und, was nothwendig folgt, verschiedne unentbehrliche Handwerksleute, Obrigkeiten zusamm, und München wurde bald zu einem förmlichen Markt erhoben. Vermuthlich hat Herzog Heinrich der Löw für mehr, als gut befunden, diese neue Kolonie auf alle Fälle in einen Vertheidigungsstand zu setzen, und er hat die Mauern vom Raths- bis zum schönen Thurm, und von Blauenten- bis zum

Rudel- oder Wilbrechtsthurm, errichtet, auch den noch heutigen Wassergraben herumgezogen. Dieß wird um so wahrscheinlicher, da die drey ersten regierenden Herzogen von der scheyrischen, oder wittelsbachischen Linie, nämlich Otto V. **Ludwig**, und Otto illustris, welche unmittelbar auf Heinrichen den Löwen folgten, nicht zu München, sondern der erste theils zu Kellheim, theils, und (zumal die zween leztern) meistens zu Landshut wohnten. Ob aber München darum, weil es Mauern hatte, auch weil es um diese Zeit bereits Oppidum genannt wurde, eine Stadt, oder nur noch ein Markt, und dieß wohl gar bis auf Kayser Ludwig geblieben war, liegt mir wenig am Herzen.

Heinrich der Löw versah seinen Markt mit einigen Verordnungen und Freyheiten. Ein Denkmal seiner Zeit soll der Löw an dem Stadtoberrichterhaus seyn, welches dortmals ein Zoll, oder auch ein Absteighaus war.

Unter den dreyen ersten genannten Herzogen hat sich München, wie leicht zu erachten, sehr erweitert. Unter dem Otto illustri wurde im Jahr 1234 bereits ein Landtag, und 1259 die fürstliche Hochzeit der Elisabeth, Tochter dieses Otto, mit Meinhard dem 2ten Grafen zu Görz, und Tyrol, gehalten.

Der

Der vierte Herzog, welchen das neuentstandne München angehörte, war **Ludwig**, der Strenge; und da er, vermög der mit seinem Bruder Heinrich vorgenommenen Landestheilung, die Stadt Landshut in Niederbayern, und mithin auch seine Residenz verlor: erbaute er sich eine neue in München, so, daß also Ludwig der Strenge der erste Herzog war, welcher in München seine Residenz hatte. Dieß war der sogenannte alte Hof.

Dieser Ludwig der Strenge hinterließ zween Söhne, genannt **Rudolph**, und **Ludwig**. Ihr Vater wollte, daß diese Brüder die Länder theilen, und daß **Rudolph der Aeltere die rheinische Pfalz** mit einem Theil von Oberbayern (denn in Niederbayern regierte des obigen Heinrichs Geschlecht) Ludwig aber das übrige von Oberbayern, welches der größere Theil war behalten sollte. Dieser Ludwig (der **sechste** dieses Namens, unter den Bayern) ist nachmals Kayser, und zwar der **vierte** dieses Namens, unter den Kaysern geworden.

Mit diesen Brüdern entstunden die zwo Hauslinien die **Pfälzische Rudolphische**, und die Bayerische **Ludwigische**. Diese letztere, die hiesige, wurde, unter, und von dem Herzogen Wilhelm den V. angefangen, auch die

Wilhelminische genannt, vieleicht um ihn, und seine Linie von der Linie seines Bruders Ferdinands, welcher die Pettenbeckinn geheyrathet, und dadurch den Stamme der **Grafen von Wartenberg** gestiftet hat, zu unterscheiden.

Die **Ludwigische, Wilhelminische** Linie erlöschte mit dem höchstseligen Churfürsten Maximilian III; sohin wurde Pfalz und Bayern unter dem jetztregierenden Durchläuchtigsten Churfürsten **Carl Theodor**, als welcher von der Linie des **Rudolphs** abstammet, nach vielen, vielen Schicksalen so mancher Jahrhunderte, wieder glücklich vereinigt. Und, daß immer bleibe, was schon das uralte, schon damalige, gute Reimlein gewünscht:

Bayern und Pfalz,
Gott erhalts!

Ich komme wieder zur Vermehrung der Stadt München zurück. Wir hörten bisher von den Herzogen 1) **Heinrich dem Löw**; — 2) **Otto V. von Scheyern, oder Wittelspach**; — **Ludwig IV**; — 4) **Otto dem Erlauchten**; — 5) **Ludwig V. dem Strengen**, welcher der erste zu München residirte, 6) **Ludwig dem Kayser, dem IV.** Dieser Ludwig war noch sehr jung, da sein Vater, Ludwig der Strenge, starb, und daher stund er anfangs unter der

Vor-

Vormundschaft seines Bruders **Rudolphs** und seiner Mutter **Mechtildis**.

Wenn München schon unter Otto dem Erlauchten sehr bevölkert war, so muß es dieß natürlicher Weise noch mehr unter Ludwig V. **dem Strengen**, nachdem er selbst in München residirte, geworden seyn.

Die Peterspfarr war wahrscheinlichst schon unter **Heinrichdem Löwen** vorhanden, und das damalige Pfarrkirchlein soll die noch vorhandne **Wiß**= oder sogenannte **Herrgottskapelle** gewesen seyn; diese, und eine ihr sehr nahgelegene St. Niklaskirche, weiter die **kleine Frauenkirche**, und die **Kapelle der heiligen Katharina**, aus welcher die heutige heil. Geistpfarr geworden, waren ungefähr schon die damaligen Kirchen. Im Jahr 1204 soll schon Ludwig ein Pilgrim= und Armenhaus erbaut haben. **Otto der Erlauchte** legte um das Jahr 1251 bereits den Grund zum heiligen Geistspital, indem er selbes zu erbauen anfieng, ihm auch einige Einkünften von dem Isarthorzoll zum Behuf der armen Kranken beylegte. Bald nachher geschah auch die Abtheilung in die Frauen= und Peterspfarr. Es wurden auch Klöster ausser der Stadt erbaut, z. B. das Kloster der Minoriten erst auf dem Anger bey der St. Jakobkirche; dann nahe an die Residenz Ludwigs des Strengen; — das Kloster der Bittrichen und Ridler; — das Kloster der Clarißinnen aus dem verlaßnen Minoritenconvent; — das Kloster der Augustiner auf dem Haberfeld; — ferner das Leprosenhaus auf dem Gasteig, und viele andere ähnliche Gebäude. Auch liessen sich einige Klöster eigne Häußer außer der Stadt bauen, und, mit Einem Wort, da die Brüder Rudolph und Ludwig kamen, waren die itzigen Hauptgassen außer der alten Stadt bereits angelegt, und zu München gehörig. Rudolph, der vieles zur Aufnahm und Verschönerung der Stadt gethan, hat derselben, als worinn bis dahin nur Fürstenrichter waren, im Jahr 1294 das Recht gegeben, eigne Richter zu setzen, und hat zugleich die heutige Grundverfassung der Stadt, und des Stadtraths bestimmet, — wie man dieß alles an seinem Ort vernehmen wird. Um diese Zeit hat man die außer der Stadt liegenden Gebäude und Gassen mit einer neuen, zuversichtlich, der gegenwärtigen Stadtmauer umgeben, und mithin die Größe, und den Umfang der heutigen Stadt festgesetzt. Ludwig ertheilte im Jahr 1315 die Erlaubniß, alles, was den Stadtmauern, in, und ausser denselben zu nahe wäre, nieder zu reissen, damit, wie er in der Urkund sagt, der Stadt wohl gepflegt, auch, wo sie Vestigungen bedürfte, selbe wohl bewahrt werde. Er erbaute auch

die

die Residenz, welche im Jahr 1327 mit dem dritten Theil der Stadt abgebrannt, auf das neue, bestättigte und vermehrte der Bürgerschaft ihre Freyheiten, und Gerechtsamen, und nannte und erklärte sich, als den Beschützer der Stadt München durch das ganze römische Reich.

Ich will nun diejenigen Herzogen, Churfürsten, und Kayser nennen, welche über München, seit Entstehung desselben, und in München über einen Theil, oder das ganze Bayern geherrscht haben.

§. II.

Bayerische Herzogen, Churfürsten, und Kayser in München.

I. **Heinrich der Löw.** Sein, das welfische Geschlecht, regierte etwas über hundert Jahre in Bayern, und ihn, den letzten desselben in Bayern, hat Kayser Heinrich IV. im Jahr 1071 eingesetzt. Er verlor durch eine Achterklärung, welche im Jahr 1179 - und 80 über ihn ergieng, Bayern und Sachsen, und alle seine weitschichtigen Länder, gieng dann zweymal nach England ins Elend, und starb, nachdem er eine große Geschichte unbeschreiblicher Drangsalen erlebt, und als Held bestanden hat, im Jahr 1195 zu Braunschweig, wo er auch begraben liegt. — Nun folgt

Das

Das scheyrische, oder wittelsbachische Haus.

II. Otto der V, (genannt der Große) Sein Großvater Otto der III. Pfalzgraf zu Scheyern veränderte das Stammschloß Scheyern in ein Kloster, erbaute das Schloß Wittelsbach nächst Aichach (es ward im Jahr 1209 wieder zerstöret) und verlegte seine Residenz dahin. Als nun dieser Pfalzgraf zu Scheyern, und Landgraf zu Wittelsbach, nach Heinrich dem Löwen die Lande zu Bayern erhielt, waren diese schon merklich kleiner, und davon das Markgrafthum Oesterreich, die Grafschaft Tyrol, Krain, und Steyermark, welches doch ein ursprünglich ganz bayrisches Volk ist, wie auch die bisherige uralte bayrische Residenzstadt Regensburg (die in eine Reichsstadt verwandelt ward) u. s. w. weggerissen worden. Otto baute zu dem sehr alten bayerischen Hofhaltungsschloß Keltege die Stadt **Kellheim**, wo er auch seine Residenz nahm, und machte den Anfang mit der Stadt Landshut. Er starb im Jahr 1183, und wurde zu **Scheyern** begraben.*)

*) Seine Kinder waren Ludwig, Sophia Landgräfinn zu Thüringen, Mathilde, Gräfinn zu Ortenburg.

III. Ludwig IV. in Bayern. Er erbte **Sulzbach**, und **Riedenburg**, ward im Jahr

1215

1215 mit der rheinischen Pfalz belehnt, erwarb noch viele andere ansehnliche Gürer, baute Straubing, stellte Abach her; baute die Stadt Landau, erweiterte Dinglfing u. s. w. erlangte eine allgemeine Liebe, und ward im Jahr 1231 auf der Brücke zu Kellheim, im Beyseyn seines Hofstaats, von einem Unbekannten ermordet. Er residirte meist zu **Landshut**, und wurde zu Scheyern begraben. Sein Sohn war

IV. Otto, genannt illustris, **der Erlauchte.** Er brachte verschiedne Oerter an sich, z. B. **das Land ob der Ens**, baute die obere Stadt zu Dinglfing ꝛc. residirte meist **in Landshut**, war ein Fürst mit überaus großem Geist, starb im Jahr 1253, **und wurde zu Scheyern** bey seinen Voraltern begraben. *)

*) Seine Kinder waren, **Ludwig** und **Heinrich. Elisabeth**, Gemahlinn des Conrads in Schwaben, und Mutter des höchst unglücklichen Conradins. Sophia, Gemahlin des Gebhards Gr. von Hirschberg. In München folgte

V. **Ludwig V**, genannt **der Strenge**, **Er** bekam in jener Theilung des Landes in Ober- und Niederbayern (derer ich oben erwähnte) die rheinische Pfalz, und ganz Oberbayern zu seinem Antheil. — (**die Linie seines Bruders Heinrichs**, **welcher Nieder- oder Unterbayern**

bekam,

bekam, dauerte nur 85 Jahre) Ludwig baute die Stadt Friedberg, wie auch die erste Residenz in München, nämlich den alten Hof ꝛc. starb im Jahr 1295 zu Heidelberg, und wurde in dem von ihm, aus bekannten Ursachen, gestifteten Kloster Fürstenfeld begraben. *)

*) Seine Kinder waren — Ludwig (von der 2ten Gemahlin) der im Turnier zu Nürnberg blieb. Von der 3ten Gemahlinn, Mechtilde, Rudolph, und Ludwig; — zwo Princeßinnen. In München folgte.

VI. Ludwig, genannt der Bayer. (Der Vste dieses Namens in Bayern, der IVte als Kayser) Ich habe schon oben von der Theilung des bayrischen Stammens in die rudolphische, und ludwigische Linie gehandelt. Unter diesem Ludwig erhielt die nun ordentliche Residenzstadt München ihr prächtiges Ansehen. Er starb, nachdem er eine Reihe schrecklicher Widerwärtigkeiten ertragen im Jahr 1347, und war der erste, welcher in der hiesigen Fürstengruft in u. l. Frauenpfarr, begraben worden, wie man dieß an seinem Ort vernehmen wird. *)

*) Seine Kinder waren aus der ersten Ehe 1) Ludwig, der Brandenburger. Er hat nämlich diesen seinen Erstgebohrnen im Jahr 1324 auf dem Reichstag zu Nürnberg mit der, dem Kaiser, und dem Reich heimgefallenen Mark- und Chur-Brandenburg belehnet. — 2) Stephanus Fibulatus;

Mech-

Mechtildis, Gemahlinn Friedrichs Markgrafens zu Meißen. Agnes, Clarisserinn zu München. Aus der zwoten Ehe 3) Ludwig genannt Romanus, 4) Guilielmus, 5) Albertus, 6). Otto; — drey Prinzeßinnen. In München folgte

VII. Stephanus Fibulatus; starb im Jahr 1377 und ward zu München in der Fürstengruft z. u. l. Frauenpfarr begraben. *)

*) Seine drey Söhne theilten das Land Bayern. Stephan stiftete die ingolstädtische, Joannes die münchnerische, Friedericus die landshutische Linie. Die ingolstädtische Linie erlöschte, nachdem sie 3 Herzogen gehabt, binnen 55 Jahr. Die landshutische hatte 4 Herzogen, und dauerte 111 Jahre. In München folgte

VIII. Johannes, im Jahr 1792, (da die 3 Brüder anfangs 18 Jahre gemeinschaftlich regierten) er starb im Jahr 1397, und ward zu München zu seinen Vorältern begraben. *)

*) Seine Kinder waeen 1) Ernst. 2) Wilhelm; 3) Sophia, 2te Gemahlin des Königs Wenceslaus, Ihm folgte zu München.

IX. Ernest, welcher mit Wilhelm bis auf das Jahr 1435, wo dieser starb, gemeinschaftlich regierte. Es gab damals schreckliche

Unru-

Unruhen in München. Ernst starb 1438 und ward bey seinen Urältern begraben. *)

*) Wilhelm hatte zween Prinzen, welche bald gestorben, — Herzog Ernests Kinder waren 1) Albert *III.* 2) Beatrix; Gemahlinn 1tens des Grafens Herrmanns von Cilley; 2tens des Johan. Pfalzgrafen von Rhein. — 3) Elisabeth Gemahlinn 1tens des Herzogs Adolphs zu Bayern, 2tens des Gr. Hesso von Läiningen. Zu München folgte

X. Albert III. genannt der Fromme.

Er schlägt die böhmische Kron aus. Er verordnete, daß in dem Land nur die zween Aeltesten, regieren sollten, starb im Jahr 1460, und ward auf dem Berg Andechs begraben, wo er das Kloster erbaut hat. *)

*) Seine Kinder waren 1) Joannes III, 2) Ernest. starb bald. 3) Sigmund. 4) Margaretha, Gemahlinn Friedrichs Gongaga des Markgrafen von Mantua. 5) Elisabeth, Gemahlinn des Ernest, Churfürstens zu Sachsen. 6) Albert; starb bald. 7) Albert IV. 8) Christophorus; starb in der Insul Rhodus 9) Wolfgang; starb 1514 verwaltete Bayern bey 3 Jahre. 10) Barbara, Clarißerinn in München. Dem Albert dem dritten folgten in München Johann und Sigmund, weil sie die zween Aeltesten waren. Als jener im Jahr 1463 starb, regierte Sigmund ein paar Jahre allein; und da er vermög des väterlichen Testaments mit Albert dem IV. die Regierung hätte theilen sollen, erwählte er das Privatleben, und blieb unverheyrathet, hielt sich meistens zu Grünwald, auch

zu

zu Menzigen und Neuenhofen auf. Er baute die Frauenkirche.) Albert dem III. folgte mithin als Fortpflanzer des hohen Hauses in München, und des ganzen Bayerns.

XI. Albert IV. genannt der Weise. Er machte das Gesetz, daß künftig in Bayern nur Ein Regent seyn sollte. Er starb im Jahr 1508, und ward zu seinen Voraltern begraben. *)

*) Seine Kinder waren. 1) Sidonia, verlobet, mit Ludwig V, Churfürsten zu Pfalz. 2) Sibilla, vermählet (durch päbstl. Dispensation, da jene vor der Verheyrathung starb) mit eben demselben Churfürsten Ludwig. 3) Sabina, Gemahlinn Herzogs Ulrichs von Würtemberg. 4) Susanna; starb bald. 5) Wilhelm. 6) Ludwig XII. starb unvermählt. 7) Ernst II. Bischof zu Passau, dann Erzbischof zu Salzburg; resignirte. 8) Susanna, Gemahlinn des Marggrafen Casimir zu Brandenburg = Culmbach. Albert dem IV. folgte in München

XII. Wilhelm der IV genannt der Standhafte. Damals lebte Aventin, welcher des Ludwigs, und Ernstes (Brüder dieses Wilhelm) zu Burghausen, wo sie erzogen wurden, Hofmeister war; auch lebte Eckius. Die Religionsunruhen nahmen überhand. Wilhelm IV starb im Jahr 1550, uud wurde zu seinen Voraltern in der Fürstengruft der Frauenstiftskirche begraben. *)

*) Seine Brüder waren 1) Theodor; starb bald. 2) Albert V. 3) Guilielmus; starb bald. 4) Mechtildis,

tildis, Gemahlinn Herzogs Philipps von Braunschweig.

XIII. Albert V. Er that sehr viel für die Künsten, und Wissenschaften; starb im Jahr 1579, und ward zu seinen Voreltern in der Frauenstiftkirche begraben.

*) Seine Kinder waren 1) Carolus; starb bald. 2) Wilhelm. 3) Ferdinand, Stammvater der Grafen zu Wartenberg. 4) Friedrich; starb bald. 5) Maria Maxmiliana; gebohr. 1552, starb im Jahr 1614. 6) Maria, Gemahlinn des Erzherzogen, Karl von Oesterreich. 7) Ernst; Erzbischof und Churfürst zu Cöln,

XIV. Wilhelm der V. genannt der Fromme. Er bauet das hiesige Jesuitenkollegium, und die wilhelminische Residenz, stirbt im Jahr 1626, und wird in die neue Fürstengruft unter dem Chor der Jesuitenkirche begraben. Sein Bruder Ferdinand aber ward in der St. Sebastiankirche samt seiner Gemahlinn beygesezt.

*) Wilhelm des V Kinder waren 1) Christoph; stirbt bald, 2) Christina; stirbt bald. 3) Maximilian. 4) Maria Anna, Gemahlinn des Erzherzogs von Oesterreich, und nachmaligen Kaysers Ferdinand II. 5) Philipp; starb als Cardinal, und Bischof von Regensburg, zu Dachau. 6) Ferdinand II; er starb als Erzbischof zu Kölln, und der Stifter Lüttich, Münster, Hildesheim, und

Pader-

Paderborn. 7) Eleonora Magdalena; starb bald. 8) Karl, stirbt bald. 9) Albrecht VI. 10) Magdalena, Gemahlinn des Pfalzgrafen Wolfgangs Philipps zu Neuburg.

(**) Der Herzog Albrecht VI erhielt bey seiner Gemahlinn Mechtilde, durch welche Leuchtenberg an Bayern kam, folgende Kinder 1) Maria Renata; starb unverheyrathet. 2) Johann Franz Carl, starb unverheyrathet 3) Ferdinand Wilhelm; starb bald. 4) Maximilian Heinrich; starb als Erzbischof, und Churfürst zu Cöln, und Bischof zu Lüttich und Hildesheim. 5) Albrecht Sigmund; starb als Bischof zu Freysing und Regensburg.)

XV. **Maximilian der erste.** Er baut die itzige Residenz, und überaus viele andere herrliche, und prächtige Gebäude, macht beynebens viele und reiche Stiftungen, muntert mit Thätigkeit die Künste und Wissenschaften in Bayern auf, wird **Churfürst** und stirbt im. Jahr 1651 und wird in der Hofgruft unter dem Chor der Jesuiterkirche begraben. *)

*) Maxim. I. erhielt bey seiner zwoten Gemahlinn Maria Anna, Tochter Kaysers Ferdinands II. — (die erste war Elisabeth, Herzogs Carls II. von Lothringen Tochter.) 1) Ferdinand Maria Franz Ignatius Wolfgang. 2) Maximilian Philipp Hieronimus; dieser vermählte sich mit Mauritius Febronia de la Tour, einer Tochter Friderici Mauritii Herzogs von Bouillon; bekam von seinem Bruder die Grafschaft Leuchtenberg, welche aber bey seinem Tod, da er keine Kinder hatte, wieder an Bayern kam.)

XVI. Churfürst Ferdinand Maria. Er bauet die Theatinerkirche, und Kloster, u. s. w. stirbt im Jahr 1679, und wird der erste in der neuen, und itzigen Fürstengruft bey den Theatinern begraben.

*) Seine Gemahlinn Henriette Maria Adelheit, Tochter Victors Amadei I. Herzogs in Savoyen. Sie war eine sehr geistreiche Frau; — legte den Grund zum mittlern Gebäude in Nymphenburg u. s. w. Von ihr sind gebohren. 1) Maria Anna Christina Victoria, Gemahlinn des Dauphin Ludovici, des Ludwigs XIV. Erb- und Kronprinzen. 2) Maximilian Emanuel. 3) Louise Margarethe; starb bald. 4) Ludovicus Amadeus, starb bald. 5) Cajetanus Maria Franciscus rc. starb bald. 6) Joseph Clemens starb als Erzbischof und Churfürst zu Cöln, Bischof zu Regensburg, Freysing, Lüttich rc. 7) Violanta, Gemahlinn des Ferdinands III. Erbprinzen von Florenz, und Sohns des Grosherzogs Cosmus III.

XVII. Churfürst Maximilian Emanuel. Er war ein berühmter Kriegsheld rc. starb im Jahr 1726, und wurde in der Fürstengruft bey den Theatinern begraben.

*) Dieses Churfürstens erste Gemahlinn war Maria Antonia Kaysers Leopolds Tochter. Bey dieser erhielt er 1) Leopold Ferdinand; starb bald. 2) Der zweyte starb ebenfalls bald. 3) Joseph Ferdinand, hatte Hofnung zur spanischen Monarchie, starb im siebenten Jahr seines Alters.

Die

Die zwote Gemahlinn war Theresia Kunigunda Sobieska, Tochter Johannes III, Königs in Pohlen. Von ihr erhielt er 1) Maria Anna, Clarißerinn zu München. 2) Karl Albrecht. 3) Philipp Moriz, wurde 1719 den 14 May zu Paderborn, den 21 zu Münster Bischof, indeß er bereits den 11 in Rom gestorben war. 4) Ferdinand Maria. 5) Clemens August, starb als Erzbischof und Churfürst zu Cöln., Bischof zu Regensburg, Münster, Paderborn, Hildesheim, Osnabrück, und als Großmeister des deutschen Ordens im Jahr 1761 auf der Reise nach München. 6) Wilhelm; starb bald. 7) Johann Aloysius, starb bald. 8) Johann Theodor; er starb als Cardinal, und Bischof zu Regensburg, Freysing, Lüttich im Jahr 1763. 9) Max Emanuel; starb bald.

(Herzog Ferdinand Maria vermählte sich mit Maria Anna Carolina, Philipp Wilhelms Pfalzgrafens zu Neuburg Tochter; und erhielt von ihr 1) Maximilian Franz Maria, starb zu München im Jahr 1738. 2) Clemens Franciscus starb 1770; hatte sich vermählt mit Maria Anna Charlotte, Josephs Karls, Pfalzgraf zu Sulzbach Tochter. 3) Eine Prinzeßinn, welche im Jahr 1743 in Frankfurt starb.)

XVIII. Carl Albrecht; starb als Kayser im Jahr 1745; und wurde bey den Theatinern begraben.

*) Er vermählte sich mit Amalia, Tochter Kaysers Josephs; und erhielt von ihr zween Prinzen nämlich a) Maximilian III. b) Joseph Ludwig, starb bald.

bald. — Drey Prinzeßinnen. Als 1) Maria Antonia, Gemahlin des Churfürsten in Sachsen. 2) Maria Josepha, Gemahlinn des Markgrafen zu Baaden. 3) Josepha, Gemahlinn Kaysers Josephs II.

XIX. Churfürst Maximilian III. Er ermunterte die Künste und Wissenschaften, vermählt sich mit Maria Anna, Tochter Königs Augusts III. in Pohlen. Maximilian wird von den Bayern der Geliebte und Gütige genannt, und stirbt im Jahr 1777. Vermög diesem Hintritt wurde Bayern und Pfalz wieder vereinigt durch

XX. Churfürsten Carl Theodor, dem Gott ein langes, glückliches, glückliches Leben verleihe!

§. III.

Von der allgemeinen Eintheilung, und Ordnung der Stadt.

Der Umkreis der ganzen Stadt beträgt 5800 gemeine Schritt. Gegenwärtig zählt dieselbe vier Hauptthore, als nämlich (westwärts) das Neuhauserthor, (nordwärts) das Schwäbingerthor, (ostwärts) das Isarthor, und (südwärts) das Sendlingerthor; dazu kommt das Kostthore, und der Einlaß. *)

*) In einer Charte von Tobias Volkmer, von 1613 finde ich folgende Thore:

1) Neu-

1) Neuhauserthor. 2) Herzogenstadthor (bey Herzogs Wilhelms Residenz). 3) Unsers Herrn Thor, (Schwabingerthor). 4) Neuveßthor (bey der itzigen Residenz). 5) Wurzerthor. (Kostthörl) 6) Isarthor. 7) Schifferthor. 8) Angerthor, 9) Sendlingerthor. Um die Stadt herum sind bereits doppelte Mauern; auch der itzige Stadtgraben; aber kein Wall; diesen hat Maximilian I. auf einem Grund, wo verschiedene Häuser stunden, angelegt. Noch sind in der Tiefe des Grabens Hausbrunnen zufinden.

Um die innere Stadtmauern geht, rings um die Stadt, ein bedeckter Gang, welcher von der wilhelminischen bis zur Hauptresidenz der **Hofgang** genannt wird.

Zwischen der ersten, und zwoten Stadtmauer befinden sich die sogenannten **Zwinger**, welche den Herren Bürgermeistern angewiesen, und worinn von diesen schöne Gärten angelegt sind. Am Fronleichnamstag stehen dieselben jedermann offen.

Nach der zwoten Mauer kommt ein ziemlich breiter, und tiefer Stadtgraben, welcher das ganze Jahr mit fliessendem Wasser gefüllt ist; dann folgt in der Höhe die innere Straße, und außer dieser der Wall, um welchen wieder ein Kanal gezogen ist.

Von allen Thoren sind gegenwärtig, wie wir im Verfolg hören werden, Alleen gezogen, und die Stadt selbst liegt (den östlichen Theil, wo sie den Gasteigberg hat, ausgenommen) in einer schönen Ebne, mit Feldern und Aekern umgeben, hat gegen Süden die hohen, und schönen Gebirge, gegen Osten den Isarfluß, der vermög einem Meisterstück des Wasserbaus, die Stadt in vielen Kanälen, deren Wasser man, wie man will, erhöhen kann, durchschneidet, und genüßt eine scharfe, kühle, und der Gesundheit überaus gedeyhliche Luft.

Die Stadt wird durch zwo Hauptgassen, vom Neuhauser — bis Isarthore, vom Sendlinger — bis zum Schwabingerthor durchschnitten. Diese Gassen laufen nach dem Hauptplatz zusamm, und theilen also die Stadt in vier große Quartier, oder sogenannte Viertel.

1) Vom Sendlingerthor bis zum Neuhauserthor das **Hackenviertel.**

2) Vom Neuhauserthor bis zum Schwabingerthor das **Kreuzviertel.**

3) Vom Isarthor bis zum Schwabingerthor das **Grakenauerviertel.**

4) Vom Isarthor bis zum Sendlingerthor das **Angerviertel.**

In diesen Vierteln sind alle Häuser numerirt, und derselben sind sämtlich 1700 Häußer, wor-

worunter 79 churfürstliche Gebäude; 8 landschaftliche; 57 zum Stadthaus gehörige, und überhaupt 182 ständische und 112 geistliche.

So wie die ganze Stadt vom Isarthor bis zum Neuhauserthor durch eine Hauptgasse durchschnitten wird: so wird selbe dadurch in zwo Hauptpfarren getheilt. Was man, wenn jemand zum Isarthor hereinkömmt rechter Hand sieht, gehört zur Frauenpfar; der Theil aber linker Hand zu St. Peterspfarr

I. Hackenviertel. Wenn man zum Neuhauserthor hereinkömmt, sieht man bey dem Gitter des äußern Thores und dem Schranken zwo Wachen, deren eine die Fremden begleitet; dann kommt man zum zweyten Schranken, wobey linker Hand das kleine Thorwarthaus ist. Hier hält man die Fremdem das erstemal an, und besichtigt die Päße der Handwerker. In der Zölnerstube zeigen sie einen Kopf mit dreyen Gesichtern, (einem schwarzen, rothen, und weißen) genannt die drey Götzen, und erzählt man, daß an diesem Ort ein heidnischer Tempel gestanden, und dieser Kopf verehrt worden seyn soll. Es sind auf demselben die Jahrszahlen 1105; — 1109 und 1767 zu sehen. Hier wird auch das Spergeld eingenommen. — Nun kommt man zum Wachthaus, wo man die Fremden zum zweytenmal anhält; dann kommt man rechter Hand zum innern Thor, wo wieder eine Wache, auch das Haus des Stadtzöllners zugegen ist, und rechter Hand das Hackenviertel.

Gleich beym Eingang sieht man die Casarme, welche sich bey nahe bis zum Sendlingerthor erstreckt. Die erste Hauptgasse (welche, wie ich schon sagte, bis zum Ost- oder Isarthor gezogen ist) bis zum schönen Thurm heißt die Neuhausergasse. Hier ist bis zum ersten Gäßchen die Kirche des churfürstlichen Seminariums für Studenten; das Gebäude dieses letztern erstreckt bis in die andere, oder Spitalgasse.

Das erste kleine Gäßchen, welches man nach dem Seminario sieht, heißt das Eisenmanngäßel. Geht man es vorbey: so kommt man zum zweyten Gäßlein, welches man den Färbergraben nennt, wo die obere Fleischbank. In der Mitte, und dem weiterm Platz dieser Gaße ist ein schöner Brunnen, und auf der Säule desselben St. Johannes Nepom. von Roman Boos. Der sogenannte schöne Thurm, war das alte Stadtthor, und der tiefliegende Kanal, der Stadtgraben. An diesem Thurm hängt die Glocke, welche man zum Gebet läutet, wenn jemand hingerichtet wird. Die zwey Männ-

chen

chen bey der Glocke schlagen die Uhr. Die halb blaue, halb goldne Kugel zeigt die Witterung an; bey schönem Wetter nämlich sieht man den vergoldeten Theil. Geht man diesen Thurm durch, so heißt die Gasse bis auf den Platz die **Kaufingergasse**. Gleich, wenn man den schönen Thurm vorüber ist, sieht man eine anfangs krumme Gasse, welche die **Fürstenfeldergasse** heißt. Hier sieht man auf einem Haus, das dem Etalerkloster gehört, den Kayser Ludwig, oder den Bayer, wie ihm ein Engel, oder der heilige Benedikt, das, heut zu Tag im Kloster Etal noch vorhandne, Muttergottesbild übergiebt.*)

*) „Diese Geschichte ist zu merkwürdig, als daß ich sie nicht erzählen sollte: Der Kayser Ludwig befand sich in Italien, und war theils durch seine Feldzüge, theils durch den Aufwand, welchen er bey seiner Krönung in Rom machen müßte, so am Geld erschöpft, daß man sagt, er habe einige von seinen vornehmsten Ministern, als Unterpfänder, daselbst lassen müssen. Ludwig befand sich in sehr betrübten Umständen, und man fieng, da er kein Geld mehr hatte, schon an, ihn zu verlassen. Er war bey der Nachricht, daß Friedrich von Oesterreich gestorben sey, in Begrif, nach Deutschland zu ziehen; allein dazu gehörte sehr viel, das dem Ludwig mangelte. — In diesen Umständen begab er sich in eine Kapelle, welche der Mutter Gottes geweyht war, zum Gebet. Und wie er nun so bethete, sah er, sich gegenüber, einen Mann in Benediktinerkleidung, und der Mann sprach:„ (in lateinischer Sprache) „Wenn

„du

„ du meinem Rath Gehör geben wolltest, Ludwig,
„ so wollte ich dir wohl einen Vorschlag thun,
„ der alle deine Sorgen mit Einem Male endete.„

„Ich will deinem Rath gerne Gehör geben, „ antwortete der Kayser, wenn er anders nicht „ wider Gott ist.„

„ Vielmehr, dadurch wird Gott, und seine „ Mutter Maria erst recht geehrt, sagte der „ Mönch.„

„Nun! sagte der Kayser.„

„Du besitzest, fuhr der Mönch fort, in dei- „ nem Land einen gewissen Ort, der Ampherang „ heißt; an diesem Ort sollst du zur Ehre Got- „ tes, und der glorreichen Jungfrau Maria ein „ Kloster bauen.„

„Mir ist dieser Ort nicht bekannt. Ich habe „ seinen Namen niemals gehört, erwiderte der „ Kayser.„

„ Es wird ein gewisser welscher Herr zu dir „ kommen, sagte der Mönch, und dich um die „ Freyheit seiner Person, und seines Gebiets bit- „ ten. Dieser Herr wird dir so vieles Geld ge- „ ben, als du verlangest; und dann kannst du „ nach Hause kehren.„

„Und bald darauf geschah es, daß sich ein vornehmer Herr bey dem Kayser melden ließ, und ihn um die Freyheit sowohl seiner Person, als auch des Landes bat. Der Kayser, wie ihm der Mönch vorhergesagt, gab ihm solche, und verlangte zugleich von ihm hundertausend Gulden. Der unbekannte Herr gab ihm nicht nur diese Summa, sondern noch fünfzigtausend Gulden dazu, und seinem Kanzler zweytausend Gulden.„

„Als

„Als nun Ludwig nach den Grenzen Bayerns kam, wollte er sogleich wissen, wo der Ort Ampherang liege. Lange kam niemand, dem der Natur dieses Orts bekannt war, bis sich endlich ein unbekannter Jäger, Heinrich Vend hervor that. Diesem war der Name und der Ort allerdings bekannt, und er zeigte dem Kayser eine wilde Gegend in einem schaudervollen Wald. Der Kayser ließ dem Platz ausraumen, und im Jahr 1330 den 28 April legte er den ersten Stein zum Kloster Etal, welches er für 20 Mönche reichlich dotirte. Jener unbekannte Mönch hatte dem Kayser ein alabasternes Muttergottesbild verehrt; auch dieses schenkte der Kayser dem Kloster.„

„Bey diesem Bild erwuchs nachmals eine berühmte Wallfahrt. Es hieß auch bald, man wisse nicht, von welcher Materie dasselbe wäre. Man giebt es in dem Kloster mit großer Andacht, zu küssen, und zu heben; woraus sich eine Sage bey einigen Leuten verbreitet hat, daß, wer eine Todsünde auf sich hat, sie gar nicht, oder nur, als überaus schwer, heben könne.„

„In Bayern (sagt unser Falkenstein bey die-
„ ser Gelegenheit) und andern Orten mehr wird
„ gemeiniglich dafür gehalten, daß der unbekann-
„ te Mönch, welcher dem Kayser erschienen ist,
„ ein Engel gewesen sey, wiewohl ihn auch eini-
„ ge für den heiligen Benediktum halten wollen,
„ wegen der Kleidung, die er an hatte.„ *)

Weiter

*) Aber nun seine Anmerkung hiebey! „Es sey nun eines von beyden gewesen; so muß ich allhier, gleichsam im Vorbeygehen fragen; Ob dann der

Weiter hinab auf dieser Seite sieht man einen Brunnen von Schweinberger; — auf dem Clerhaus den berühmten Sabinerraub (ursprünglich) von unserm Christoph Schwarz. Dieß unvergleichliche Frescogemählde ist auf nassem Kalk gemahlen, und von so großer Würde, (sagt Sandrat) in seinen Wesen, und an Invention und Zeichnung, auch guten Colorit in Fresco, daß die Kunstverständigen nicht ohne Ursach solches um großen Werth auf Tuch gewünschet, dann es ist gewiß, daß in Deutschland, und Italien niemals auf Kalch etwas schöners und ruhmwürdigers so gemahlet zu Gesicht bekommen.„

Was

von einem zeitlichen Pabst in foro soli ausgesprochene Bann, mit seinen Formalitäten, sich auch bis ad forum poli erstrecke, und daselbst eben dergleichen Effect habe? Ich sollte meynen, quod sic, weil Christus, als er die Bind- und Löse-Schlüßel seiner Kirche, und seinen Jüngern anvertraute, zu Petro sprach: Quodcunque ligaveris in terra, erit etiam ligatum in Cœlo. Der Kayser war nun im Bann, und ward bey seinem Rückmarsch aus Italien aufs neue vom Pabst Joanne XXII. damit beleget. Wenn sich nun die Kraft des Banns quoad effectum bis ad forum poli erstrecket; wie hat sich denn ein Engel oder der heilige Benediktus mit Ludovico, als einem Verbannten, in ein Gespräch einlassen können, da ja nach den geistlichen Rechten bekannt ist, daß kein Verbannter

Was auf der andern Seite dieser Strassen zu sehen ist: davon sieh das Kreuzviertel.

Bey der Hauptsache ist ein Brunnen von Matheo.

Die Gasse, wo das Hackenviertel, (der Hauptwache gegenüber) sich endet, heißt die Rosengasse. Wenn man sie fortgeht, sieht man bald rechterhand die genannte Fürstenfeldergasse, und den Blauententhurm, wieder ein ehmaliges Stadtthor, bey welchem auch gleich der tiefliegende Graben zu sehen ist. Da, wo man ihn, wenn man nämlich den Thurn fortgieng, erblickt, ist rechterseits eine Gasse, welche

---

mit einem Glaubigen, noch dieser mit jenem, einigen Umgang, auf irgend eine Weise, pflegen, auch nicht einmal mit ihme reden dürfe?„

„Wenn es nun seine Richtigkeit hat, wie es sich dann ungezweifelt also befindet, daß Gott die Sünder nicht höret, zu deren Zahl auch allerdings die Excommunicirten zu zählen sind; Gott aber das Gebeth des Kaysers Ludovici also angenommen, daß er ihm zur Bezeugung dessen ein Bothen ex curia cœlesti, übersendet hat, der ihn der göttlichen Hilfe versichern müßen; was können wir daraus anders schließen, als dieses, daß Pabst Joannes XXII. den frommen Kayser mit Unrecht in den Bann gethan habe, welcher dann auch in foro poli ohne Kraft und Wirkung gewesen.„ Th. 3. Clas. II. C. VIII. f. 264.

welche der Färbergraben heißt; dann weiter fort rechterhand kommt das Hackengässel, wo am Ecke ein Stadtbrunnen, und von diesem aus das Sendlingerthor zu sehen. Auf dieser Seite befindet sich die St. Johannes Kirche.

Der Brunnen, welchen man da sieht, ist vom Schweinberger.

Ueberhaupt befinden sich in diesem Viertel, außer den schon genannten Gäßchen, die Herzogspitalgasse, wo die Elisabethinnerinnen wo auch das Spital und die Kirche; die Kreuzgaße, wo die Salesiannerinnen; — ein Brunnen vom Schweinberger; der Schweinmarkt, oder Althammergasse, wo das Althammereck. Die Gasse, wo das Josephsspital; — die Hundskugel; die Hofstadt; das Hadergässel, wo sich die Hintermauer bis von den entfernten Salesianerinnen her erstrecket. — Die Gasse, wo die Kirche des St. Petersgottsacker u. s. w.

II. In Kreuzviertel erblickt man, wenn man zum Neuhauserthor herein kömmt, (der Casarme gegenüber) eine kleine Gasse, welche nach der Herzogwilhelminischen Residenz führt; — dann den Bürgersaal; dann wieder ein kleines Gäßchen, von welchem man die Residenz sieht; dann das große churfürstliche Collegium mit der Michaelshofkirche; darauf die sogenannte weite Gasse;

diesem

diesem folgt die Augustinerkirche; — das Augustinergäßel; — schöner Thurm. Nach diesem das Frauengäßel, wo man nach der Frauenkirche sieht; — das Marzarigäßel; die Hauptwache. Die Statuen der Herkules, und der Bellona, welche man auf dem Portal derselben sieht, sind vom Ignaz Günther. Das Monument in der Mitte des Platzes ist vom Maximiliano I. errichtet worden.

Die nächste lange Gasse, von der Hauptwache aus, heißt die Weinstrasse; man kömmt linkerseits unter Bögen; sieht auf eben der Seite das Frauengäßel, wo der Brunnen vom Schweinberger; das Vilsergäßchen; — wieder ein kleines Gässel; das Stift der engländischen Fräulen rechter Hand; — dann, vom linker Hand, die Schaflergaße; wo gegenüber der Brunnen vom Schweinberger. (Etliche Häuser zuvor, beym Thalerweinwirth ist in der genannten Karte vom Volckmer von 1613 noch der Nudelthurn zu sehen). Weiterhin das Hebammengäßel, wo sich die Schwabingergasse anfangt; — das Akademigebäud; — der Perchembogen; — das Theatinerkloster; die churfürstliche Wache; — das Schwabingerthor. Der Brunnen vom Bildhauer Prötzner.

In diesem Viertel befindet sich die Karmelitengasse, wo das Kloster der Karmeliter; die ehmalige Kreuzgasse, wo ehe die Salzstädel, und gegenwärtig der Paradeplatz, und die Waarenbeschauung, oder Mauthniederlag; — das Fingergäßel. — Neben der Wilhelmsresidenz (ausser welcher das Kapuzinerkloster und der Graben, ein schöner Spaziergang) das Rochusbergel, oder alte Bilgrimhaus, wo auch die Karmeliterinnen; dann die lange Prangersgasse, wo der Brunnen vom Matheo. — Die Kirche des Frauengottsackers u. s. w.

III. Grackenauerviertel. Wenn man das Isarthor hereinfährt, kommt man erst durch ein, niemals geschloßnes, Thor, auf die äußere Isarbrücke; *) sieht dann linker Seits die Hofmark und Gericht Au; — die Casernte zwischen zwey Wässern, wo eine Wache; rechterhand die offne St. Johanneskapelle mit der Aufschrift: Patrono Famæ; dann die Hauptisarbrücke; man kömmt

*) Sie wurde im Jahr 1759 ganz aus dem Grund von gebacknen Steinen zu bauen angefangen, und 1760 zu Stand gebracht; dann wurde die innere Isarbrücke im Jahr — 61 angefangen, und haben die gnädigsten Herrschaften den 10 Febr. den ersten Stein dazu gelegt. Diese Brücke ist im Grund, der auf hölzernen Pfeilern ruht, auch an den Landwänden von Lenggrieser Marmor, die Gewölbez und beedseitigen Wände sind von Nagelduftsteinen.

kömmt hier durch den Isarthurm; sieht dann rechter Hand den Magazinstadel; *) und endlich die zwo äußern Wachen bey den Schranken; dann folgt eine andere Wache bey der Wachtstube, wo zugleich der Thorwärter, der die Kundschaften untersucht; dann kommt man über den Stadtgraben, den Wall vorbey, zu dem innern Thor, wo eine Wache, und der Stadtzolner sind; — rechter Hand das Grackenauerviertel.

Was man von diesem Thurn bis zu dem nächsten zu sehen bekömmt, heißt man das Thal. Bey der Einfahrt sieht man ein krummes Gäßchen hinter die Mäuern; — dann das kleine Pfluggäßlein; — ein kleines Gäßlein; die Hofbrücke über den Bach, oder Kanal, wo die Mühl, und auf dem Haus der sogenannten Beckenhelfer ein Gemählde zu sehen, wie Kayser Ludwig den Beckenhelfern, einen Gnadenbrief, übergiebt, und dieß, wie aus den Reimen **) zu lesen,

*) Er wurde auf Kösten der Stadtkammer im Jahr 1762 und 63 erbaut.

**) Kayser Ludwich der theure Held,
Ein Fürst in Bayern auserwählt,
Hat der Bäcker Bruderschaft
Bestett mit Briefen große Kraft,
In einer Schlacht errettet haben,
Thät sie auch mit dem Haus begaben,

lesen, in Ansehung ihres Muths, mit welchem sie in der Mühldorferschlacht wider die Oesterreicher gefochten haben. Nun folgt wieder ein kleines Gäßel; — das **Oberrichterhaus**, wo der Löw; ein Kanal; der **Rathsthurn** (ein ehmaliges Thor) das **Rathhaus**, wo der öffentliche Brodladen; — die **Burggasse**, wo Schwarz an eines Bierbräuershause die Auferstehung Christi mit allen Umständen, lebensgroß; — wieder an ein anders die Geschichte vom Camilus im naßen Kalch gemalt hat; — dann kömmt man auf den Platz, wo das Landschaftshaus, und sieht bey dem Fischbrunnen die **Dienersgasse**, welche rechts von Einer, links von zwoen kleinen Gassen durchschnitten wird. — Weiter kommt der **Larosethurm**, wo ein kleiner Kanal, und rechts und links wieder eine Gaße; dann folgt rechts das **Franciscanerkloster**; — dann das Kloster **Riedler** oder auf der Stiege; welchem gegenüber das Kloster **Bittrich**, und endlich rechter Seits der **churfürstliche Pallast**. Vom la Rosee Bogen angefangen, heißt

---

Und setzt ihnen in ihr Panier,
Den Adler schön in großer Zier,
Man thät in allen Briefen lesen,
Der Bäckerknecht seynd fünf gewesen,
So diese Bruderschaft haben aufgericht,
Gott geb allen Brüdern und Schwestern Glück.
Geschehen nach der Geburt Christi 1323.

heißt man diese Gasse die äussere Schwabingergasse.

In diesem Viertel sind das Pläzel; — die Hofstadt; — das Gruftgässel, wo die Kirche dieses Namens; — der alte Hof, u. s. w. Auch gehört zu diesem Viertel der ganze Stock, wo das Landschaftsgebäud, die Bögen rc. sich befinden, bis hinaus zum Schwabingerthor.

IV. Das Angerviertel. Wenn man zum Isarthor hereinkömmt, sieht man linker Seits das Gäßel hinter die Mauern; — dann das Sternöckergässel; — wieder ein kleins Gäßel; die **heilige Geistkirche**, und das Spital wo ein Frescogemähld vom Stuber; — eine Gasse neben der Fleischbank; — die untere Fleischbank; den Rathsthurn. Jetzt folgen die Bögen, wo etliche kleine Gäßchen z. B. das **Schleckergäßel**, nach der St. Peterskirche führen. Dieses leztere Gäßel führt nach einer Gasse, welche der **Rindermark** heißt; dieser ganze Stock gehört zum Angerviertel.

In diesem Viertel sind das Fischergäßel; die Roßschwemm; — das Krotenthal; der Anger, wo das Kloster; der Einlaß, wo das Wachthaus, wobey ein schöner Spaziergang. u. s. w.

§. IV.

Von den Vorstädten, Alleen, Gärten, und Spaziergängen.

Vorstädte nenne ich die, ohne einige Ordnung, angelegten Gebäude, welche um die Stadt zu sehen sind. Vor dem

I. **Neuhauserthor** ist rechter Hand (die Strasse linker Hand führt nach Landsberg) an beyden Seiten der Hohstraße eine Baumalee bis dahin gezogen, wo sie sich mit der Nymphenburgerstraße vereiniget. Man sieht, wenn man die Straße zum Thor hinausgeht, rechts liegen den Löwengarten, (ein Bierwirthshaus).— den schönen Herzoggarten; dann links den **Stachusgarten**, ein Bierwirthshaus. Weiterfort links nach der genannten Landsbergerstraß kommen, nach verschiednen Kräutergarten, zween andere Bierwirthsgärten, als nämlich der sogenannte **Schmidt** = und **Singerspielergarten.** Rechter Hand aber sieht man gleich nach dem Herzoggarten dem schönen **Weinwirths** = **Hubergarten.** Hier theilt sich die Straße, und wenn man sie **rechts** fortgeht, sieht bald linker Seits die Schießhütte, die großen Salzstädel, wo, etliche Schritt von dem Portal eine gemauerte Köpfstatt gestanden, und viele, viele Privatgärten, und Häuser; bis man endlich an die Nymphenburgerstraße, und auf dieser nach einer star-

starken Viertelstunde nach **Neuhausen**, und dann nach **Nymphenburg** kömmt.

In **Neuhausen** befindet sich ausser dem Schloß, und Jägerhaus, ein Wirthshaus, und einzelne Handthierungen; und das Uebrige Bauerngüter. Dieses Dorf stund viele Jahrhunderte, ehe München erbaut worden, und wurde nach dem ehemaligen Besitzer **Huasam**, oder Hausen genannt. In der Kirche, welche zu Ehren des heiligen Niklas eingeweyht worden, ist der selige **Winthir** berühmt, welcher um das Jahr 800, höchst wahrscheinlich mit andern großen Engländern, den heiligen Bonifacius, Vigilius 2c. nach Deutschland und Bayern aus der Absicht kam, die wahre Religion, und reinere Menschheit darinn zu verbreiten. Er war, wie die uralten Nachrichten bezeugen, vom Adel; und da er in diese Gegend kam, kleidete er sich, um in seinem Vorhaben nicht gehindert zu werden, und lebte er, wie unsre einheimischen Bauern. Er soll neben der Kirche linker Hand, wo inwendig sein Altar aufgerichtet ist, in einer steinernen Sarg begraben liegen. Diese hat auch der Todtengräber im Jahr 1770 zufälliger Weise entdeckt; allein es ward nicht im geringsten nachgesucht.

Um Neuhausen liegen in der Nähe gute Aecker; allein ein großer, großer Theil liegt als eine dürre Wiese, (in Betracht dessen, was es durch Kopf, Fleiß, und Unterstützung werden könnte) ganz uncultivirt, und wild. Rechter Hand auf der Straße, welche nach dem churfürstlichen Hofmark und Schloß Dachau fährt, zieht sich diese Wiese noch weiter fort, bis endlich, in kleinen angebauten Zwischenräumen, das ungeheure, berüchtigte Moos sich ausbreitet.

Man kann den Weg nach Neuhausen auch bey den Kellern vorbey nehmen, welche man auf dem Neuhauserberg sieht.

Päsing. Links die Straße bey dem Huberweinwirthsgarten, kommt man, wie schon gesagt worden, links, den Schmidt- und Singerspielergarten, rechts aber, die Schießhütte, dann den großen Netzstadel vorbey, und sieht auf der sanften Anhöhe das ehmalige Zollhaus. (zwischen Sendling, und Neuhausen) Von dem Zollhaus kommt man nach Päsing, einen Dorf, wohin man in Winterszeit auf Schlitten zu fahren pflegt.

II. Vor dem Schwabingerthor ist eben in verfloßnen Jahr vom itzigen Herrn Stadtkammerer v. **Reindel**, welcher die Stadt mit den kleinen Brünnen nach antiker Art, und andern Dingen verschönern ließ, (Sieh mein **bayrisches Jahrbuch**) eine sehr anmuthige Baum-

Baumalee von abwechselnden Pappel- und Birnbäumen, bis nach dem Dorf Schwabing gesetzt worden. Es ist hier ein schöner Spaziergang über geruchvolle Felder. Wenn man dieß Thor hinaustritt, hat man links verschiedne Bierwirthshausgärten; weiter fort liegt rechter Hand auf dem Wall der Privatgarten des Herrn Leibmedikus **Winter**; der **Weinwirthsklebergarten**, und nach, und um diesen, eine Menge Privatgärten. Es ist hier ein schöner Spaziergang rechts den Wall vorbey; noch ein andrer ist durch lauter Felder den Kanal hinab, welchen meist gefangene Türken, die unter Maximilian Emanuel hieher geschickt wurden, verfertigt haben. Dieser Kanal zieht sich, ungefähr eine halbe Stunde nach dem nächsten Wäldchen nordwärts hinab; dann krümt er sich westwärts, und lauft in einer geraden Linie, bis er dem Schloß Nymphenburg gleich kömmt, wo er sich dann südwärts nach selben hineinzieht.

Wenn man rechts den Wall, oder Hofgarten vorbey, oder durch selben geht, kömmt man nach dem Lechel, der eigentlichen Vorstadt. Es befinden sich darinn **hundert, acht und achtzig Häuser, fünf hundert sieben Herdstätte, und zweytausend zweyhundert, fünf und zwanzig Seelen**, welche größtentheils in zünftigen Handthierungen, und andern bürgerlichen Gewerben bestehen, welche alle sonderheitlich zu nennen hier zu weitläuftig wäre. Ich merke nur noch an, daß hier das Kloster der Hieronomitaner, und wenn man entweder den Stadtgraben vorbey, oder bey dem Isarfluß, oder einem Kanal desselben nach dem Isarthor **rechts** sich wenden will, man verschiedne schöne Gärten zu sehen bekömmt. Hier ist auch die obere **Lend**, wo die Bräuer, Becker, und vermögliche Privatpersonen ihr Holz in großen Stössen sammeln; und unter andern ist hier auch der churfürstliche **Holzgarten**, ein Werk, das jeder Fremde sehen soll. Die Bauern in den Gebirgen sägen in ihrer Heymath die Bäume, nach einem bestimmten Maaß ab, und werfen sie in die Isar, wo sie dann bis nach München herabschwimmen. Zur Zeit, wo dieß geschieht, schließt man vermög starker Balken den sogenannten Abrechen, oder großen Wasserfall auf allen Seiten, und öfnet einen Seitenkanal, durch welchem dann das ankommende Holz, das man das **Triftholz** nennt, bis nach dem Holzgarten geführt, und da niedergelegt wird.

Schwabing ist bey diesem Thor das nächste, und an sich selbst ein uraltes Dorf, welches, so, wie Neuhausen, der Pfarr Sendling einverleibt ist. Bey dem Wirthshaus theilt sich die Straße, und die rechter Hand, und nordostwårts führt nach Freymann, — und Freysing; die andere nord westwårts führt nach der sogenannten kalten Herberg, wo sich die Münchner zu belustigen pflegen, und weiter nach Unterbruck, Pfaffenhofen u. s. w.

III. Vor dem Isarthor sind anmuthige Baumaleen auf allen Strassen, von denen die Strasse rechter Hand nach Ramerstorf, die linker Hand nach Haidhausen u. s. w. führt. Die schöne Alee in der Mitte führt nach dem Titel Graf preysingischen Garten.

Wenn man das Isarthor von der Stadt herausgeht, sieht man rechts und links verschiedne Bierwirthsgårten. Neben der Isar hinab ist ein angenehmer Spaziergang. Hier liegt die Au, von welcher ich in einem besondern Abschnitt handle. Auf dem Gasteig ist der osterwaldische Garten, *) auf einem Platz, von welchem die Aussicht, über die Stadt, und alle Vorstädte und Kanäle und Gärten, unbeschreiblich manigfaltig, und unumschränkt ist. Hier sind auch die jüngst errichteten Bråukeller; links eine Kirche, und Krankenhaus.

*) Die Inschrift, welche oben zu sehen, heißt: FEL. REG. MAX. III. AC. MDCCLXIII. CUR. PET. ab OSTERWALD. C. I. S. A C.

Harlaching; Ueber den Lilienberg bey dem Nonnenkloster vorüber, oder auch durch die

Au

Au kömmt man über Giesing nach **Harlaching**; nach Grünenwald, wo (etwas weiter fort) die zerstörten Trümmer eines alten römischen Kastells mit einem vierfachen Wall, auch in der Isar noch einige Bruchstücke der alten römischen Brücke, und die Römer-Heerstraße entdeckt worden.

Wenn man die Straße nach dem Lilgenberg hinauf geht, diesem aber rechts liegen läßt, kömmt man in einer schönen Alee bis nach **Ramerstorf**, wo wieder eine Wallfahrt, und weiter fort, nach einer starken Viertelstund das Dorf **Perlach** zu sehen ist. In der Kirche zu Ramersdorf sind zwo Tafeln, und auf diesen die Portraite derjenigen Bayern zu sehen, welche im vorigen Jahrhundert von den Schweden als Geiseln nach Augspurg, und in diesem von den Oestreichern nach Gräz geführt worden.

Von Ramersdorf eine kleine Viertelstund nordwärts liegt ein Kirchlein: **Maria Einsiedel** genannt. Man sieht auch von hier die Kirche zu **Berg am Laim**, welche in diesem Jahrhundert, Clemens August, Churfürst zu Cöln erbauen ließ, — und **Haidhausen**.

Die Hofmark Haidhausen liegt eine kleine Viertelstund von München, wohin schöne Wiesen, und Aleen führen. Es sind da zwo Kirchen;

chen; dann einige Schlösser, als des Titl. Herrn Grafen von Seefeld, item des Titl. Herrn Grafen von Preysing; und, neben etlichen öffentlichen, viele, viele Privatgärten.

Wenn man den Gasteigberg links hinauf geht, kömmt man, so wie dieß auch auf der Straße durch Haidhausen geschehen kann, nach Bogenhausen, unter welche Pfarr sowohl Haidhausen, als die Au gehörig, und die Besorgung dieser letztern nur unter gewissen Bedingungen den Paulanern überlassen ist.

In Bogenhausen sind, ausser der Kirche, und dem Pfarrhof, einige artige Schlößer vorhanden. Eine Viertelstund davon liegt das freysingische Dorf Vöring, wegen dessen ehmaliger Brücke und Salzzoll München entstanden, und von dessen ehmaliger Größe wenig mehr zu sehen ist. Die Münchner nehmen auch dahin ihre Spazierwege.

IV. **Vor dem Sendlingerthor** befindet sich südwärts der große, gemeine **Stadtfreythof**, wobey eine Kirche vorhanden. Weiter hinaus die sogenannte schmerzhafte Kapelle; die untere Lend, oder Anlendungsplatz bey einem breiten Kanal, welcher der Stadt das ofne Wasser zuführet. Es ist hier eine Papiermühle le; ein Kalkofen, eine Kupferhammerschmiede zu sehen. Gegen West liegen die Klöster der barmherzigen Brüder und Schwestern, und eine Menge andrer Privat = und öffentlicher Gärten. Von dem Thor bis nach Sendling ist eine schöne Baumalee angelegt, und der Spaziergang geht durch Felder, und Wiesen.

Sendling wird in Unter = und Mittersendling abgetheilt, in deren letztern die Wallfahrtskirche **Thallkirchen** liegt. Von dieser kömmt man über eine Wiese nach einer Kapell, genannt Mariäeinsiedel, bey welchem ein kleines Schlössel zu sehen ist.

Von Thalkirchen liegt eine halbe Stunde südwärts, im Wald bey einer heiligen Geist Schwaig ein Ort, genannt **Häsene Loh**. Er besteht in ein paar Häusern, wobey ein Kirchlein, und eine Klause ist, hat an sich selbst einen sehr engen Bezirk, und befindet sich am Ranf eines gähen Abhangs, in dessen Tiefe die Isar vorüber läuft. Nach diesen Ort pflegen sich die Münchner seit undenklichen Zeiten des Vergnügens halber hinzu begeben, und einige Häußchen und Tische sind beynahe an dem äußersten Ranf der hohen Bergwand erbauet. Man sieht hier die Isar in einem Beet, von

dem

dem es scheinen möchte als hätte sie selbes durch Länge der Zeit sich selbst ausgehöllet, hervorlaufen.

§. V.

Von Grund und Boden um München.

Ich habe schon gesagt, daß höchst wahrscheinlich die ganze Gegend vom Gasteig - bis zum Neuhauserberg ein freygelaßner verwüsteter Plaz für den Isarfluß gewesen, der bey jedem Hochwasser seinen Lauf verändert haben wird. Sohin ist der Boden nicht der fetteste, wie er dieß dann noch weiter um die Stadt z. B. gegen Perlach, nicht ist. Die Verständigen wissen genug, wenn man ihnen sagt, daß er für die Schaafzucht, ungemein vortheilhaft ist. Und dieß erstreckt sich etliche Stunden um München. Noch der Churfürst Ferdinand Maria ließ an seinen Schleißheimer Verwalter die Frage ergehen, warum er ein gewisses Jahr nur dreyzehntausend Schaafe gehalten hätte. Man hielt sonst über funfzehn tausend; damals blühte noch ein sehr starker Handel in - und aus Bayern. Das Thal, worinn München liegt, ist durch wackern Fleiß der Bürger zu Heuwiesen ziemlich fruchtbar gemacht worden, und hierinn

sind

erst seit kurzem wichtige Vorkehrungen geschehen. Ich habe noch den ehmaligen Rennweg bey dem einsamen Feldbrunnen herauf ganz öde, und verlassen gesehen; es war eine saft- und erdenlose Wiese, worauf sich kaum ein Hälmchen fortbringen könnte. Auf diesem Platz hat es der hiesige Rathsherr, und Weingastgeb, **Herr Albert**, vor etlichen Jahren mit unermüdetem, und belohnungswürdigen Eifer, bey welchem er wenig Beyspiel vor sich hatte, unternommen, einen Acker anzulegen; er hat ihn mit einem Wall umgeben, und so gepflegt, daß er in unsrer Gegend einer der besten geworden. Und heut, wo ich das schreibe, ist kein ödes Flecken mehr auf den genannten Rennplatzweg zu sehen. Das sey von mir dem Mann der Industrie zum Andenken gesagt.

Daß die Privat- und Küchengärten um die Stadt, längst so vortreflich, wie aller Orten, sind, werde ich wohl nicht zu sagen brauchen. Es ist kein Gewächs, das man nicht sollte beherbergen können, **wenn man will**; und wenn sich nicht jeder Gärtner ein Beet für Ananas, und Paradeisfrüchten hält: so zieht er desto mehr solche Kräuter und Früchten, welche der größten Bürgeranzahl gedeyhen, und nützen.

Es sind seit kurzem eine Menge Privatgärten angelegt worden, worinn außer dem Nutzen,

Nutzen, auch für eine belobenswürdige Zierde gesorgt worden. Man giebt sich eine, mehr als einzele, Mühe, junge Fruchtbaumschulen und Blumenfloren in guten Stand zu setzen. In dem S. 41. genannten Garten, welchen der churfürstliche Herr Leibmedikus Winter angelegt, und der jetzige Besitzer, Hr. Secret. Burger, sehr verschönert hat, sind außer einer beträchtlichen Anzahl Maulbeerbäume, herrliche Fruchtbäume. Der itzige Hausmeister im Arbeitshaus, Herr Johann Georg Reiter, hat eine elende Pfütze, welche dem Haus sehr ungesund war, in einen blühenden Garten, worinn eine herrliche Blumenflor zu sehen, aus eignem Trieb, und belohnungswürdigem Fleiße verwandelt. u. s. w.

Zweyter Abschnit.

§. I.

Von den Churfürstlichen Schlössern.

Ich gebe gegenwärtig nur eine allgemeine Nachricht von diesen Schlössern, indem es gemäß der Absicht dieses Buches zu weitläuftig seyn würde, jede Zimmer zu durchgehen, und alles Vorhandne nach der Ordnung anzuzeigen.

Was die Entstehung der hiesigen Residenzen betrift: so sind einige der Meynung, es müße die erste Residenz in der **Fürstenfeldergasse** auf dem Platz, wo gegenwärtig die Fürstenfelder, Inderstorfer, und Etalerhäuser liegen, gestanden, und von **Ludwig dem** Strengen dahin erbaut worden seyn; allein dieser **Ludwig der Strenge** versetzte das Kloster der mindern Brüder vom Anger an einen, und zwar den heutigen Plaz, **nahe** an seine Residenz; welche mithin der **alte Hof** gewesen seyn muß. Daß übrigens in der Fürstenfeldergasse große, und öffentliche Stadtsgebäude gewesen seyn müssen, ist wohl nicht zu läugnen. Es befindet sich noch im Inderstorferhaus ein großes Zimmer gegen die Hofstadt, welches mehr als vermuthen läßt, daß es, unter andern, zu einem öffentlichen Gebrauche gedient haben müsse. Man hat Ursache, zu glauben, daß hier das erste bürgerliche Rathhaus, und andere Richterhäuser, Gefängnüsse u. s. w. gestanden, wie dann bey dem Becker unter dem schönen Thurme noch tiefe Behältnüsse vorhanden seyn sollen. Auf dem Platze, welchen man itzt die Hofstadt nennt, soll die Richtstadt gewesen seyn. Lauter zusammenhängende Dinge, an deren Gewißheit uns übrigens nicht das Geringste gelegen seyn kann; denn an allen Orten ist ehemals etwas gewesen, dessen Erin-

nerung

nerung, wenn sie zu unsern Unterricht, Beyspiel, und Aufmunterung nichts beyträgt, wenn sie uns nicht weiser, besser, und glückseliger macht, nicht aufgeweckt werden soll; denn dieß ist eine eitle, und müßige Wissenschaft.

Die erste Residenz also war der sogenannte alte Hof, oder die Ludwigsburg. Ludwig der Strenge erbaute sie, und sein jüngerer Sohn Kayser Ludwig ergänzte, und erbaute sie wieder, als sie bey der großen Feuersbrunst im Jahr 1327, wo der dritte Theil der Stadt verzehrt ward, großen Schaden gelitten hatte. Hernach wurde bey dem Platz, wo itzt die Hofapothecke, und zur linken der runde Thurn stehet, ein neues künstliches Gebäud mit einem Thor, das Neuvestthor genannt, errichtet. Diesem folgte die wilhelminische Residenz, vom Herzog Wilhelm V, und endlich die heutige, welche Maximilian I, (eine der prächtigsten in Europa) gebaut hat.

a) **Residenz in München.** Dieses prächtige Gebäud hat viele weitschichtige Höfe, Sääle, Gallerien u. s. w. vornen zwey hohe marmorne, nach dorischem Stil verfertigte Thore, vor deren jedem auf marmornen Gestellen zween Löwen mit Sinnbildern, aus Erz gegossen, sitzen. Man hält dafür, daß alle metalene Sta-

 tuen,

tuen, welche seit Erbauung der Residenz zugegen zu seyn scheinen, vom Peter Candito, welchen Albert V, der Großvater Max. I nach München kommen ließ, gezeichnet und angegeben seyen, wie wir dann in der Folge von diesem Künstler noch oft hören werden. Auf jedem Gesimse der hohen Thore sind zwey von Erz gegoßene große Sinnbilder, nämlich **die Weisheit**, und **die Gerechtigkeit**, dann auf der andern **die Starkmüthigkeit**, und **Mäßigkeit**. Auch werden auf beyden Porten die Wappen der kayserlichen und königlichen Häusern **Bayern**, und **Lothringen**, jene von Löwen, diese von Greifen gehalten. In der Mitte zwischen diesen zweyen Thoren ist wieder von Bronze das Bild der Muttergottes, mit der Unterschrift: Patrona Bavariæ. Alle diese Bilder sind an Größe mit ihrer Höhe im Verhältniß.

Der wahre, und schönste Eingang in die Residenz führt nach dem Kaysershofe; denn hier ist auch die prächtige Stiege, welche man bey dem gewöhnlichen Eingang nicht zu sehen bekömmt. Der Vorhof dieses gevierten Gebäudes hat in der Länge, und Breite 230 Schuhe. Der gevierte Gang, welcher zu des Kaysers Zimmer führt, ist mit Gyps und Malerey geziert. Das Gewölb wird von vier Säulen vom rothem Marmor gehalten, wo auch solche Sitze ange-

bracht

bracht sind; dabey sind die Bildniße 12 alter römischer Kayser.

Die Stiege, in der Idee und Ausführung, ein Meisterstück wahrer Größe und königlichen Ansehens, enthält von rothem Marmor 56 Staffeln, deren jeder 14 Schuh breit ist. Man sieht hier die Bildniße a) des **Otto von Wittelspach.** b) **Carls des Großen.** Weiter auf der Stiege, sind rechter Seits 4 große Säulen, und bey denselben **Ludwig der Bayer.** An der mittern Porte des Saals steht mit vergoldeten Buchstaben: Maximilianus D. G. Comes, Palat. Rheni. Utr. Bav. Dux, S. R. J. Archidapifer & Elector. Auf beyde Nebenthüren sind die Brustbilder des Otto, Königs in Ungarn aus dem Haus Bayern, und Alberts III.

Der Kaysersaal, welchen man nun zu sehen bekömmt, enthält in der Länge 118, in der Breite 52 Schuh. Auf dem Kamin dieses Saals steht eine Statue vom Porphyrstein, welche die **Tugend** vorstellt; sie hält in der rechten Hand einen Spieß, in der linken einen Palmzweig; zu ihren Füßen liegen, gleichfals aus Porphyrstein, verschiedne Thiere, als, ein Löw, ein Adler, ein Lamm, ein Wildschwein, ein Bär.

Die Gemählde, welche sich auf den beyden Seiten der Fenster befinden, sind vom Vincentini, und stellen vor

1) Ester, wie sie bey Assuerus für Mardochäus bittet.
2) Gegenüber: Veturia, zu den Füssen ihres Sohns Coriolani, als dieser mit den Volsciern seine Vaterstadt Rom belagerte.
3) Judas Machabäus. Er drückt mit der linken Hand den Kopf des Apolonius nieder, mit der rechten hält er das bereits niederfallende Schwert.
4) Gegenüber: Horaz Cocles zu Pferd, wie er ganz allein den Anfall des porsenischen Kriegsheers aufhält.
5) Susañe im Bad.
6) Gegenüber. Lucretia.
7) David wider Goliath.
8) Gegenüber: Lucius Valerius Corvinus, wie er einen französischen Riesen überwindet.
9) Judith mit dem Kopf des Holofernes.
10) Gegenüber. Die massagethische Königinn wirft den Kopf des Cyrus in ein mit Blut gefülltes Gefäß.
11) Simson und Dalila.
12) Gegenüber: Herkules.
13) Jahel, und Sisara.

14) Gegenüber: Panthesilee, Königinn der Amazoninnen.

15) Moses verkündigt die Gebote Gottes.

16) Gegenüber: Lycurgus giebt den Spartanern Gesätz.

Die Decke dieses Saales ist mit verschiednen Verzierungen, und Gemählden ausgeschmückt; der Phaeton in der Mitte vom Triva; die Eckstücke von Wolf.

Von diesem Saal kommt man in verschiedne prächtige Zimmer, welche mit allegorischen, mythologischen, und historischen Gemählden, mit überaus prächtigen Kaminen von Marmor, und Alabaster, und unzähligen andern Schildereyen, Kunststücken, und Verzierungen versehen sind, unter welche, nach meinen Begriffen, vorzüglich jene schönen Tapetten gehören, deren einige in allegorischen Bildern die 12 Monate, die andern die Thaten des Otto von Wittelspach vorstellen; sie sind von Peter Kandito gezeichnet, und von niederländischen Künstlern ausgeführt, vom Amling aber in Kupfer gestochen worden. Ungefähr nach sieben Zimmern kömmt man in eine Gallerie, deren Länge 270 die Breite 15 Schuh beträgt. Sie hat 15 hohe Fenster, über welchen sich die Portraite berühmter Regenten aus Bayern befinden:

1) Ansbertus, oder Asobertus, Großhofmeister, welches bey den alten Franken die nächste Stelle nach dem König war.

2) Arnoldus, oder Arnulphus, Großhofmeister.

3) Arnolphus, Großhofmeister.

4) Anchisius, oder Angisius, Großhofmeister.

5) Pipinus, ein Vater Caroli Martelli, Großhofmeister.

6) Carolus Martellus, ein Vater des Königs Pipini.

7) Pipinus, ein Vater Caroli M. Königs in Frankreich.

8) Carl der Große, Kayser aus der deutschen und Fränkischen Nation.

9) Pipinus, König in Italien, ein Sohn Caroli Magni.

10) Bernardus, ein Sohn Königs Pipini, König in Italien, ein Enkel Caroli M.

11) Pipinus, ein Sohn Königs Bernardi, der erste Graf von Lengelfeld, aus dem königl. Geblüt.

12) Bernardus, Graf von Lengelfeld, Arnolphi Vater.

13) Arnolphus, Graf von Lengelfeld.

14) Luitbaldus, Graf von Lengelfeld, Herzog in Nordgau, und Markgraf in Oestreich.

15) Arnolphus, oder Arnoldus, Fürst in Bayern.

16) Arnolphus, Pfalzgraf, erbaut das Schloß Scheyern, daher sie nachmals die Pfalzgrafen von Scheyern genannt worden.

17) Bertholdus, Graf v. Scheyern, Pfalzgraf in Bayern.

18) Wernerus, Graf von Scheyern, ein Vater Otto des ersten.

19) Otto der erste, Graf von Scheyern, Großhofmeister des fränkischen Reichs.

20) Otto II. Graf von Scheyern, Pfalzgraf in Bayern.

21) Otto III. genannt von Wittelspach, welcher das Schloß erbaut hat.

22) Otto IV und ältere Graf von Wittelspach.

23) Otto V. genannt der Große, und erster Herzog aus Bayern, wittelspachischer Familie.

24) Ludwig I. Herzog in Bayern, Pfalzgraf bey Rhein und Churfürst.

25) Otto VI. Pfalzgraf bey Rhein, Herzog in Ober- und Niederbayern, Churfürst.

26) Ludwig II. genannt der Strenge, Pfalzgraf bey Rhein, Herzog in Oberbayern, Churfürst.

27) Ludwig der Bayer, Kayser, Graf in Holl- und Seeland.

28) Stephan, Pfalzgraf bey Rhein, Herzog in Ober, bayern, Churfürst.

29) Johannes, Pfalzgraf bey Rhein, Herzog in Oberbayern.

30) Ernest, Pfalzgraf bey Rhein, Herzog in Oberbayern.

31) Albert I. sonst III. genannt der fromme; Pfalzgraf bey Rhein, Herzog in Bayern.

32) Albert II. sonst IV. genannt der Weise; Pfalzgraf bey Rhein, Herzog in Bayern.

33) Wilhelm I. sonst IV. Pfalzgraf bey Rhein, Herzog in Bayern.

34) Albert III sonst V. Pfalzgraf bey Rhein, Herzog in Bayern.

35) Wilhelm II. sonst V. Pfalzgraf bey Rhein, Herzog in Bayern.

36) Maximilian I. Pfalzgraf bey Rhein, Herzog

in Obern, und Niederbayern, des H. R. R. Erztruchseß und Churfürst.

In der nämlichen Gallerie sind auch die allegorischen Bilder der vornehmsten Flüße, und Städte in Bayern zu sehen. rc. rc.

Wenn man gegenwärtig nach den Zimmern Sr. Churfürstl. Durchlaucht geht, hat man, wenn man die Stiege hinauf kommt, rechterhand eine Gallerie, und dann folgt der Herkulessaal, welchen man, mit einer Keule bewafnet, auf dem marmornen Kamin erblicket. Die Gemählde, welche in diesem Saal sind, stellen, wie schon aus den Aufschriften zu lesen, bayrische Thaten vor. Diese Gemählde sind vom Fischer. rc.

Noch ist neben der ordentlichen, und größern Schloßkapelle, die mit Wahrheit sogenannte schöne Kapelle, der Schatz, (von welchem 1778 ein Katalog gedruckt worden) und das Antiquarium überaus sehenswürdig. Bey dem schönen Brunnen im Hof sind die Zeichnungen der aus Erz gegoßnen Statuen vom Peter Candito. Wenn man znr Erde herab kommt, sieht man an einer Kette jenen großen Stein, welchen Herzog Christoph nach einer beträchtlichen Höhe geworfen hat. Auch sind

3 Nägel an der Wand, und dabey die Reime:

Als nach Christi Geburt gezehlt war,
Vierzehn hundert, neun und achtzig Jahr,
Hat Herzog Christoph hochgeborn,
Ein Held aus Bayern auserkohrn,
Den Stein gehebt von freyer Erd,
Und weit geworfen ohngefehrd.
Wiegt dreyhundert vier und sechzig Pfund,
Das giebt der Stein und Schrift Urkund.

Drey Nägel stecken hie vor Augen,
Die mag ein jeder Springer schaugen,
Der Höchste zwölf Schuh von der Erd,
Den Herzog Christoph ehrenwerth,
Mit seinem Fuß herab thät schlagen,
Cunrad lief bis zum andern Nagel,
Wohl von der Erd zehnthalb Schuh,
Neundthalb Philipp Springer luef,
Bis zum dritten Nagl an der Wand,
Der höher springt, wird auch bekannt.

Die ganze Residenz ist mit Marmor belegt, und von der Nord- und Ostseite mit Wasser umgeben. Hier stund das alte Vestthor; gegenwärtig kommt man durch den Brunnenhof nach dem neuen Opernhaus (sieh öffentliche Gebäud) und bey der Apotheke nach dem Zeughaus, wobey linker Seits auch eine Porte zum Hofgarten ist.

Wenn man durch die lange, und schöne Gallerie, von welcher ich oben sagte, geht,

kommt

kommt man über etliche marmorne, breite Stiegen in einen gemauerten Gang, und vermög diesem in den Hofgarten.*)

*) Dieser Garten hat seit seiner Entstehung viele Veränderungen erlitten. Ehmals war er in vier Theile, und diese in viele Partien getheilt, welche mit lebendigen Zäunen eingefaßt, innerhalb welchen die besten Fruchtbäume aller Arten, Graß und Blumen, und unter diesen künstliche überaus artige Springbrunnen mit metalenen Figuren zu sehen waren. Die Wände in dem langen Bogen waren bemalt, mit den Thaten des Otto des Großen von Wittelspach, und den allegorischen Bildern, welche die 12 Monate vorstellten, und, so wie die Thaten des Herkules, welche gegenwärtig erneuert sind, von P. Kandito gezeichnet; Mit Einem Wort, es war ein Garten, der zu Sommerszeit, und, wann Blüthe und Frucht kam, Seel und Leib erquickte.)

Gegenwärtig ist es ein schöner reingehaltner Spaziergang. Der Boden ist mit Sand belegt, und durchgehends mit Lindenbäumen besetzt. In der Mitte steht noch das mit Kupfer bedeckte schöne Rundel, auf deren Dachgipfel, die Diana, von Erz zu sehen, und in gleichen Entfernungen sind vier Springbrunnen, welches dann dem Garten wieder vier Theile, und ein ziemliches Ansehen giebt.

Wenn

Wenn man nach diesen Spaziergang durch die Residenz kömmt, so erblickt man eine bedeckte Gallerie, welche in der Länge 800 Schuh, in der Breite 14, in der Höhe 15 Schuh, und 41 offne Bögen hat; und geht man sie hinab: so ist linkerseits a) ein Eingang von der Straße. b) Ein kleines Haus, wo man Erfrischungen haben kann, c) ein Eingang nach der Reitschul. Am Ende dieses Gangs ist eine niedliche Grotte mit Wasser, und von da erblickt man eine neue Gallerie, welche 1500 Schuh, und 81 offne Bögen enthält. Ueber dieselben ist gegenwärtig die Gemählde-Gallerie, zu welcher zween Eingänge führen. Die Statuen, welche in diesem langen Gang zu sehen, und wodurch die Thaten des Herkules angezeigt sind, hat Roman Boos verfertigt.

Wo sich dieser, etwas hoch liegende Garten endet, wandelt man über sanfte Terrassen nach einen Weyher hinab, um welchen wieder ein Spaziergang angebracht ist. In der Mitte dieses viereckigten Weyhers ist eine kleine niedliche Insul, mit Bäumen; vor derselben stehen in gleichen Entfernungen zwo Grotten, und auf diesen metalene Figuren, welche Wasser spritzen, 1) ein Delphin, mit zweyen Meerwesen, und 2) ein Bär mit zweenen Hunden.

Am

Am Ende der langen Gallerie, von welcher zwo Thüren nach den Wall führen, kömmt man in einen ehmals prächtigen Saal, neben welchen einige hohe, mit Marmor belegte, und eben solchen Kaminen versehne Nebenzimmer angebracht sind. Die marmornen Eingänge, die Gesimse, die Decken, alles zeugt von ehmaliger Schönheit. An der Decke des Saals sind noch 13 Gemählde (Götterfabeln) vom **Bocksberger**. Man hat von diesem Saal eine sehr schöne Aussicht nach den Hofgarten, und nordwärts weit hin über Felder, und kleine Wäldchen. Nach diesem Gebäud steht in der Mitte ein anders, ungemein schöners, das für eine Seidenfabrick bestimmt war; dann kömmt ein Küchengarten.

b) **Der alte Hof**, ein altes, schweres, düsters Gebäud, worinn sich gegenwärtig das Kollegium der Hofkammer u. a. m. befindet. Nordwärts läuft noch Wasser in einem kleinen Graben vorbey. Es steht noch die alte Kapelle (dem Hl. Lorenz gewidmet) und darinn drey Emporkirchen. Auch sind hier viele Jahrstäge für die verstorbnen höchsten Herrschaften. In dem geraumigen Hof ist ein Wachthaus; und gegenüber das churfürstl. braune Bräuhaus. Wenn man von der Burggaße hieher kömmt, sieht man das Löweneck, nämlich ein kleines Haus, welches ehmals ein Löwenbehältniß war.

Hier

Hier geht man nach dem alten Hof durch einen Thurm, welcher einst sehr schön bemalt gewesen. Von diesem altem Hof fängt sich ein unermeßlicher Zug churfürstl. Gebäude an, welche sich bis an den Wall erstrecken.

c) **Die Wilhelminische Residenz**, welche gegenwärtig von der verwittw. Durchl. Herzoginn Maria Anna Charlotte bewohnt wird, liegt zwischen den ehmaligen Jesuitergebäuden, dem Karmeliter- und Kapuzinerkloster, von welchem letztern sie durch den Stadtgraben abgesondert ist. Beym Eingang steht das Brustbild des Erbauers mit der Unterschrift: Wilhelmus dux Bauariæ. Ueber die Kapelle, welche sich in dieser Residenz befindet, sieh den § Kirchen.

Mann kann von dieser wilhelminischen Residenz durch einen bedeckten Gang nach der churfürstlichen gehen, auf demjenigen Gang nämlich, welcher um die ganze Stadt gezogen ist.

Hieher gehört der **Herzoggarten**, welchen seine herzogliche Durchl. Klemens gleich vor dem Neuhauserthor errichtet haben. Es ist hier ein langer Zug kleiner, niedlicher Gebäude, und bey diesen ein angenehmer Garten, welcher mit einer Mauer eingeschlossen ist.

d) Schleiß-

d) Schleißheim liegt zwo starke Stunden von München mitten in einem Wald. Herzog Wilhelm hat aus der damaligen gemeinen Schwaig ein fürstliches Lusthaus errichtet, welches Maximilian Emanuel verschönert, und sehr gewöhnlich darinn gewohnt, auch viele Klausen errichtet hat, wie sich dann auch ein Hospitium der Franciscaner hier befindet.

Das Schloß, von welchem die Aussicht nach einen Garten geht, ist sehr schön, mit einer prächtigen Stiege versehen, welche nach vielen Gallerien und Zimmern führt, worinn die berühmte Gemähldesammlung befindlich war.

Es ist hier eine schöne Schweig, und ein Kanal, bis nach Dachau gezogen.

e) Nymphenburg ward im Jahr 1663 von der Churfürstinn Adelhaid angelegt. Es war eine Hofmark, welche den Gaßnern gehörte, und Ober- und Unterkemnath genannt wurde. Jene haben hier noch einen Jahrtag bey ihrem Begräbniß, und eine Spentaustheilung. Als die Churfürstinn mit Tod abgieng, stund nur erst der mittere Stock, und eine Schweig. Die Anlage nach ihrer Idee ward indeß schon gemacht, und von den nachfolgenden Churfürsten ausgeführt, von Max. III. vollendet, ein bewunderungswürdiges Werk wahrhaft königlicher Pracht; eine Burg der Majestät, und hohen manigfaltigen Vergnügens.

Von jenem mittlern Gebäude, welches die Churfürstinn Adelheid aufführte, wurden nachmals in die Rundung beyderseits viele andere, ununterbrochen gezogen, deren weitläuftige Reihe man mit Einem Mal zu sehen bekömmt. Unter diesen Gebäuden befindet sich linker Seits von dem Schloß die St. Magdalenkapelle, das Nonnenkloster, und Kapuzinnerhospitium (sieh §. Klöster) weiter die schöne Porcelainfabrike (sieh Fabriken.)

Ich enthalte mich gegenwärtig, zu sagen, was an Gemählden und andern Kunststücken in den churfürstlichen Zimmern zu sehen ist, welches, so bald die Gallerie zu München im vollendeten Stand seyn wird, ausführlich, und bestimmt, gesagt werden kann. Eine allgemeine Meldung ist indeß §. **Gallerie** gemacht worden.

Durch einen Bogen im mittern Gebäude, und vier Nebenöfnungen kann man nach dem Garten kommen. Beym Eintritt bleibt jeder Fremde von Erstaunen stehen. So viele Pracht hat sich seine Seele niemals vorgestellt. Ein großer, epischer Anblick, bey dessen plötzlicher Erscheinung dem Geist in dem Körper zu enge wird!

Der Garten ist in einem Wald, meist von Birken, angelegt, dessen ursprüngliche Bäume noch in den verschiedenen Garteugruppen, auch wohl in Alleen, zugegen sind. Dieser Wald zieht sich außer der Gartenmauer wieder fort, fünf Stunden, bis nach Starenberg, und, in kleinen Unterbrechungen, bis an das Gebirg, und zur großen und kleinen Jagd kann kein Ort bequemer liegen. Die größere Austheilung des Gartens ist nach dem zu Versailles angelegt, nach welchem er einer der schönsten, und unstreitig der schönste und prächtigste in Deutschland ist. Er ist nach einer großen Idee, die Herrlichkeit eines großen Monarchens auszudrücken, entworfen, ist in große Partien getheilt, und diese sind auf allen Seiten mit weiten Alleen, und Gängen durchschnitten, deren Boden mit Sand bedeckt ist. Fast allemal sieht man am Ende der Gänge, und Alleen, anziehende Gegenstände, eine Statue, eine Grotte, ein Wasserwerk u. s. w. So viele der, in verschiedene Figuren getheilten, Partien sind, so viele sind, oder könnten wenigst, wenn man Blumen, Fruchtbäume u. s. w. hinsetzen wollte, besondere Gärten seyn; aber für jeden ist hier, wo er weilen, und ru-

hen

hen kann; — Pracht der Majestät, naives Lächeln der Grazien, Freude und Ermunterung, und stilles Sehnen, und Ausruhen der schweigenden Melancholie.

Mitten im Garten kommt man zu zweyen überaus niedlichen Gebäuden, das Badhaus, und Amalienburg. Jenes ist von Maximilian Emanuel, dieses von Kaiser Karl VII erbaut worden. Auch die Clause ist sehenswürdig.

Unter die ersten Vorzüge dieses Gartens gehört unstreitig das Wasser. Dieses wird von dem Würmsee hergeleitet, und der ganze Garten ist mit Kanälen, Teichen, großen, und kleinen Springwässern erfüllt, welche bey großen Partien in mächtigen Wassersäulen emporschäumen, in kleinen sanft und rühreud plätschern, und die geruchreiche Luft mit angenehmer Kühlung erfüllen. Auf dem Kanal kann man den ganzen Garten durchschiffen, und dieß durch eine geschwinde Schwellung des Wassers, auf eine sehr künstliche Art, indem der entfernte Theil des Gartens höher liegt, als der nähere. Außer diesem Kanal, welchen man auf allen Seiten des Gartens sieht, kann man kaum etliche Schritte gehen, ohne auf Springbrunnen zu stoßen, welche fast immer in kleinen Teichen, in deren Mitte aus Bley gegoßne und vergoldete Figuren angebracht sind, bestehen.

Wenn man nun anfangs durch den mittern Theil des Gebäudes in den Garten kömmt, sieht man eine überaus große Scene; ein weites langes Viereck, dessen Seitenalleen mit hohen Bäumen besetzt sind. In der Mitte desselben einen Teiche, und in diesem coloßalische, bleyerne und vergoldete Statuen, und um selbe große Wasen. Beyderseits an den Alleen befinden sich zwischen den Bäumen 8 Schuh hohe Statuen von weißem Marmor, auf eben solchen Gestellen, und zwar von Schloß aus

II. Rhea; vom Margiori, einem Venetianer.	—	I. Saturn, wie er eines seiner Kinder frißt.
IIII. Juno; vom Aulizeck.	—	III. Jupiter.
IV. Ampitritte; vom Roman Boos.		V. Neptun, vom Grof.
VII. Mars; vom Roman Boos.	—	VIII. Pallas.
IX. Merkur; vom Roman Boos.	—	X. Venus.
XI. Pluto; vom Aulizeck.		XII. Proserpina.
XIII. Bachus; vom Roman Boos.	—	XIV. Ceres.
XV. Apollo.		XVI. Diana.

Nach

Nach diesem Viereck, welches durch den Kanal nach der Breite durchschnitten wird, erhebt sich der Garten, und man sieht eine lange Allee, durch deren Mitte wieder ein Kanal gezogen ist, der am Ende in einem Teich sich sammelt, nach welchem das Wasser über verschidene immer höhere Terraßen auf eine Art herabklitscht, daß dadurch das Ganze nur Ein Stück zu seyn scheint. Diese Terraßen und Wasserbecken sind durchgehends von rothem Marmor, und an deren Ufern befinden sich von weißem Marmor **Herkules**, und **Pallas**, dann zwo Statuen, welche die Isar und die Donau vorstellen; sie sind vom **Volpino**.

Noch sieht man eine schöne Statue von weißem Marmor Amalienburg gegenüber; nämlich die Minerva; vom **Volpino**; sie steht an einem erhabenen, stillen, und durch hohe Birken, und Tannen beschatteten Ort, wo ihr Anblick sehr rührend, und auf eine schauerichte Weise erquickend ist. Auf der nämlichen Seite, näher dem Schloß, sind bey einem Spielwerk von weißem Marmor zween Satyrn, und in der Mitte Apollo, vom **Volpino**.

Einzelne Brustbilder befinden sich hie und da, und eine Menge derselben, nahe an dem

Schloß, in einem ganz abgesonderten geistigen Gärtchen, wohin man durch ein kleines von Laub ganz beschattetes Gängchen wie gehoben wird. Und das sey dießmal, und hier genug vom Garten Nymphenburg.

f) Fürstenried ist ein kleines angenehmes Jagdschloß, mit einem anmuthigen Garten nicht weit von Nymphenburg südwärts gelegen. In dieser Gegend sind Fasanengärten u. s. w.

§. II.

Von öffentlichen Hof- Stadt- und ständischen Gebäuden.

1) Das Akademiegebäude in der schwabinger Gaße. Dieses herrliche Gebäude ist von Churfürst. Maxim. III. errichtet, aber das hinterste Stockwerk ist noch nicht vollendet worden. Es reichet in der Tiefe bis in die andere Gaße, wo man nach der Prangersgaße sieht, und enthält drey Höfe, deren besonders der Mittere sehr ansehnlich ist. Der ausgebaute Theil, dessen Plan von Herrn Couviller ist, besteht, außer den Zimmern neben der Erde, in zweyen, hohen Stockwerken, deren das erste dem aus Marmorsteinen gebautem Portal, (das von vier dergleichen Säulen von der Erde an, unterstüzt wird, und eigentlich zum Thore gehört) gleich-

gleichlauft. Vor demselben ist der Fußweg von Marmor, und ein Geländer von eben solchen Pfeilern, welche mit Ketten durchzogen sind.

In diesem Gebäude, worinn eine meisterhafte Stiege zu sehen ist, sind gegenwärtig die Zeichnungsakademie, die Hofbibliothek, die Akademie der Wissenschaften. Ich will sogleich an diesem Ort von jedem dieser Gegenstände handeln.

a) Die Zeichnungsschule, welche im Jahre 1770. anfieng, befindet sich gleich beym Eingange zur ebener Erde, wo auch der akademische Hausmeister wohnet. Sie wird an bestimmten Tagen, im Winter gehalten, und wer sich immer in der Kunst üben will, erhält unentgeltlich freyen Zutritt. Die Uebungen bestehen in sogenannten Akten, oder Stellungen; Kollegien aber, wo die Poesie, und Philosophie der Künste, ihre Geschichte u. s. w. gelehrt würde, sind noch nicht vorhanden. In einem kleinen Saal, wohin man durch den ersten Hof kömmt, sind einige Gypsabgüsse berühmter Antiken z B. der Laocon, der Antinous, die mediceische Venus u. s. w. zu sehen.

b) Gegenwärtig, wo ich dieses schreibe, ist man eben beschäftigt, die vortrefliche Hofbibliothek in eine gute Ordnung zu bringen, und zum öffentlichen Gebrauch derselben die gehörigen Anstalten zu treffen.

Herzog Albert V, ein Herr von ausnehmendem Geschmack, und Gelehrsamkeit legte dazu den Grund, indem er nicht nur aus Italien, wo er als ein junger Prinz studirte, eine gewählte Sammlung von Handschriften und Büchern nach München bringen, sondern in ganz Europa mit größten Kösten alles sammeln ließ, was immer von seltnen Werken, und Denkmälern zu bekommen war. In dem großen Behältniß unter dem Dache im alten Hof, oder der Burg Kaiser Ludwigs, werden noch die Tische und Stühle gezeigt, deren sich dieser Herzog in seiner Privatbibliothek bedienet hat. Dieselbe wurde nach und nach immer mit neuen Schätzen vermehrt, blieb aber in Absicht auf ihr Behältniß nicht in dem besten Zustand. Churfürst Maximilian III ließ sie sehr vermehren, und der selige Bibliothekär von Oefele machte sich darinn sehr berühmt. Jüngst wurden die Bücher nach dem zweyten Stockwerk des Akademiegebäudes gebracht, wo selbe indeß in verschiedenen abgesonderten Zimmer stehen.

In Rücksicht auf Seltenheiten, und innere Güte, ist sie eine der besten in Deutschland.

Von

Von den Handschriften, deren sie eine unbeschreibliche Menge, oder vielmehr eine kleine Bibliothek in allen Sprachen besitzt, ist zu Ingolstadt 1602 ein gedrucktes Verzeichnüß erschienen, worinn aber sehr viele nicht angezeigt worden, welche vermuthlich erst seit dieser Zeit dahin gekommen sind. Unter den griechischen Handschriften befinden sich nicht nur die Codices des Martini Crusii, worunter viele von der Handschrift des Georg Darmarius, eines gebornen Griechen, der für den Crusius abschrieb, vorhanden sind, sondern ungemein ältere, und solche, deren Alter sich kaum bestimmen läßt, wie z. B. ein lateinisches Evangelienbuch mit goldenen und silbernen Buchstaben auf purpurfarbenes Pergament geschrieben, und mehrere andere. Es befindet sich unter den griechischen Handschriften ein Codex, der fast alle Werke des heiligen Chrysostomus enthält; Reden und Briefe des Libanius; eine Chronick vom Anfang der Welt bis zur Regierung der Kaiser, Valens, und Valentinus, vom Julius Pollux; zween Bände in Folio vom Theodor Metochita, die seine philosophischen und physikalischen Werke in sich halten; viele griechische Wörterbücher, worunter zwey vom Cyrillus sind, u. s. w. Unter den lateinischen, die Briefe des Heil. Cyprians, ein Juvenal mit Noten, und andere außerordentlich schätzbare Denkmäler, wie z. B. folgendes: de legationibus variarum gentium ad Romanos ex diversis Historicis Arriano, Apiano, Malchio Rhetore Philadelphicorum, & aliis (chart. fol.) eines derjenigen ist, die man in den kostbarsten Sammlungen dieser Art vergebens suchet. Eine ähnliche Seltenheit ist ein großer Codex in Quart von wenigst hundert Blättern egyptischen Papiers, welcher ein lateinisches Register aus der Kanzley zu Ravenna, und dieses, Belehnungen von Gütern enthält, die verschiedenen Privatleuten ertheilt worden. Man zeigt noch viele andere Denkwürdigkeiten alter Kunst und Mühe, wie z. B. die großen Himmelskugeln, welche zu den Zeiten Alberts V der berühmte Appianus verfertigt, und Johann Mielichs gemalt hat.

c) Die Akademie der Wissenschaften wurde im Jahre 1759 von Churfürst Maximilian III errichtet, und ihre Gegenstände sind Geschichte und Philosophie, wozu jüngst eine dritte Klasse der schönen Wissenschaften kam. Was die Akademie in diesen wenigen Jahren gearbeitet, und was das Inland ihr zu danken habe, ist im bairischen Jahrbuch ersten Theil 1782 zu lesen. Sie hat sich bereits eine schöne Bibliothek, ein kostbares Naturalienkabinet, und andere Dinge gesammelt, welche als eben so viele Beweise der wär-

mesten

messten, und unermüdeten Bemühungen derselben vorhanden sind. Das Armarium physikum, wozu der geistl. Hr. Rath Ildephons Kennedy Sekretär beyderselben, das meiste beygetragen, und mit eigner Hand verfertigt hat, gehört unter die vollständigsten in Deutschland. Die Mitglieder wählen die dirigirenden Personen alle Jahre aus ihrem Mittel, kommen alle Wochen Einmal, gegenwärtig alle Dienstäge, zusamm, geben alle Jahre einen Band physikalischer, oder historischer Abhandlungen, wozu noch ein Band über Gegenstände der schönen Wissenschaften kömmt, heraus, halten alle Jahre zwo öffentliche Reden, belohnen außerordentliche Verdienste, so, wie jährlich die besten Preisfragen, mit goldenen und silbernen Medailen, und fahren fort, ihr Vaterland auf alle Art zu ermuntern. Gegenwärtig hält der Direktor der physikalischen Klasse, **Herr Professor Baader**, welchem das Naturalienkabinet seine Einrichtung zu danken hat, daselbst auch Kollegien über die Naturgeschichte, und einem andern ist **von eben der Akademie aufgetragen**, Kollegien über die Experimentalphysik zu lesen.

2) Was ich oben bey der Hofbibliothek bemerkte, daß sie gegenwärtig, wo ich dieses schreibe, eben im Einrichten sey: das muß ich ebenfalls **von der Bildergallerie** erinnern. Die Gemälde

mähldе wurden bis daher in den drey churfürstlichen Schlößern, nämlich der Residenz zu München, und dann zu Nymphenburg, und besonders in Schleisheim aufbewahret, wovon nun die besten Stücke zusamm gewählt, und nächstens in ein eigenes dazu bestimmtes Gebäude, welches der itzt regierende Churfürst Karl Theodor 1779 errichten ließ, eingetragen werden.

Was die Gemählde betrift, so ist ihre Sammlung von jeher, als eine der ersten in Europa bekannt gewesen. Albert V, so wie Wilhelm V, legten dazu den Grund. Und wo die nachmaligen Churfürsten Maximilian I und Ferdinand ein Meisterstück erhalten konnten, suchten sie, es an sich zu bringen. Maximilian II, welcher bey seinem Aufenthalt in Frankreich und Niederland eine nähere Gelegenheit hatte, die seltensten Kunstwerke zu sammeln, verwendete dazu überaus großmüthige Summen, und ihm hatte eigentlich die Gallerie zu Schleisheim, welches Schloß er vom Grund erbaut hat, den größten Zuwachs zu danken. Kaiser Karl VII, und Maximilian III setzten selbe mit leidenschaftlicher Beeiferung fort, und Karl Theodor erbauten denselben einen eigenen Tempel.

Galleriedirektor ist gegenwärtig der Herr Hofkammerath J. N. edler v. Weizenfeld,

und

und Gallerie Inspektor der Herr Hofkammerrath und Hofmaler Dorner. Ersterer hat 1775 eine Beschreibung der Churfürstl. Bildergallerie in Schleißheim herausgegeben, worinn 1050 Stücke angemerkt sind.

Unter die vorzüglichsten derselben gehören die Gemählde vom Guido Reni, Caracci, Quercino da Zeeto, Titian, Lanfranco, Bourgignon, Michael Angelo v. Caravagio, Loth, Tintoret, Palma, Spagnoleto, oder Ribera, Paul Veronese, Salviati, Vivien, Giordano, Maratti, Cignani, Salvator Rosa, Rembrand, Albrecht Dürer, (von welchem unter andern die Apostel Paulus, und Mathäus, — Petrus und Johannes in Lebensgröße, item eine ausnehmend schöne Kreutragung ganz im römischen Stül vorhanden sind) Holbein, Lucas Cranach, Sandarat, Franz Hals (von welchem eine überaus schönes Stück, die Familie des van Dycks zugegen) Gerard Lairesse; — ein seltnes, wohl erhaltnes Stück vom Anton Allegri, Correggio genannt, eine Familie Christi, wo die Figuren alle über Lebensgröße sind. — u. s. w.

Unter den Kabinetsstücken bey 10 Stück von Gerard Douw, eben so viele von Franz Mieris, von Joh. Huysum, von Claud Lorrain,

Lorrain, eine Menge Stücke von den beeden Teniers, Brouwer, Netscher, Terburg, Slingelandt, Philipp Wouwermann, denen Breughel, Peter Laar, oder Bamboccio, Berghem, Daniel Segers, Rahel Ruysch, Mignon, Mignard, Cornelius Poelenburg, Joh Fyt, Rottenhammer, Adrian van der Welde, bey 30 Stücke von Jakob Dorner; u.s.w.

Ferner will ich indeß anmerken zwey Stücke vom Dominicus Zampieri, sonst Dominichino genannt, deren das erste den Herkules, wie er der Omphale zu Liebe spinnet, das zweyte eben den Herkules, rasend, und wie er seine, und des Jphiklus Söhne in das Feuer wirft, im erhabensten, altem großem Geschmack, und ganz begeisterten Ausdruck; — zwey Thierstücke von Franz Schneiders, dem besten Thiermaler, und diese Stücke sind vieleicht seine besten Arbeiten. Eines stellt einen Rehbock vor, der von zweenen Leoparden verfolgt wird; das zweyte einen Löwen, der ein Wildschwein erlegt; etliche und sechzig Stuck von Paul Rubens, worunter sich der bethlehemitische Kindermord, eine seiner wichtigsten, und berühmtesten Arbeiten, die zween Apostel, Petrus und Paulus in Lebensgröße; seine Frau, wie sie ihr Kind auf dem Schooß hat, in Lebensgröße; seine Skizzen aus der bekannten Luxenburger-

Galle-

Gallerie der Königinn Maria von Medicis, u. a. m., besonders auszeichnen. Drey nnd zwanzig Stück vom Anton van Dyck, worunter die heilige Familie, eine seiner besten Arbeiten, und unter vielen Portraiten, die Portraite eines Cavaliers mit seiner Gemahlinn, in Lebensgröße; — des Heinrichs Liberti, des bekannten Organisten zu Antwerpen; — des Malers van Woel, und seiner Gemahlinn; — des Karls von Mallery, Kupferstechers von Antwerpen; der Gemahlinn des Antons van Dycks; — des berühmten Bildhauers Andreas Colyn von Antwerpen u. d. m.

In der Sammlung der münchnerischen Residenz und in Nymphenburg merke ich, unter den auserlesensten Stücken an: Paul Veronese, Titian, Tintoret, Palma den ältern; die heil. drey König von Rubens, welche aus verschiednen Kupfern bekannt sind; von ihm die Thierhatze; zwey und zwanzig Stück vom van Dyck; auserlesne Stück vom Murillo, einem spanischen Maler; — Abraham Janssens; — vom Nik. Poussin, eine Grablegung Christi; — Annibal Caraccio; Dominichino; Leonardo da Vinci u. s. w. Und besonders in Nymphenburg von Teniers die ganze ehmals berufne luxenburger Malerey-Gallerie im Kleinen perspektivisch auf vier Tafeln entworfen; —

Sal-

Salvator Rosa; Sebastian Bourdon; — Ein Vesperbild, welches man für ein Werk des Raphael Sanzio d'Urbino hält. Augenscheinlich ist es ein Gemähld im Still Raphaels, voll unbeschreiblicher Großheit, Einfalt, und Wahrheit.

Und hier will ich diese geringe Anzeig von Gemählden beschließen, von deren Abtheilung, und Ordnung sich bald etwas Bestimmteres wird sagen lassen.

3) Das **Zeughaus**, welches Maximil. der I, erbauet und eingerichtet, und dessen Nachfolger immer mehr und mehr bereichert haben. Es besteht aus vier sehr weitschichtigen Gebäuden, in deren verschiedenen Stockwerken, und Behältnüßen die verschiedenen Arten von Kriegsgeräthen aufbewahrt, auch noch eine ziemliche Anzahl geharnischter Männer; alter Gewehre, Ritter, und Turnierschwerdter, Lanzen, und Helme, (wo noch die Namen einiger Ritter stehen, z. B. **Hr. v. Siegershoven; Hr. Bar. Gumbenberg, Hr. v. Eglhof; Hr. Gr. Ottenburg; Maxlrein, Schurf** u. s. w.) vorhanden sind; dahin gehören, wie leicht zu erachten, viele Denkmäler, und Seltenheiten, welche theils an sich selbst, theils in Betracht des

Ge-

Gegenstands, an den sie erinnern, merkwürdig sind; z. B. ein ungeheuer langes, und breites Schwert, welches der berühmte **Herzog Christoph** getragen; der Sattel des **Gustaphs Adolphs**, dem vor Jngolstadt das Pferd erschossen worden; die Rüstung **Kayser Carls** VII, u. d. Jährlich werden einige Zelte, welche **Maximilian Emanuel** in seinen Feldzügen wider den Türken erbeutet, öffentlich aufgeschlagen.

4. Die **Reitschule**, in welcher gegenwärtig die Uebungen zu Pferd, größtentheils für junge vom Adel, vorgenommen werden. *)

*) Dieß Gebäude ist über 80 Schuh hoch, über 360 lang, und 80 breit, ist an beeden entgegengesetzten schmälern Theilen mit großen Thoren, über welchen jederzeit zween Löwen mit dem churbayrischen Wappenschild aus Metal angebracht sind, ingleichen mit zwoen kleinen Seitenthüren versehen, und war ehemals das Turnierhaus. Es war sehr schön ausgemalt, und hatte in der Runde drey Gänge übereinander, auf welchen bey zehn tausend Zuseher gar bequem Plaz nehmen konnten. Ueber den Thoren waren die Logen der höchsten Herrschaften, in deren Gegenwart die Turnier und Ritterspiele mit Degen, Lanzen, Pistolen u. s. w. zu Pferd, unter heroischer Musick gehalten, und die besten Kämpfer beschenkt worden. Diese Spiele sind bey unserm Andenken erlöscht,

und die Gänge, und was überhaupt zum ehmaligen Gebrauch gehörte, ist abgenommen. Auf dem obersten Boden ist gegenwärtig ein churfürstl. Getraidkasten. Bey ausserordentlichen Freudensesten werden daselbst Bälle gegeben, deren der letztere bey der Vermählung der Kayserl. Princeßinn Josepha mit Kayser Joseph II. gehalten wurde.

5. Das **Exercitienhaus** in der Neuhaußergaße nebst dem Burgersaale. Es hat seine Stiftung von der M. Amalia (Gemalinn Kaiser Karl VII) und einen Fond gegen die siebenzig tausend Gulden erhalten. Die höchstselige Kaiserinn machte darinn öfters ihre Exercitien, wie dann auch ihr Zimmer und Liegerstatt noch zu sehen ist. Bis auf die letzten Jahre wurden allein Geistliche und Studenten, nunmehr aber werden auch andere aufgenommen. Man bleibt drey ganze Täge darinn, ohne jemals auf die Gasse zu kommen, bekommt sein eigenes Zimmer und Kost, alles unentgeltlich. Zu den Meditationen, wie zum Tisch, wo man mit einer Glocke das Zeichen giebt, versammeln sich die Meditanten in einem gemeinschaftlichen Saale. Das Haus etnhält, nebst den vier Zimmern in den vier Stockwerken auf die Gaße, welche nicht bewohnt werden (denn das erste ist das Gemeinzimmer, das zweyte die Kapelle, das dritte der Kaiserinnzimmer, das vierte die Bibliotheck) noch eine Wohnung für den Prediger, Lector,

und

und Hausmeister, und zehn wohl eingerichtete Zimmer für Meditanten. In der Kapelle befinden sich 15 Bilder, welche die sogenannten Geheimnisse vorstellen, von Teiner; — Ein Crucifixbild von Demaree; Petrus und Magdalena in Pastellarbeit von der Venetianerinn Rosa Alba. Die Bibliothek ist größtentheils ascetisch.

6. **Theatergebäude** sind a) das **neue Opernhaus**, welches Maximilian III erbauen ließ. Es ist an die Residenz angebaut, von welcher die gnädigsten Herrschaften dahin sich begeben können. Gewöhnlich werden darinn nun die großern Opern gespielt.

b) Das **alte Opernhaus**, welches von dem Frauengottsacker, und dem Gebäude der Theatiner eingeschloßen ist. Hier werden die ordentlichen Schauspiele jede Woche zu dreyen malen aufgeführt.

7. Zum **churfürstlichen Seminarium** legte Albert V im Jahr 1473 den Grund. Wilhelm V errichtete auf dem Platz mehrerer Häuser, die er zusammenkaufte, das heutige Gebäude, worinn bey neunzig theils Alumni, theils sogenannte Kostgänger erzogen werden.

8. Die Baalhäuser werden gegenwärtig noch einzeln besucht. Eines steht bey der churfürstlichen, das andere bey der wilhelminischen Residenz.

9. Das Münzgebäude gränzt an das Bräuhaus des alten Hofs.

Die drey Kasarmen befinden sich, eine rechts bey dem Neuhauserthor; die andere bey, und zwischen den zwoen Isarbrücken, und die dritte bey dem Kostthörl. u. s. w.

Das Gebäude der hochlöbl. Landschaft befindet sich auf dem großen Platz.

Zu den bürgerlichen Stadtgebäuden gehören a) das Rathhaus, in deßen großen Saal die Bürger, wenn Rath und Gemein ist, zusammkommen. Es stoßen an diesen Saal viele kleinere Säále und Zimmer, wo sich theils der Magistrat, theils Commißionen ꝛc. versammeln. b) Das bürgerliche Zeughaus, und das Stadthaus auf dem Anger, wobey eine Heuwage. c) Die Salzstädl vor dem Neuhauserthor. d) Der Magazinstadl vor dem Isarthor; e) vor diesem, und dem Sendlingerthor die Wassergebäude, und überhaupt alles, was zur Oekonomie der Stadt gehört.

Noch ist ein neuerbautes überaus prächtiges Gebäu, oder Pallast auf dem Anger sehenswürdig.

Dritter Abschnitt.

Vom churfürstlichen Hofe, und den verschiednen höchsten Höfen.

Die höchsten Hofbedienungen bey Sr. churfürstlichen Durchlaucht sind

a) Der Obrist = Hofmeister; jetzt Sr. Excellenz der Reichsgraf v. Seinsheim.

Zu dessen Staab gehörig:

23 Geistliche; mit 13 Kappeldienern, Meßnern, und andern.

14 (Sr. churfürstl. Durchlaucht Maxim. Joseph sel. And.) Leibmedici, und Leibchirurgi.

8 Hofmedici, und Hofchirurgi.

3 Zur Hofbibliothek gehörige.

20 Zur Residenzpfleg München gehörige weiters Personale.

16 Hoftappezierer.

18 Zur Leinwandkammer gehörende.

8 Zur herzogmaxischen Burg = Pfleg gehörende.

23 Zur Residenz und Lustschloß = Pfleg in Nymphenburg gehörende.

14 Andere daselbst befindliche.
14 Zur Schloßpflege zu Schleißheim gehörende.
63 Sich daselbst befinde Familien.
4 Zur Lustschloß=Pflege Fürstenried gehörige.
4 Andere sich daselbst befindende Personen.
5 Landfeldmesser.
23 Hof= und Freykünstler in München.

Sämtliche 1103 Seelen.

b) **Obristkammerer**; itzt Sr. Excellenz Hr. Peter Emanuel Freyherr von Zedtwiz. — Sr. Excellenz Hr. Christian des H. R. R. Graf von Königsfeld.

Zu dessen Staab gehörig.

96 Pfalzbayrische ~~sich~~ in München befindliche Herren Kammerer.
2 Leibmedici und Chirurgi.
3 Zum Staab gehörige Personen.
35 Kammerfourir, Kammerdiener, und Kammer=Portier.
5 Kammerlaquais, und andere

Sämtliche 234 Seelen.

c) **Obristhofmarschall**; itzt Sr. Excellenz des H. R. R. Graf zu Rheinstein und Tattenbach. Oberstküchenmeister Sr. Excellenz Hr. Angelus Graf v. Leone; — Sr. Excellenz Hr. Georg Freyherr v. Sturmfeder

3 Obrist

3 Obristsilberkammerer Sr. Excellenz des H. R. R. Freyherr von Lerchenfeld.
5 Zum Obristhofmarschal-Staab gehörige Personen.
6 In München sich befindliche Truchsessen.
4 Hoffourier, und Ritter-Portier.
15 Zur Zergade gehörige Personen.
67 Zum Küchenamt gehörige.
17 Zur Hofkellerey, und Mundschenkerey gehörige.
12 Zur Kanditerey.
5 Zur Leinwandkammer.
11 Zur Hofgärtnerey gehörige.
4 Hofgärtner in München.
37 Pensionisten.

Sämtliche 692 Seelen.

d) Obriststallmeister; itzt Sr. Excellenz Hr. Math. Freyherr v. Vieregg; — Sr. Excellenz Herr Karl Graf von und zu Daun.

3 Obriststallmeister.
16 Edelknaben.
11 Lehrer und Meister.
5 Edelknabendiener.
14 Trompeter und Paucker.
5 Püchsenspanner.
35 Kammer- und Hoflaquais; Läufer u. s. w.
11 Heyducken.

3 Bereiter.
38 Vorreiter und Kutscher.
16 Postknechte.
35 Reitknechte.
5 Säuftenknechte.
16 Dahin gehörige.

Dazu noch als Pensionirte. 5 Bereiter. 6 Trompeter und Pauker. 16 Hof und Feldlaquais; Laufer. 29 Stallknechte, Kutscher, Reitknechte, Klepper. 2 Roßärzte. 48 Andere Personen. 70 Wittwen, und andere.

Sämtliche 1107 Seelen.

e) **Obristjägermeister**; itzt Sr. Excellenz Hr. Theodor Freyherr v. Wallkirch; — (Titl.) Sigmund Graf v. Preysing. Zum Amt gehörig.

2 Obrist und Vice-Obristjägermeister.
12 Zur französischen Jagd gehörende Piqueurs, Jäger, und andere.
12 Zur deutschen Jagd gehörige Meister.
26 Besuchknechte, und Jägerjung.
61 Gejaid-Tüchlerknechte, Wittwen.

Sämtliche 514 Seelen.

f) **Hofmusik, und Theaterintentant**; jetzt Sr. Excellenz Hr. Graf von Seeau. Daher gehören
24 Vokalmusikanten.

62 In-

62 Instrumentalmusikanten.
27 Tänzer, und Tänzerinnen.
26 Deutsche Schauspieler.
13 Theatralpersonen, und Arbeiter.
18 Pensionirte, und andere.
Sämtliche 450 Seelen.

Zum Hofstaat Ihro Durchlaucht der verwitt. Fr. Fr. Churfürstinn in Bayern ꝛc. Maria Anna, Sophia, gehörten: 19 Männerpersonale. 18 Frauenpersonale. 67 Sämtl. Seelenstand.

Zum Hofstaat Ihro Durchlaucht der verwitt. Fr. Fr. Maria Anna, Charlotta, Herzoginn in Bayern ꝛc. 9 Männliche. 11 Frauenspersonen; 67 Der ganze Seelenstand.

Wie dieß alles im hiesigen Hofkalender bestimmt, und ausführlich zu lesen ist.

Vierter Abschnitt.

Regierungs- und andere Hofs- Lands- Stadts- Collegien und Aemter.

a) Das hohe Ministerium, welches aus vier Staats- und Konferenzministern, und Einem Kanzler besteht; daher gehören, zween wirklich geheime Staatsräthe, und Referendarien; — zween Kabinets- und Konferenzsekretair; sechs und vierzig wirkliche und Titular geheime Räthe in München; ein und vierzig geheime Kanzley personale. Sämtl. 281 män. u. weib.

b) Die churfürstliche **Oberlandsregierungs** besteht aus zwoen Direktorialpersonen, 12 Räthen; 31 Kanzleypersonen. Sämtl. 185 Seelen.

c) **Das churfürstliche Revisorium** besteht aus einer Direktorialperson, eilf Räthen; zween Kanzley verwandten. Sämtliche 94 Seelen.

d) Das churfürstliche **Hofrathsdikasterium** zählt vier Direktorialpersonen; sechs und vierzig frequentirende Räthe; sechs und fünfzig Kanzleyverwandten; drey und vierzig Hofraths-Advokaten; neun immatriculirte kleinere Pfalzgrafen, und öffentliche Notarien. Sämtl. 699 Seelen.

e) Das churfürstl. **geistliche Rathskollegium** begreift in sich drey Direktorialpersonen, neun frequentirende Räthe; vierzehn nicht frequentirende; dreyzehn Kanzleyverwandte; Sämtl. 101 Seelen.

f) Zum

f) Zum churfürstl. Hofkammerkollegium gehören: Eine Direktorialperson; ein und fünfzig Räthe; acht nicht frequentirende; hundert, vier und zwanzig Kanzleyverwandte. — Neun im Commercienkollegio arbeitende Räthe; acht Kanzleyverwandte; sechs bey der Hofanlagsrechnungsbuchhaltung; sechzehn bey dem Fundationsgüterdeputation; neun bey der Hauptcasse; sieben beym Hofzahlamt; eilf zum Bräuamt gehörige Personen; fünf und sechzig Bräu und Mühlknecht, und Schäflergesellen; fünf zum Obersiegelamt gehörige; sechs zum Hauptsalzamt gehörige; sechzehn Scheibenmacher; sieben Obristlehenhofamtspersonale; sechs zur Hauskammerey, und Schneidereyamtspersonale; sieben Hofschneiderеygesellen; zwey Hofkastenamtspersonale; vier Kastenknechte; sechs zum Hofbauamt gehörige Personen; fünfzehn Baumeister, und Arbeiter; sechs Hofkistlergesellen; sechs Bräuknecht; sieben Steinmez; fünf Steinschleifer; sechs zum Hauptamt gehörige Personale; neun Waarenbeschauer; fünf Mautdiener; vier Packleute; zwölf zum Hoffuttermeisteramt gehöriges Personale. Sämtliche 1554 Seelen.

g) Beym churfürstl. Bergwerkscollegio befinden sich zwo Direktorialpersonen; acht arbeitende Räthe; acht Kanzleyverwandte; vier

bey

bey der Münzcommision arbeitende Räthe; sechs Kanzleyverwandte; zwey und dreyßig Münzamtsarbeiter, und dahin gehörige Personen: siebenzehn pensionirte Münzarbeiter; drey Porcelainsfabrikenamts-Personale; fünf Porcelainmaler; zwanzig dahin gehörige Arbeiter, sammt 255 Seelen.

h) Das churfürstliche Büchercensurcollegium besteht aus drey Direktorialpersonen; zwanzig arbeitenden Räthen; zweenen Kanzleyverwandten.

i) Beym churfürstlichen Kollegio Medico sind eine Direktorialperson; fünf frequentirende Räthe, und Medici; siebenzehn übrige Stadtmedici, und Physici; ein Kanzleyverwandter. Sämmtlich 103 Seelen.

k) Die churfürstliche Akademie der Wissenschaften begreift in sich sechs Direktorialpersonen; ein und zwanzig frequentirende, charakterisirte Mitglieder; zwo dahingehörende Personen.

l) Das churfürstliche Hofoberrichteramt zählet 2 Amtspersonen; 4 Hofviertlschreiber; 4 Hofbedienten: 11 Kirchendiener; 18 Policeydiener; 7 Personen zum Arbeitshaus, neu- und Falkenthurm gehörig. Sämtl. 301 Seelen.

m) Bey

m) Bey der churfürstl. Hauptlottokammer sind 3 Direktoren und Kommissairen; 16 Kanzleyverwandte; 2 Kollektinspekteurs; 16 Kollektores. Sammt 90 Seelen.

n) Bey der hochlöblichen Landschaft in München befinden sich 10 hohe Verordnete; 1 Kanzler; 7 Land- und Rittersteurer; 20 Kanzleyverwandte; sämtl. 99. Seelen.

Fünfter Abschnitt.

Vom Militär.

Hieher gehören

a) 13 Generals, und Generalleutenants der Cavalerie und Infanterie.

4) Generals-Majors.

2) Generals-Leibadjutanten.

sämtl. Seel. 94.

b) Churfürstliche Leibgarde der Hatschier,, aus

5 Staabspersonen.
17 Oberofficiers.
6 Prima-Planista.
76 Hatschiere.
19 Knechte und Stallfeger, sämtl. Seelen 281.

c) Schweitzer-Leibgarde besteht aus

4. Staabs-

4 Staabsofficiers.
2 Oberofficiers.
9 Ober- und Unterrottmeisters.
2 Prima - Planista.
48 Trabanten, sämmtl. Seelen 299.

d) Zum Hofkriegsrath.

2 Direktionalpersonen.
11 Direktor- und Hofkriegsräths.
23 Kanzleyverwandte.
2 Direktionalräthe bey der Kriegs - Hauptbuchhalterey.
9 Kanzleyverwandte.
5 Beym Hofkriegszahlamt.
8 Personen beym Proviant- und Kasernenamt.
Sämtliche Seelen 217.

e) Zur Kommendantschaft gehört

1 Stadtcommendant.
13 Zur Commendantschaft gehörige Personen.
6 Personen zur Militärlazarethpflege.
2 Personen zum Taschenthurm.
Sämmtliche Seelen 85.

f) Beym Ingenieurkorps befinden sich

2 Staabsofficier.
3 Oberofficier.
Sämmtlich 14.

g) Zum Artilleriekorps

1 Staabsofficier.
3 Oberofficier.

h) Ge-

h) Gegenwärtig liegen hier drey Regimenter, sammt einer Escadron Reuter.

i) Bey der churfürstlichen Invalidenmannschaft befinden sich 3 Oberofficiers, 61 Mann vom Feldwebel an; sämmtliche Seelen 84.

Sechster Abschnitt.

Von der Bürgerschaft.

§. I.

Der bürgerliche Magistrat in München besteht aus sieben Herren Burgermeistern, acht innern Rathsfreunden; vier und zwanzig äußern Rathsfreunden; neun und zwanzig übrigen Stadt-Amtspersonale, und Subalternen; vier Stadtsöldnern; fünf Viertelschreibern; sämmtlich 501.

Die besondern hohen Stadtämter bestehen.

a) In der Stadtkammer.

b) In dem Oberrichteramt.

c) In dem Unterichteramt.

d) Dem Stadtsyndikat.

e) Dem Vormundschaftsamt.

f) Dem sogenannten Buß- oder Stadtzolneramt.

Der

Der Stadtkammer liegt ob, alle im Burgfried enthaltenen öffentlichen Gebäude, Verbesserungen und Verschönerungen, als Wasserbau, Brucken, Pflaster, Magazinstädl u. s. w. zu bestreiten. Dahin gehören überhaupt die Angelegenheiten des Stadthaus, die Oekonomie u. s. w.

Die Herren Burgermeister bekommen wechselweis den Vorsitz, oder das Amt, und deßen zum Zeichen wird vor das Haus desjenigen, welcher selbes erhält, ein kleines Häuschen, worauf die Stadtwappen gemalt, gestellt.

Der Stadtoberrichter schwört einen Eid dem Hof, von dem er den Blutbann erhält, und dem Magistrat, von welchem er aufgestellt, und dessen nähere Jurisdiktion durch eine eigne Rathsordnung bestimmt wird. Er schlichtet die gewöhnlichern kleinen, und mit Beyziehung des Stadtunterrichters, auch größere Händel, belegt die Schuldigen mit Strafen, deren Tax ihm von gemeiner Rathsordnung bestimmt ist. Er ist mit einem Wort der Repräsentant der Herren Burgermeister, und darf ohne Erlaubniß derselben über Nacht nicht ausbleiben.

Dem Stadtunterrichteramt kommen unter andern die Inventuren, Verhandlungen u. s. w. zu.

Das

Das Stadtsyndikat bewahrt alle Verträge, und bürgerlichen Briefe, ertheilt die Raths-Expeditionen u. s. w.

Das Vormundschaftsamt stellet jedem bürgerlichen Waisen zween Vormünder, welche sowohl über die Erziehung, als das Vermögen des Mündels, zu sorgen, und seiner Zeit dem Amte Rechenschaft abzulegen haben.

Die Bürger erlegen, außer den Steuern, einen monatlichen, ihrem Vermögen angemeßenen, sogenannten Service, und werden gut gehalten. Peinliche Fälle ausgenommen, wird keiner mit Schlägen mißhandelt, und bestimmte Geldstrafen, auch die sogenannte, nicht entehrende Schergenstube sind ihre Correctionen. Vermög gemeiner Rathsordnung „soll der Oberrichter keinen Burger fahen um sein Buß, sondern mit Pfand gegen ihnen verfahren; noch auch jemand in eines Burgers Haus fänglich annemmen; aber ledige Handwerksgesellen mag er ausserhalb der Bürgershäuser um Bueß wohl fahen lassen. — Item Wa aber einer ain Buß oder Straf gegen den Oberrichter verworcht, der soll zu dreyen unterschiedlichen malen in der Güte ersucht werden. Bleibt er mit Bezahlung der Straf das drittemal ohne erhebliche Ursachen aus, mag Richter vor offentlichen Rechten begehren, diesen Ungehorsamen um Pfand einzuschicken. Das soll ihm (da nicht genugsamliche erhebliche Ursachen des Ausbleibens vorhanden) vergündt seyn, und Oberrichter das genommene Pfand vierzehn Tag bey sich behalten. Löset es unterdessen der Beschuldigte nit, so soll das Pfand in den Gandtladen gelegt, und damit gehandelt. und verfahren werden, wie der Gand-Recht, und Gebrauch 2c. Alle Jahre wird Einmal Rath und Gemein gehalten.

§. II.

Von den zünftigen Gewerben, und Beysitzern.

Zünftige Gewerbe sind diejenigen, welche durch Aufmunterung, und mit Bewilligung, and Bestättigung des Magistrats errichtet, in die Classe der Bürgerzünfte nach hergebrachter Art und Weise eingetragen, und mit ordentlichen Zunftartikuln versehen worden sind. So bald dieß geschehen ist, entrichten sie ihre bürgerlichen Abgaben, und haben entgegen auf den Schutz, und die Freyheiten, welche einem Bürger zustehen, ein allgemeines Recht erlangt. Man nennt hier die zunftmäßig ertheilte Freyheit, ein Gewerb auszuüben, mit dem gewöhn-

lichen

lichen Namen, eine Gerechtigkeit. Die Zahl dieser Gerechtigkeiten ist vom sämmtlichen Magistrat festgesezt, und kann nach dem Verhältniß der Bedürfniße und Volksmenge, von demselben vermehrt, oder vermindert werden.

Die Zünfte wählen, gewöhnlich alle Jahre, zween Führer unter sich, welche die Ausfertigung der Lehrbriefe und dergleichen besorgen, auch die besondere Pflicht haben, für das Beste ihres Gewerbes zu wachen, und im Fall einer Angelegenheit die übrigen zu einer Berathschlagung zu versammeln. Dieß geschieht mit Beyziehung eines Kommissärs, oder äußern Rathsherrn, welcher der Zunft vom Magistrat zugegeben wird. Läßt sich eine Sache durch den Rath dieses letztern nicht beylegen: so wird selbe dem sämmtlichen Magistrat vorgetragen. Alle diese Zunftgerechtigkeiten sind verkäuflich, und erblich, und darf sich das Kind eines Burgers kein neues Recht erkaufen.

Beysitzer werden diejenigen genannt, welche, ohne zu einer bürgerlichen Zunftinnung zugehören, den bürgerlichen Beysitz, oder den Hofschutz erlangt haben, wodurch sie berechtigt sind, mit gewissen Einschränkungen, ihr Gewerbe auszuüben. Aber diese Privilegien sind weder verkäuflich, noch erblich.

Es folgen also:

Herren und Meister.		Gerech- tigkeiten	Schlaf.	Sämtl. Seelen.
Accoucher . .	1			
Apothecker . .	5			
Stadtarzt . .	4			
Bader mit Schuz	14	13		
Barbier . .	8	6		1
Becker . .	54	50		2
				421
Bierbräu[illegible] .	52	62		2
				488
Hieher gehören Bräuhäuser churfürstl. . . .	2			
— Klösterliche.	3			
— Beym heiligen Geist . .	1			
— Güterfundation. . .	1			
Bierführer .	5			
Bierwirth . .	144			518
Bilderhändler und Drucker.	7			
Bildhauer . .	8	6		
Mit Schutz. 1.				
Blatersetzer für die Weber . .	1			
Blumenmacher	2			
Bortenmacher	14	14		
Boten . .	5			
Branntweiner	19	19		
Briechler . .	9	9		1
Brunn und Wassermeister.	3			
Brunknecht .	6			
Buchbinder .	14	14		14

Buch-

	Herren und Meister.	Gerechtigkeiten.	Schlaf.	Sämtl. Seelen.
Buchdrucker	3	3		3
Buchdruckers verheyrath. Gesellen	6			
Buchhändler	3	3		
Convertiten	7			
Däntler	46	6		
Drechsler	7		1	
Eisenhändler	18	18		
Essigsieder, Krautmänner	24			
Färber				
Schönfärber	2	2		
Schwarzfärber	3	2	2	
Feilenhauer	3	3		3
Fischer	6	6		
Floßmeister	8	8		
Früchtenhändler	10	10	2	
Galantriehändler	4			
Gärtner	58	41		
Geflügelhändler	6			
Geheißmacher	1			
Geigenmacher	2	2		
Versetzerinnen	8			
Gerbensieder	2	2		
Gibsmelber	1			
Gürtler	4	4		
Glaser	10	10		
Glockengiesser	2	2		
Goldarbeiter	14	12	1	
Goldschlager	2	2		
Goldschmied	16	15	1	
Geschmeidmacher	3	3		
Hafenbinder	5			
Hafner	9	9		
Haarpuderer	1			
Hebammen	15			

	Herrn und Meister.	Gerechtigkeiten.	Schlaf.	Sämtl. Seelen.
Beysitzerinnen	7			
Hindingerin und Zimmerverstifterinnen.	3			
Holzhacker	54			
Holzmesser	16	16		
Hutmacher	8	7	2	
Kaffeesieder	18			
Mit Schutz	18			
Kampelmacher	3	3		
Kartenmacher	3	3		
Käßkäsler	14	14		
Kauf- und Handelsleute	75	74	17	413
Mit Schutz	1			
Kerzengiesser	11	6		
Mit Schutz.	5			
Küchelbacher	10	10		
Kirchen- und Viertelsammler.	22			
Knopfmacher	8	8		
Mit Schutz	1			
Köche	15	14	2	
Körbmacher	2	2		
Kornkäufler	16	16	2	
Kornmeßer	10	10		
Kränzelbinderinn	3	2		
Kupferhammer	1	1		
Kupferstecher	4			
Kirschner	9	9		
Kerzlerinnen	18			
Lakirer	7			
Laternenzünder mit Schutz	46			

Her-

Herren und Meister.		Gerechtigkeiten.	Schlaf.	Sämtl. Seelen.
Lebzelter	6	6	.	.
Löhnrößler	18	18	2	.
Knechte verheyr	17	.	.	.
Lederer	8	8	2	.
Leinwanddrucker Mit Schutz	2	.	.	.
Lend und Holzhack.	9	.	.	.
Lederer	9	8	8	.
Maler	24	10	4	.
Maurermeister	4	4	1	.
Maurer	133	.	.	.
Melber	25	24	.	.
Meßner u. Kirchdiener	24	.	.	.
Ministranten bey U.L.Fr. und St.P.	24	.	.	.
Metzger	65	60	2	474
Milchmänner	61	.	.	.
Mahlmüller	12	12	.	.
Extra Sagmüller	3	.	.	.
Musikannten	107	42	.	.
Nacht u. Feuerwächter	16	.	.	.
Nadler	4	3	1	.
Nestler	5	.	.	.
Oblatmacher	2	.	.	.
Obstler	10	9	1	.
Ofenmacher	2	.	.	.
Orgelmacher	1	.	.	.
Papierer	1	1	.	.
Paraplüemacher	4	.	.	.
Prüllenmacher u. Parometer	1	.	.	.
Pergamenter	1	1	.	.
Peruckenmacher	17	15	.	.
Petschierstecher	2	.	.	.

Herren und Meister.		Gerechtigkeiten		Schlafst.		Sämtl. Seelen.
Pflastermeister	1	1				
Püchsenmacher	4	3				
Mit Schutz	1					
Püchsenschifter	1	1				
Pechler	2	1				
Postmeister	1					
Pirstenbünder	3	3				
Rauchfangkehrer	3	3				
Riemer	6	5		1		
Ringler	3	3				
Söckler	6	6				
Salzstößler	17	16		1		
Sattler	5	5				
Schachtelmacher	4	3				
Schäfler, Kufer, oder Binder.	21	21				
Scharfrichter	1					
Schleifer	3	3				
Schlosser	18	17		1		
Schnallen. Knopfmacher, von Komposition.	5	6				
Chokolatenmacher	6					
Schoperinnen Krankenwarterinnen	15					
Stöckel- und Leistenschneider.	5					
Schneider	108	99				632
Schreiner oder Kistler	31	28				
Schuster	68	60		1		524

Her=

Herren und Meister.		Gerechtigkeiten.	Schl.f.	Sämtl. Seelen.
Schulmeister	9			
Hammerschmied	2	2		
Hufschmied	8	8		
Kupferschmied	6	6		
Messerschmied, Schwertfeger, Klingenschmied.	5	4		
Nagelschmid.	3	3	1	
Schrannenknecht	11			
Seifensieder	8	8	1	
Seiler	9	9	1	
Seelnonnen	16			
Seßlträger	6			
Siebmacher	3	3		
Spangler	4	4		
Spiegelmacher mit Schutz,	2			
Spitzenmacherinnen, Filetarbeiterinn.	24			
Sporer	2	2		
Sprachmeister	15	1		
Steinmezmeister	3	2		
mit Schutz	1			
Steinschneider	2			
Sticker- u. Stickerinnen.	7			
Stärckmacher	2			
Stukatoren mit Schutz	2	2		
Strümpfstricker	6	6	1	
Strümpfwirker	6	6 in der Stadt; 6 in der Au		
Tanzmeister	3			
Tapezierer	2	2		

Herren

	Herren und Meister.	Gerechtigkeiten,		Schlaf,		Sämtl. Seelen,
Taschner . .	5	4	.	1	.	.
Thorschreiber, Thorsteher, Thorwärtl .	19	.	.	.	.	.
Todtengräber . .	4	.	.	.	.	.
Tratzieher und Silberspinner mit Schutz..	3	.	.	.	.	.
Truhenlader und Spanner . .	7	.	.	.	.	.
Tuchmacher (sollen einst 100 gewesen seyn.)	15	5	.	.	.	.
Tuchmanniger	13	18	.	5	.	.
Tuchscherer . .	2	3	.	1	.	.
Uhrmacher . .	9	9	.	.	.	.
Wachspoßierer .	4	.	.	.	.	.
Wagner . .	7	6	.	1	.	.
Waldhornmacher mit Schutz .	1	.	.	.	.	.
Walcher . . .	2	2	.	.	.	.
Wasenmeister .	1	.	.	.	.	.
Leinweber .	66	.	54	17	.	354
Verheyrathete Weberknappen	35	.	.	.	.	.
Weinemmerer oder Faßzieher mit Schutz	10	.	.	.	.	.
Weinwirth . ..	20	20	.	.	.	120
Weißgerber . .	6	0	.	.	.	.
Wildprethändler	4	.	.	.	.	.
Wollkämpler Streicher und Spinner .	17	.	.	.	.	.
Zeugmacher .	4	2	.	.	.	475

Her=

	Herren und Meister.	Gerech-tigkeiten.	Schlaf.	Sämtl. Seelen.
Zimmermeister .	4	5	. .	. .
Zinngießer . .	5	7	. .	. .
Zuckerbäcker .	11	7	. .	. .

Sämtliche 1376 Bürger
— — — 912 Beysitzer.
1127 Gerechtigkeiten mit Schutz.
863 Meister. 267 schlafende Gerechtigkeiten.

Pfuscher, welche man letzthin hat kundbar machen können.

Advokaten, Pfuscher, und Winkelagenten.	4	Knöpfmacher . .	4	Salzstößlern, Gablmacher.	2
		Pastetenköche	3		
		Körbmacher	3	Sattler . .	2
		Handelsleute . .	10	Schäfler .	1
Baader .	10			Schlosser .	4
Bierzäpfler	6	Lehenrößler	5	Hufschmid,	1
Bilderdrucker	1	Maler .	10	Schneider	93
Bildhauer .	3	Metzger .	13	Schreiner	4
Briechler .	1	Scherzlgeiger .	14	Schuhmacher .	70
Gärtner .	17				
Fischer . .	1	Perückenmacher, Friseurs.	41	Tapezierer .	7
Goldarbeiter	7			Uhrmacher .	5
Caffeesieder Chocolatemacher.	6			Weinwirth .	5
		Söckler .	6	Zinngießer .	1

Diese sämmtlichen 363 Pfuscher ernähren 630 Seelen.

§. III.

§. III.

Die Bürger verrichten ordentlicher Weise keine Wachten. Ihre Militz besteht indeß

a) In einer überaus prächtigen Reitercompagnie, bey welcher sich bey 200 Mann befinden.

Die Kleidung des Reiters im Glied besteht aus einem mit Silberporten verbrämten Huth; einem gelbledernen Rock mit silbernen Borten und blausammtenen Aufschlägen; einer blauen Weste von Tuch, gelben Beinkleidern; dazu kömmt ein blausammtenes, mit Silberborten besetztes Bandalier, worinn sie das Gewehr fest halten; ein langer, breiter Degen; ein blau tüchener mit Silberborten besetzte Pferdschabracke. Die Officier haben alles doppelt mit Silber besetzt. Man sieht sie jährlich am Fronleichnamstag, und bey ausserordentlichen Festen der höchsten Landesherrschaft.

b) In einem Infanterieregiment von neun hundert bis tauseud Mann, worunter zwo Grenadierkompagnien. Sie tragen weiße Gamaschen mit gelben Knöpfen, schwarze Beinkleider, gelbe Westen, blaue Röcke mit schwarzen Aufschlägen, einen Degen, und Flinte.

c) In einem Artilleriecorps, mit goldbordirten Hüthen, blaugrauen Röcken, und rothen Westen. Anbey befinden sich 150 bis 200 Mann.

d) Die bürgerlichen Trabanten erscheinen bey besondern Feyerlichkeiten.

e) In einer Schaarwache, einer Kompagnie mit alter Rüstung, nämlich mit eisernem Brustharnisch, und Beckelhauben; einem langen Degen, und Spieß; diese Wache verrichtet gemeine Civildienste, und liefert z. B. Nachtwächter.

Die Bürgerschaft besitzt ihr eignes Zeughaus, worinn die Kriegsmunition, als: Stücke, Zelten, Flinten, und verschiedne Alterthümer aufbewahrt werden Bey der fürchterlichen Theurung in den verfloßnen Jahren gab man ein Korn hervor, welches von den Schwedenzeiten in Fäßern aufbewahrt war. Jeder Bürger bekommt, so bald er aufgenommen wird, sein Gewehr ins Haus, und im Sommer werden sie wechselweise alle Sonntäge in den Waffen geübet.

Siebenter Abschnit.

Von hiesigen Münzen, Gewichten, und Maaße.

§. I. Münzen.

Die folgenden, hier gangbarsten Münzen stehen gegenwärtig im folgenden Preis:

Goldmünzen.

	fl.	kr.
Eine Carlsd'or.	11	
Halbe detto.	5	30
Viertel detto.	2	45
Mard'or	7	20
Halbe detto	3	40
Kremnizer Dukaten	5	6
Kayserliche	5	4
Pfalzbayrische	5	3
Salzburgische	5	4
Andere vollwiegende	5	-
Zechini oder florentische Dukaten	5	6
Französische Schildluisd'or	11	-
Sonnenluisd'or	10	-
Doppelteluisd'or	22	-

Silbermünzen.

	fl.	kr.
Thaler kayserl. bayrische salzburgische andere conventionsmäßige	2	24
Detto Gulden	1	12
A. fr. Krone oder Laubthaler	2	45
Halbe detto		
alte fr. Thaler oder Louisblanc	2	24
Halbe detto	-	-
Bayrische ganze Kopfstücke	-	24
Halbe detto	-	12

Zwey Groschenstück oder Sechser.

Ein Groschenstück.

Ein Groschen hält drey Kreuzer.

Ein-

Goldmünzen.		
	fl.	kr.
Einfache Louisd'or	9	- - -
Doppien	9	- - -
Spanische Doppien		
vierfache	36	- - -
Halbe det.	18	- - -
Einfache	9	- - -

Silbermünzen.

Ein Kreuzer vier Pfenning, und ein Pfenning zween Heller.

Sollte eine Zahlung nach sächsischen Cours, wo man nach Thalern, Groschen, und Pfenningen rechnet, geschehen: so würde folgendes Verhältniß seyn.

Sächsische Groschen Gr.	thun in Bayern Kr.	Dn.
8	36	
4	18	
2	9	
1	4	2
6 Pf.	2	1
3	1	¼
2		3½
1		1¾

Nach Conv. Thlr	Bayr.		thun in Sachsen.
½	1 fl.	12 kr.	1 fl.
1	1	24	2
1¼	3	36	3
2	4	48	4
2½	6	5	5
3	7	12	6
3½	8	24	7
4	9	36	8
4½	10	48	9

5 . .

5	12	10
10	24	20
25	60	50
50	120	100

Bayrisch fl	Sächsis. Thaler	Gr.	Dn.
1		13	4
2	1	2	8
3	1	16	
4	2	5	4
5	2	18	8
6	3	8	
7	3	21	4
8	4	10	8
9	5		
10	5	13	
20	11	2	8
30	16	16	
36	20		
50	27	18	8
90	50		
100	55	13	4
180	100		

Bayrische kr.	Dn.	thun sächsische Gr.	Münz Pf.
45		10	
40		8	$10\frac{2}{3}$
36		8	
30		6	1
27		6	
24		5	4
20		4	$5\frac{1}{3}$
18		4	
15		3	4
12		2	8
10		2	$2\frac{2}{3}$

9 . .

9		2	
7	2	1	8
6		1	4
5		1	$1\frac{1}{3}$
4			$10\frac{2}{3}$
3			8
2			$5\frac{1}{3}$
1	2		4
1			$2\frac{2}{3}$
	3		2
	2		$1\frac{1}{2}$
	1		$\frac{2}{3}$

Sächsische Groschen zu bayrischen Kreuzern, der Thaler zu 1 fl. 30 kr. bayerisch, oder zu 24 Groschen sächsisch berechnet.

Sächsis. Grosch.		bayrische		
Gr.	Pf.	fl.	kr.	Dn.
	3			$3\frac{3}{4}$
	6		1	$3\frac{1}{2}$
	9		2	$3\frac{1}{4}$
1			3	3
2			7	2
3			11	1
4			15	
5			18	3
6			22	2
7			26	1
8			30	
9			3	3
10			37	2
20		1	16	
24		1	30	

§. II. Gewicht.

Der bayrische Centner beträgt 100 Pfund oder 5 Stein; jeder Stein zu 20 Pfund.

100 **Pfund bayrischen Gewichts machen in**

Amsterdam - -	$114\frac{2}{5}$	Hamburg - -	$116\frac{2}{7}$
Augsburg - -	$115\frac{1}{2}$	Lissabon - -	$124\frac{1}{8}$
Berlin - -	$122\frac{1}{4}$	London - - -	$124\frac{2}{5}$
Bozen - -	$111\frac{1}{10}$	Lyon - - -	$132\frac{1}{2}$
Cadix - - -	$122\frac{1}{2}$	Paris - - -	$114\frac{3}{5}$
Coppenhagen -	$145\frac{9}{10}$	Rom (das schwere) - -	$108\frac{3}{4}$
Danzig - -	$128\frac{1}{4}$	Venedig - -	119
Dreßden - -	$122\frac{1}{4}$	Zürich - - -	$105\frac{3}{5}$
Frankfurt - -	$111\frac{1}{10}$		
Genf - - -	$101\frac{9}{10}$		

Der bayrische Centner ist dem wienerischen gleich.

Bayrisches Getraidmaßes hat französisch $6\frac{1}{3}$ Decimalkubicschuh $2\frac{2}{10}$ Kubikzoll.

Ein bayrisches Schäffel wägt

Waizen - - -	294	- bis -	340	-	Pf.
Korn u. Rocken -	250	- bis -	300	-	-
Gersten - - -	230	- bis -	290	-	-
Haber - - -	150	- bis -	220	-	-

§ III. Maaß.

Das Schäffel schwer Getraid hält 6 Metzen; der Metzen 2 Viertel; ein Viertel 4 Sechzehntheil oder Maßel, und das Maßel 2 Dreyßi-

ger.

ger. Das Münchnermaaß ist um 2 Dreyßger stärker, als das Augsburgermaaß.

Das Schäffel Haber hat 7 Metzen, 14 Viertel, 56 Maßel, 224 Dreyßiger, so daß das Haberschäffel um einen siebenten Theil größer, dann das Waiz, Korn, und Gerstenschäffel ist. Die sogenannte **Abeichung** oder Prüfung eines solchen Schäffel geschieht entweder durch die kubische Berechnung, oder durch die bayrische Getränkemaaß. Das Waiz Korn- und Gerstenschäffel hält $208\frac{1}{2}$ derley Maaß, und also 8 Schuhe; 965 Zoll; 500 kubische Decimallinien. Das Haberschäffel $243\frac{1}{4}$ Maaß, sohin 10459750 kubische Decimallinien. Es ergiebt sich also, daß ein Münchner Metzen $34\frac{3}{4}$ Maaß, oder 1494250 kubische Decimallinien; ein Viertel $17\frac{3}{4}$ Maaß, oder 747125 kubische Decimallinien; und ein Maßel $4\frac{11}{32}$ Maaß, oder 186781 Linien, 250 kubische Decimal Scrupeln, und endlich ein Dreyßger $1\frac{11}{328}$ Maaß, oder $46695312\frac{1}{2}$ kubische Decimalscrupeln ausmache.

Das Münchner Schäffelmaaß ist im ganzen Land eingeführt; aber die nachstehenden Oerter haben noch ihre alten, und folgenden Maaßarten beybehalten.

 Abbach,

Abbach, ein Schaf Waiz, Korn, oder Gersten hat 28 Metzen; ein Schaf Haber 44 Mezen, und betragt diese alte Mäßerey an dem Münchner-Schranen-Maaß, und zwar ein Waiz-Korn-oder Gerstenschaf $2\frac{11}{12}$ Schäffel; ein Haberschaf $3\frac{13}{14}$ Schäffel eben an dem münchnerischen Haberschäffel.

Abensperg, ein Schaf Waiz, Korn, und Gersten hat 31 Metzen, 1 deto altes Haberschaf aber 32 Metzen. Betraget aber ersters $3\frac{1}{3}$, und letzters $3\frac{4}{7}$ Schäffel Münchner Schrannenmaaß.

Braunau, ein Schaf hat 9 Metzen, 1 Metzen Waiz und Korn 4 Viertel; 1 Metzen Gersten und Haber, aber 6 Viertel; betraget demnach dieses alte Braunauer Maaß an der münchnerischen Schrannen-Mässerey, und zwar ein Schaf Waiz oder Korn $3\frac{9}{12}$ Schäffel; 1 Schaf Gersten oder Haber an Korn, Waiz, oder Gerstenmaaß 5 Schäffel, an Münchner Habermaaß aber $4\frac{2}{7}$ Schäffel.

Camm, ein Car, in Waiz und Korn hält 16 Metzen, in Gersten 19, und in Haber 22 Metzen; ein Car Waizen oder Korn gebe an Münchner Maaß $1\frac{25}{48}$ Schäffel, 1 Car Gersten $1\frac{7}{8}$, und 1 Car Haber $1\frac{46}{48}$ Schäffel.

Diet-

Dietfurt, ein Schaf Waiz, Korn, Gersten und Haber, hat 16 Metzen; es betraget demnach ein Schaf Waizen, Korn oder Gersten an unseren dermaligen Münchnermaaß 3 Schäffel 2$\frac{1}{3}$ Metzen.

Deckendorf, hat in Waiz, Korn, Gersten und Haber ein Schaf 24 gleiche Metzen, und giebet ein derley Schaf 15 Münchner Metzen oder 2$\frac{1}{4}$ Schäffel.

Donauwerth, ein Schäffel Waizen, Korn, Gersten und Haber hat 8 Metzen, an Münchner Maaß giebet solches 1$\frac{1}{12}$ Schäffel.

Ingolstadt, ein Schaf Waizen oder Korn hat 48, Gersten 52, und Haber 54 Metzen, und betraget dieses alte Schaf Waizen oder Korn an der Münchner Mässerey 2 Schäffel, 4 Metzen 1 Viertel; ein Gerstenschaf aber 2 Schäffel, 5 Metzen, 1 Viertel 3 Mäßel; ein Haberschaf hingegen, das ist eben auch an den Münchner Habermaß 2 Schäffel, 4 Metzen 1 Viertel.

Kellheim, ein Schaf Waiz, Korn oder Gersten, ward allda in 28, das Haberschaf aber in 42 Metzen getheilt, und giebt ein solch Waiz, Korn oder Gerstenschaf an dem Münchner

Maaß $3\frac{1}{12}$ Schäffel; das Haberschaf aber 3 Schäffel, $9\frac{9}{37}$ Metzen.

Landau, allda hat ein Schaf Waiz und Korn 24, ein Schaf Gersten und Haber aber 32 Metzen, und thut demnach ein Landauerschaf Waiz oder Korn $1\frac{1}{2}$ Münchner Schäffel, und 1 Schaf Haber, 2 Schäffel 6 Metzen.

Landshut, dießorts wurde das alte Schaf sowohl an Waizen, Korn, Gersten, als Haber in 20 Metzen getheilt; der Habermetzen aber war grösser dann die andern Fruchtmetzen; betraget demnach ein derley Schaf Waiz, Korn oder Gersten zu München 2 Schäffel, 4 Metzen 2 Mäßel, das Haberschaf hingegen $3\frac{1}{2}$ Schäffel.

Mainburg, ein Schaf Waiz oder Korn hat 24 an Gersten 25 und an Haber 36 Metzen; es begreift aber ein derley Schaf Waitz oder Korn an dem Münchner Maaß 2 Schäffel, 4 Metzen 1 Viertel, das Gersten Schaf 2 Schäffel, 4 Metzen, $1\frac{3}{8}$ Viertel, und das Haber-Schaf 4 Schäffel $1\frac{1}{2}$ Viertel.

Neustadt, ein Schaf Waizen, Korn, Gersten, und Haber, hat in alten Maaß 32 Metzen jedoch mit diesem Unterschied, daß der Habermebermetzen in der Größe von den andern Fruchtmetzen unterschieden ist; und thut daher ein solch Schaf, Waiz, Korn, oder Gersten 3 Schäffel, $\frac{18}{31}$ Metzen; dieses alte Haberschaf aber 24 Münchner Metzen, oder 3 Schäffel 3 Metzen Haber.

Pfaffenhofen, ein Schäffel Waiz, Korn, Gersten und Haber, hat 13 Strich, 4 Vierling, an dem Münchnermaaß betraget demnach ein Pfaffenhofer Schäffel Waiz, Korn, oder Gersten, $6\frac{6}{25}$ Metzen; das Haberschäffel ist gleich, fehlt gar ein geringes.

Rhain, ein Schaf Waiz, oder Korn hat 19, Gersten 20, und das Haberschaf 22 Metzen; begreifet demnach ein derley Schaf Waiz oder Korn zu München 2 Schäffel $2\frac{1}{4}$ Metzen, das Gerstenschaf 2 Schäffel 3 Metzen, und das Haberschaf 2 Schäffel, $2\frac{1}{2}$ Metzen eben Münchner Habermaaß.

Straubing, dießorts hielte das alte Fruchtmaaß und zwar ein Schaf Waiz oder Korn 20 Vierling oder 20 Metzen, ein Schaf Gersten 22 und ein Schaf Haber 24 Metzen; es betragt aber ein derley Schaf Waiz oder Korn zu München 2 Schäffel 2 Metzen, das Gerstenschaf 2 Schäffel, $3\frac{2}{5}$ Metzen, und das Haberschaf eben auch an dem Münchner Habermaaß 2 Schäffel $2\frac{4}{5}$ Metzen.

Vilshofen, allda hat ein Schaf Waiz, Korn oder Gersten, 30 Metzen, und giebt dieses Schaf zu München $2\frac{1}{2}$ Schäffel; das Haberschaf aber betrift 24 gegupfte Landauermetzen, 8 derley Landauer geben 12 Vilshofer Metzen; mithin betraget ein Vilshofer Schaf Haber an dem Münchner Habermaaß 2 Schäffel 4 Metzen.

Der bayrische Schuh hält auf dem französischen, oder sogenannten Pied du Roi 10 Zoll, 9 Linien, $7\frac{2}{3}\frac{13}{17}$ Scrupeln, nach der Decimaltheilung genommen. Wenn der französische Schuh in 12 Zoll oder Pouces, ein Zoll in 12 Linien, jede Linie in 10 Theile, mithin der ganze Schuh in 1440 Theile getheilt wird, so machen 1282 solche Theile einen bayrischen Schuh aus, daß also dieser um 158 dergleichen Theile kleiner ist, als der französische Schuh. Mithin hält 1 Schäffel bayrischen Getraidmaaßes $6\frac{1}{2}$ französische Decimalkubicschuhe, und $2\frac{9}{10}$ dergleichen Cubikzoll, oder 8 bayrische Decimalkubicschuhe, 964 Zoll, und 500 Linien.

Ein Getränkmaaß bayrisch betragt französisch 31 Decimalkubiczoll 187 Linien 453 Scrup.

Scrup. Sechzig Maaß machen 1 Eimer; die Maaß hält vier Quartel.

Die bayrische Elle hat 2 Schuh, 5 Zoll, 6 Linien, $1\frac{7}{10}$ Scrupeln französischen Maaßes, und die Vergleichung in benannten Zahlen die einander gleich sind, ist folgende:

Amsterdam -	$173\frac{1}{3}$	Madrit - -	$138\frac{3}{4}$
Augsburg -	$208\frac{3}{4}$	Mayland in Wol-	
Basel - -	$208\frac{3}{4}$	le - - -	177
Bergen - -	$72\frac{1}{4}$	Seide - -	$222\frac{3}{4}$
Bern - - -	$216\frac{2}{3}$	München - -	$144\frac{4}{10}$
Breßlau - -	$217\frac{1}{3}$	Neapel - - -	$101\frac{1}{2}$
Cadix - - -	$171\frac{3}{4}$	Nürnberg - -	$173\frac{1}{2}$
Cölln - - -	$208\frac{3}{4}$	Ostindien - -	260
Constantinopel	178	Paris in Seide	100
Coppenhagen -	$194\frac{3}{4}$	Rußland - -	164
Dreßden - -	$206\frac{1}{4}$	St. Gallen in	
Frankfurt - -	$208\frac{3}{4}$	Leinwat -	$149\frac{1}{4}$
Genf - - -	104	Wolle - -	$194\frac{3}{4}$
Hamburg - -	$208\frac{3}{1}$	Stockholm -	199
Haag - - -	$174\frac{1}{2}$	Turin - - -	$197\frac{1}{2}$
Leipzig - -	$208\frac{3}{4}$	Venedig in Tü-	
London in wolle-		cher - - -	179
nen Stoffen -	128	Gold und Silber-	
—in Leinwand -	100	stof - - -	190
Lübeck - - -	199	Wien - - -	149

Im Flächenmaaß beträgt das neue bayrische Juchart 40000 bayrische Quadratfuß.

Neunter Abschnit.

Preiß der vornehmsten Viktualien, und dahin gehörigen Dinge.

In München sind folgende Viktualien um nachstehende Preise zu haben.

§. I. Getraid.

Das Schäff.	vom Besten		geringsten.		
Korn . .	9 fl.	30 kr. .	9 fl.	kr.	Unbestimmte Preise.
Waizen . .	11 .	30 . .	10 .	30	
Gersten . .	6 .	15 . .	5 .	40	
Haber . .	4 .	30 . .	4 . .	.	
Erbsen . .	12 . .	. . .	10 . .	.	
Linsen . .	12 . .	. . .	16 . .	.	
Semmelmehl (1 Metzen) .			4 fl.	4 kr.	
Ordin. Waizenmehl (1 Metzen)			1 fl.	32 kr.	
Roggen Ausschlag (1 Metzen)			1 fl.	32 kr.	
Ordin. Roggenmehl (1 Metzen)			1 fl.	16 kr.	

§. II. Fleisch.

Das Pfund.		
Ochsenfleisch (1 Pf.) .	6 kr. 3 Pf.	Bestim. Preise.
Kuh- oder Rindfleisch (1 Pf.)	6 kr,	
Kalbfleisch (1 Pf.)	5 kr.	
Schaaffleisch (1 Pf.) . .	4 kr.	
Schweinfleisch (1 Pf.) -	6 kr.	
Geräuchertes Schweinfleisch	16 kr.	Unbest. Preise.
Schwarzes Wildpret	12 kr.	
Eine Henne - - -	14 kr	
Ein Kapaun, oder Koppe =	50 kr.	
Ein Stickel, oder indianisches Huhn - -	1 fl.	
Ein Hühnlein - - 6 bis	12 kr.	
Eine Gans = = =	48 kr.	
Eine Ente . . .	24 kr.	
Eine Taube . . .	6 kr.	

§ III.

§ III. Fische.

a) Ausländische; das Pfund.

Laperton	24 kr.
Lachse	24 kr.
Plateisen	10 kr.
Rheinsalben	28 kr.
Flachruten	40 kr.
Nuadfisch	24 kr.

Häring; wird jeder einzeln, um 4 bis 6 Kreuzer verkauft.

Unbestimmte Preise.

b) Inländische; das Pfund.

Aalfisch.	1 fl.
Aesch.	36 kr.
Huchen.	36 kr.
Hausen.	26 kr.
Waller.	36 kr.
Forellen	48 kr.
Rutten	1 fl.
Züngeln.	36 kr.
Hechten	24 kr.
Reugen	24 kr.
Karpfen	14 kr.
Schleine	16 kr.
Barben	14 kr.
Nervlinge	14 kr.
Alten	14 kr.
Prachsen	12 kr.
Nasen.	8 kr.
Haseln	8 kr.
Weislinge	7 kr.
Grundeln	1 fl. die Maaß
Pfrällen.	24 kr. die Maaß
Bürstlinge	16 kr. die Maaß
Koppen	16 kr. die Maaß
Größlinge	14 kr. die Maaß
Meergrundeln	1 fl. die Maaß.

Unbestimmte Preise.

c) Frö-

cc) Frösche (das Wiedel)	. .	6 kr.
dd) Krebsen (das Viertel)	. .	12
ee) Schnecken (das Viertel)	.	16

§. IV. Getränke.

a) Weine; die Maaß.

Burgunder	. . von	2 fl. . bis 48 kr.
Champagnier	. .	2 fl. 24 bis 1 fl. 48 kr.
Frontinjak	. . .	1 fl. 12 kr.
Rivisal	. . . .	1 fl. 24 kr.
Malaga	. . .	1 fl. 30 kr. bis 1 fl.
Elsasser r. u. w.	. .	48 bis 28 kr.
Necker	. . . .	1 fl. . bis 18 kr.
Rheinwein	. . .	3 fl. . bis 48 kr.
Mosler	. . . .	1 fl. 30 bis 48 kr.
Frankenwein	. . .	2 fl. 24 bis 16 kr.
Pfälzer und benachbarte Weine	. . . .	1 fl. . bis 16 kr.
Tyroler w. u. r.	. .	30
Oesterreicher w. u. r.	.	48 bis 18 kr.
Ungrischer r. u. w.	.	1 fl. . bis 36 kr.
Tokayer	. . . .	5 fl. . bis 2 fl.

Biere.

Weißes oder Waizenbier (die Maaß) .	3 kr.	1 Pf.
Braunes Brier (die Maaß) . .	3 kr.	3 Pf.
Weißgersten Bier (die Maaß) . .	3 kr.	. .
Germbier (die Maaß)		3 Pf.
Bierbrandwein (die Maaß) . .	16 kr.	. .
Meth (die Maaß)	20 kr.	. .

§. V. Brod.

Das Brodgewicht wird nach jedesmaligen Schranenpreis bestimmt, und tarifirt, und die Anzeige wird öffentlich im Haus des Beckers auf

auf eine Tafel geschrieben, auch obrigkeitlich gewogen. z. B.

	Pf.	Lo.	Qu.
Ein Kreuzer Semmelbrod wiegt .			
Ein vier Kreuzerlaib Weißrogg. .	1	31	
Ein Groschenwecken . .	1	5	
Ein acht Kreuzerleib . .	3	30	
Ein 16 Kreuzerlaib . .	7	28	

Die verschiednen Arten des Brods sind und heißen

Eine bayrische Breze . .			1 kr.
Eine Mannheimer Breze .			1 kr.
Ein Eyerweckel . . .			1 kr.
Sogenannter Pfistersemmel .			$1\frac{1}{2}$ kr.
— — — Laibel . .			$2\frac{1}{2}$ kr.
Ein Kreuzersemmel . .			.
Eine halbe . . .			.
Ein Spitzwöckel. . .			.
Ein Laibl zu .	2 Pf.	.	.
Eine Semmel .	1 Pf.	.	.
Ein Gaunken .	1 Pf.	.	.
Ein Hallerröckel . . .		.	.
Ein Groschenwecken .		.	.
Ein Batzenlaibl . .		.	.
Ein Siebenerlaib . .		.	.
Ein fünfzehnerlaib. .		.	.

§. VI. Holz.

Das Klaster zu 36 Schuh im □; jedes Schaid zu $3\frac{1}{2}$ Schuh.

Buchenholz (1 Klaft.) . . 5 fl.
Eichenholz . . . . .

Bir-

Birckenholz (1 Klaft) . .	3 fl. 50 kr.
Feichtenholz (1 Klaft) . .	3 fl. 30 kr.

§. VII.

Verschiedne andere Dinge.

Provenceröl (das Pfund) .	36 bis 40 kr.
Gewöhnliches Baumöl (das Pfund)	26 bis 28 kr.
Leinöl (ein Pfund) . . .	12 kr.
Das Pfund Inschlitkerzen .	15 kr.
— — Wachskerzen .	36 kr.
Seife das Pfund . . .	12 kr.
Salz (1 Salzst.) . . 1. fl. .	36 kr.
Flachs das Pfund	18 kr.
Bettfedern das Pfund . 1 fl. .	
Ziegel oder Baustein (das Hundert)	48 kr.
Butter (das Pfund) . .	14 kr.
Schmalz (das Pfund) . .	15 kr.
Eyer (50 Stück) . . .	20 kr.
Eine Elle Tuch französisch . .	6 bis 10 fl.
Englisch fein	.
Ein Hut	1 bis 6 fl.
Ein paar Mannsschuh . .	1 fl. 34 kr.
Ein paar Stiefel	5 bis 8 fl.
Ein paar seidne Strümpfe . .	4 bis 7 fl.
Ein gewöhnlicher Bedientenlohn männlich	12 bis 20 fl. (den Monat)
weiblich	15 bis 50 fl. (das Jahr)
Anständig gewöhnlicher Hauszins für einen Bürger . .	60 bis 200 fl.
Für charakterisirte Personen.	100 bis 1000 fl.

§. VIII.

Von den hiesigen Gasthäusern.

Gasthäuser, worinn man Fremde beherberget, sind den ursprünglichen Freyheiten nach

nur

nur die hiesigen Weinwirthshäuser. Indeß wird dieß wegen der Menge von Fremden nicht genau genommen, und jeder Bierbräuer hat Erlaubniß, jedermann Nahrung, und Wohnung zu geben. Die vornehmsten Weingastgebhäuser sind

1. Herr Lunglmair zum Schwarzenbärn im Thal.
2. Herr Baufhof Weingastgeb zum goldenen Storchen in der Neuhaußergaße.
3. Herr Neumayr, zur goldnen Rose auf dem Färbergraben.
4. Herr Albert Weingastgeb zum schwarzen Adler in der Kaufingergaße.
5. Herr Bögner zur goldnen Sonne im Thal.
6. Herr Kleber, außer dem Schwabingerthor in dem sogenannten Klebergarten.
7. Herr Sutor, Weingastgeb auf der Trinkstube.
8. Herr Schlicker zum weißen Rößel im Thal.
9. Herr Ramlon im Kühgaßel. u. s. w.
10. Herr Stürzer Weingastgeb zum goldenen Hirschen in der Schwabingergaße.
11. Herr Böck zum goldenen Kreuz in der Kaufingergaße.
12. Herr Pechtheller Weingastgeb zum deutschen Ritter auf dem Platz.

13. Herr

13. Herr Hagner, Weingastgeb zum goldnen Bären auf dem Paradeplatz.
14. Herr Merkel, Weingastgeb zur blauen Trauben in der Weinstraße.
15. Herr Schuster zum weißen Lamm im Rosenthal.
16. Herrn Streit, Weingastgeb zur guldnen Ente, in der Residenzschwabingergaße.
17. Herr Huber Weingastgeb zum Schif in der Dienersgaße.
18. Hr. Greils Erben, im Schleckergäßgen.
19. Herr Frank in der Fürstenfeldergaße.
20. Frau Huberinn, Weingastgebinn zum römischen König in der Kaufingergaße.
21. Frau Thalerinn, Weingastgebinn zum goldnen Hahn in der Weinstraße.

Ein Fremder findet in diesen Gasthäusern alle Bequemlichkeit, und Bedienung, derer immer eine andere Stadt fähig ist. Man findet in jedem sogenannte Lohnlaquais, welche gewöhnlich mehrerer Sprachen kündig sind, und die Fremden bedienen, oder selben die Merkwürdigkeiten der Stadt zeigen. Wer keine Ausnahme machen will: der dinget nichts, wie viel er für Kost, und Wohnung während seines Aufenthalts bezahlen will; sondern er mag die Speisen, welche er besonders wünscht, nennen, oder nicht: so überläßt er sich der Bescheiden-

heit

heit des Gastwirths, mit dessen Rechnung er nicht Ursache haben wird, unzufrieden zu seyn; indeß ist fast immer in jedem Gasthaus eine gemeinschaftliche Tafel, wo der Preis für die Speisen bestimmt ist.

Neunter Abschnitt.

Manufakturen und Fabriken.

I. Die Hautlice-Tapeten Manufaktur wurde vom Churfürsten Maximilian Emanuel im Jahr 1720 errichtet, und sie befindet sich, was besonders die Güte der Arbeit betrift, in einem vortreflichen Zustand. Es werden, meistens nur für den Hof, prächtige Tapeten, welche das Aug jedes Kenners vergnügen, verfertiget. Herr **Jakob Sentini**, und Herr **Joseph Chedeville**, arbeiten als Meister in dieser Manufaktur; jener im churfürstlichen Fabrikenhaus auf dem Rindermarkt; dieser im Sekr. Täzelhaus auf dem Anger. **Joseph Trösler**, und **Joseph Winter**, dann **Jakob Klein**, und **Baptist Danner** arbeiten hierinn, als Gesellen, mit meisterhafter Geschicklichkeit. In der churfürstlichen Residenz, und besonders im großen Conferenzsaal sind die schönsten dieser Arbeiten zu sehen.

II. Die **Cotton-Manufaktur** wurde im Jahr 1746 vom Churfürst Maximilian Joseph, vor dem Isarthor auf dem Lechel, unter der Direktion zweener hiesigen Handelsmänner Strauß, und Sauer, errichtet. Sie befindet sich noch immer in einem sehr guten Zustand. Es arbeiten für dieselbe vier und zwanzig hiesige bürgerliche Webermeister, jeder auf seine eigne Rechnung, und liefert jeder derselben alle 3 Wochen 20 bis 24 Stücke, so daß alle Jahr acht, bis zehntausend Stücke verfertigt werden. Das Lager dieser Waaren ist ebenfalls in dem churfürstlichen Fabrickenhaus auf dem Rindermarkt.

III. Eine Strümpffabrick, oder ein Waarenlager baumwollener Strümpfe wird im vorigen Fabrickenhaus von einigen Privatpersonen gehalten. Bürgerliche Strimpfwirker sind sechs in der Stadt, und sechs in der Au.

IV. Die Porcelain Fabricke wurde auf churfürstliche Kösten unter der Aufsicht Sr. Excellenz Graf von Haimhausen in ein eigens dazu errichtetes Gebäud nach Nymphenburg im Jahr 1758 verlegt, wo selbe dann nach und nach den itzigen vortreflichen Zustand erreicht hat. Die Erde wird von der Donau, uuweit Passau hergeführt, und das Porcelain erreicht, ja übertrift beynahe an Güte und Feine das sächsische. Herr Aulizeck verfertigt die Modelle nach seiner Erfindung, nnd ordinirt die Arbeit

beit. Das Waarenlager befindet sich theils in der Stadt, nämlich unter dem schönen Thurm in des Herrn Commerzienraths straußischen Haus, theils selbst im Nymphenburg, und es wird damit nicht nur im Land, sondern auch nach entfernten Ländern, besonders nach der Türkey, ein beträchtlicher Verkehr gemacht. Auf dem Gebäu in Nymphenburg ist auf einer metalenen Tafel diese Inschrift zu lesen:

MAXIMILIANVS III. BOIORVM ELECTOR, EXCITATIS AD EXTERORVM INDVSTRIAM CIVIVM INGENIIS, VT ARTES SVA MANV PALATIO RECEPTAS IPSAS INTER DELICIAS PRAESENS FOVERET FICVLINAE SINICAE OPERIS AEDES E FVNDAMENTIS EXTRVXIT, PALATII AMBITVM PERFECIT. A. D. MDCCLVIII. SIGISMVNDO ab HAIMHAVSEN S. R. I. C. col. REI Monet. & METALI PRAE.

V. Die Tobacksfabricke befindet sich auf dem Lehel in dem von einer Handlungscompagnie im Jahr 1782 errichteten schönen neuen Gebäude. Die Blätter werden meist aus der Pfalz hieher gebracht, und sodann verarbeitet.

VI. Die Zeugfabrike in der Au wird von den Handelsmännern Schmalz und Fehr unterhalten. Sie kaufen in der bayrischen Pfalz von den daselbst sehr zahlreich sich befindenden bürgerlichen Zeugmachern alle Jahr $2\frac{3}{m}$ Stücke ordent-

ordentlicher Futterzeige, und lassen diese in ihrem Manufakturgebände in der Au färben, und zubereiten.

VIII. Eine Lederfabrike befindet sich vor dem Isarthor in einem eignen dazu errichteten Gebäude.

IX. Eine **Gold und Silberfabrike** befindet sich in dem mitteren Hofgarten Gebäude, welches ursprünglich für eine Seidenfabrik errichtet worden.

X. Mit guten französischen, und andern **Karten** wird vom hiesigen bürgerlichen Kartenmacher **Göbel** bis in weit entfernte Länder ein sehr beträchtlicher Absatz gemacht.

XI. Eine hiesige **Pinselfabrike**, welche in Haidhausen entstanden, und gegenwärtig von Herrn Butta fortgesetzt wird, hat sich im Ausland eben so berühmt gemacht.

XII. Auf den hiesigen dreyen **Pulvermühlen** wird ein sehr feines, und kräftiges Pulver verarbeitet.

XIII. So ist gleichfalls das hiesige **Münzwesen** in einem sehr guten Stand.

Im alten Zollhaus bey Haidhausen nächst München verfertigt ein Seidenweber Seidenzeuge, und Gaze. Auf dem Anger verfertigt Johann Jakob Klaus ganz und halbseidne Zeuge vortreflich. Was hier noch weiter von einzelnen Personen zu sagen ist: davon sieh **dritten Theil** § von jetzlebenden Künstlern.

Zweyter Theil
vom
Kirchenwesen.

Erster Abschnit.

§. I.

Von der Anzahl der geistlichen Gebäude und Personen.

In München befinden sich gegenwärtig

1 Stift.

4 Pfarren.

16 Klöster.

21 Filialen und andere.

44 Consecrirte Kapellen.

Hundert und zwölf Geistliche Häuser überhaupt. Dahin gehören

A) 1 Probst.

2 Dechant.

4 Pfarrer.

9 Canonici.

24 Cooperatores, Kaplän, Ceremoniarii, und Chorvicarii.

99 Beneficiaten, und prebentirte Geistliche.
7 Religiosen expositi.
8 Geistliche Schullehrer.
24 Comentisten und Titulanten.
184 Votivisten, welche keine angewiesene Wohnung, noch bestimmte Verrichtung haben. Im Priesterhaus bey St. Joannis befinden sich gegenwärtig 6 bis 8 Geistliche.

Dreyhundert, ein und sechzig Personen.
(sämtl.)

B) 8 **Mannsklöster**; worinn
a) 9 Obrigkeiten.
b) 184 Conventualen.
c) 85 Layenbrüder.
d) 6 Novizen.

C) 11 **Frauenklöster**; worinn
a) 10 Obrigkeiten.
b) 275 Conventualinnen.
c) 88 Layenschwestern.
d) 20 Novizinnen.

Es befinden sich also in München.

Fünfhundert, vier und fünfzig Priester, dreyhundert, drey und neunzig Religiosinnen.

In den Frauenklöstern befinden sich 75 Kostgeherinnen; und zu der Zahl geistlicher Personen kommen noch 4 Klausner.

Zwey=

Zweyter Abschnit.

Von den Kirchen, wobey keine Klöster.

§. I.

Frauenstiftskirche.

Als sich in München die Volksmenge täglich vermehrte, fand Bischof Conrad II. von Freysing für nöthig, zu der bereits vorhandnen Peterspfarr noch eine zwote zu errichten, wozu er dann das damals kleine Kirchlein zu unser lieben Frauen genannt, erhoben hat. Dieß geschah auf Anhalten der hiesigen Bürger im Jahr 1271, und Papst Gregorius X. gab dazu seine Bestättigung.

Im Jahr 1468 legte Herzog Sigmund IV. (welcher die Regierung freywillig an Albert den IV, oder dem Weisen abtrat, und sich meistens im ehmaligen Lustschloß Grünenwald, auch in Naenhofen, und Menzing aufhielt) den ersten Stein zur heutigen Kirche, deren Gebäud binnen 20 Jahren vollendet wurde, wie dieß jener Stein des Mauermeisters, welcher an die Mauer bey dem Glockenhaus nach der Mittagseite fest gemacht ist, bezeuget, worauf diese Worte stehen: **Georg zu Haßlbach hat** anno 1488 **sein Leben mit dem Bau beschlossen, und ihm diß Ort für seine Ruhstatt auserwählt, auch eben, wie alle Menschen, in diesem zergänglichen großen Welt-Gebäu, mit einem von 6 bis 7 Werk Schuh langen, und kaum zwey breiten Plaz verlieb nehmen müssen.** Dessen Portrait in Stein, ist gleich am Eck dieser Thurnseite, neben der Bildniß des Zimmermeisters zu sehen, welches letztere auf einem kleinen Täfelchen gemalen ist, mit der Unterschrift: **Herr erbarm dich über uns.**

Um das 1490 Jahr hat Herzog Albert IV die päbstliche Erlaubniß begehrt, und erhalten, in dieser Frauenpfarrkirche ein Chorstift aufzurichten, und die damaligen Stifter **Illmünster** und Schliersee dahin zu verwenden.

Die Kirche ist von gebachnen Steinen aufgeführt, und die Dicke ihrer Mauer beträgt fünf Werkschuh. Sie ist dreyhundert, sechs und dreyßig Schuh lang; hundert, acht und zwanzig breit, und bis an das Gewölb hundert fünfzehn hoch, wo dann bis an den Fürst wieder hundert fünfzehn gezählet werden. Zum Langhaus oder Dachstuhl sind hundert und vierzig Flöß, jeder

zu

zu sechzehn., bis zwanzig Bäume, verbraucht worden. Das Gewölb ist nur einen flachen Stein dick, und wird von ein und zwanzig colossalischen, nämlich achteckichten, sieben Schuhe dicken Säulen welche hiemit die Kirche in drey Schife abtheilen, unterstüzt. Die Kirche hat dreyßig Fenster, jedes zu siebenzig Schuh hoch, welche auswendig mit eben so hohen eisernen Dratgittern versehen sind.

Diese Fenster waren ehemals nach der Südseite, vermuthlich auch aus der Absicht, eine rührende Dämmerung in der Kirche umher zu verbreiten, mit verschiednen biblischen Geschichten bemalet. Diese Gemählde sind in die Gläser hinein getränkt, oder eigentlich zu reden, eingeschmolzen; denn die Farbe dringt durch und durch. Bey der letzten Verschönerung der Kirche, wo man vorzüglich dafür gesorgt hat, das alte Dunkle wegzunehmen, wurden diese, oft ohne Zusammenhang angebrachten Gläser gesammelt, und in einer bessern Ordnung an einigen Fenstern wieder angebracht.

Die zween Thurme sind eben so hoch, als die Kirche lang ist. Die Hauptmauer derselben hält eilf Schuh, und die inwendige Weite eines jeden im Viereck neun, und zwanzig Schuh.

Darinn

Darinn sind zehn Glocken, deren die Größte hundert zwanzig Zentner wieget. *)

Das

*) Auf einem alten Täfelchen, welches auf den Thurm aufbewahrt wird, ist zu lesen:

Die Churfürstl. Unser lieben Frawen Stüftkürchen Allhier in München ist zu pauen angefangen worden am Lichtmess Abend Anno 1468, welche Kürche ohne des Fundnments mit lauter gebachenen Steinen gebauet, und hält in die Länge 336 werk Schuech, und so lang diese Kürchen ist, so hoch seindt die Thurm, in der breiten halt die Kürchen in sich 128 Schuech, von der Erden bis an das Gewölb seindt 108 Schuech, bis an den Fürst, vom Gewölb an aber 78. Der Bitterich Altar ist umb 100 Jahr aelter, als die Kürchen St. Bennis: Das Gewölb ist in einem Tag mit Gips gemacht worden; die Orgel hat 1419 Pfeiffen, und die größte vierecke in den Subbaß 1018 Maaß, die größte Rundte ist so groß, das leichtlich ein Mann darein schliessen kundte.

Die groß Salve Glocken wegt 125 Cent. ist 7 Schuech und 3 zoll brait, die klein Salve Glocken wiegt 60 Centen, 60 Pfund, Sanct Bennonis Glocken 43 Centen, in beeden Thurmen sindt 10 Glocken, die Urstrich seindt nur virthalb Schuech lang, in diesen Kürchen seindt 30 Altär, und 22 Pfeiler, und wenn man auf den Stein, so mit einer Fußsolen Uebereckt stehet, siecht man kein Fenster in der ganzeu Kürchen: die Kürche ist inwendig Renoviert worden. Anno 1675. 1773.

Landts Huetter thurn ist 443 Schuech hoch, umb 107 Schuech höcher als der hiesige.

Der

Das Pflaster in der Kirche ist durchgehends von Marmor, und die Stühle von Eichenholz mit gelbem Blech beschlagen.

Die Kirche liegt ein paar Stufen erhoben, und hat fünf, itzt sehr schöne Thüren von Eichenholz, welche der verstorbene hiesige Bildhauer **Ignaz Günther** verfertigt. Ueberhaupt ist diese Kirche unter unsern Augen durch die unermüdeten Bemühungen des Herrn Kanonici, und itzigen Kirchenkustos **v. Bernard** durchaus verschönert, mit neuen Thüren, Stülen, Fenstern u. s. w. versehen, und an Größe und einfachem Geist der Feyerlichkeiten und Verzierungen zum Muster aller übrigen erhoben worden, welches hiemit zur ewigen Gedächtniß gesagt sey.

Bey dem Chorstift befinden sich a) ein instullirter Probst; b) ein Dechant, c) ein Pfarrer; d) 9 Chorherren, welche vom Landsfürsten präsentirt werden; dann zween Cooperatoren; Ein Ceremoniarius; sechs Chorkapellanen, zehn Choralisten, und vier und dreyßig Bene-

Der Wiener Thum ist 464 Schuech hoch, umb 128 höcher.

Der Straßburger Thurm ist 578 Schuech hoch, umb 242 Schuech höcher, als der hiesige.

Beneficiaten. Der Prediger ist ein Weltpriester. Unter den Chorherren befinden sich gegenwärtig gelehrte Männer, die sich um die Litteratur, und Bildung des Landes rühmlich verdient gemacht haben, als die Herrn Kanonici, **Braun, Kolmann, Danzer, Scherer, Hur,** welche alle mit Schulen umgegangen; so ist auch der Herr Subkustos **Fischel** wegen seinen tiefen Kenntnissen in der Philosophie und Herr Cooperrator **Krebs** wegen seiner Kenntniß orientalischer Sprachen berühmt. In der ganzen Kirche sind fünf und zwanzig Capellen, (deren jede vierzehn Schuh in der Tiefe, und ein und zwanzig in der Breite hält) und überhaupt dreyßig Altäre.

Ehe ich zu diesen Altären, und den Kunststücken, welche auf denselben zu sehen sind, schreitte, will ich des berühmten Grabes, das dem Kayser Ludwig IV errichtet worden, erwähnen. Dasselbe befindet sich auf dem Chor (welcher durch eine größere und zwoen kleinern Erhöhungen vermittelst zwölf marmornen Staffeln bis auf den höchsten Altar anwächst) und wird für eines der prächtigsten Monumente dieser Art in Europa gehalten. Unter diesem Chor ist die erste, hiesige Fürstenbegräbniß, und jener große Kayser war vermuthlich der erste, welcher unter das ehemalige

Frauen-

Frauenpfarrkirchlein, und, nach damaligem Gebrauch, wahrscheinlich in die Erde begraben worden ist. Indeß halten einige noch bis diese Stunde dafür, was man sich von jeher erzählte, daß nämlich Kayser Ludwig in einem Sessel unter einem besondern Behältniß sitze, das man aber bis daher noch nicht gefunden, oder, besser, nicht gesucht hat.

Dieses Grabmal wollte schon Herzog Albert V errichten, und die Erfindung und Zeichnung des Gegenwärtigen ist ganz wahrscheinlich ein Werk des Peter Candito. Die Ausführung ward indeß seinem Enkel Churfürsten Maximilian I vorbehalten, und der brave Johann Krumpter, churfürstl. Bildhauer hat es gegossen. Ein großes, und geistreiches Werk! Es hält in der Länge 16½ Schuh, in der Breite 11, und in der Höhe 13, und ist aus feinem schwarzem und weisem Marmor; die Figuren sind alle in Lebensgröße, und von Erzt. Die Figuren oben bey der Reichskron sind allegorisch, und bedeuten Weisheit und Tapferkeit, die kleinern Figuren, welche man inwendig auf dem weißen Stein sieht, sind (auf der obern Hälfte) Ludwig der IV; er hat die kayserliche Kron auf dem Haupt, hält in einer Hand den Scepter, in der andern den Reichsapfel. In der Mitte, der Reichsadler, mit der

baye=

bayerischen Wappe auf dem Herzen. Auf der untern Hälfte befindet sich die Kayserinn Beatrix, mit Stephan, dem Sohn. Ausserhalb stehen in Lebensgröße Albert V, und auf der andern Seite Wilhelm V mit den beyderseits auf dem Fries vertheilten Aufschriften.

LVDOVICO. QVARTO. IMPERATORI. AVGVSTO. MAXIMILIANVS. BAVARIAE DVX. SAC. ROM. Imp. ELECTOR. iubentibus Alberto. Quinto. Avo Guilielmo. Quinto. Parente. Posuit Anno Sal. M. D. C. XXII.

Gleich darauf folgt ein Gewölb von Gips, welches im Jahr 1605 binnen vier und zwanzig Stunden gegossen, oben mit 10 Statuen, und mit Gemählden vom Peter Kandit, von welchem auch jene in der obern hölzernen Kugel sind, geziert, und vornehmlich aus den weisen Absichten errichtet worden ist, der ungeheuren Länge der Kirche die Einförmigkeit zu benehmen, und dem Chor ein altes, ehrwürdiges Ansehen zu geben, an dessen beyden Seiten große Stühle von Nußbaumholz stehen, und mit 80 Statuen geziert sind. Ueber denselben befindet sich eine Gallerie.

Gleich

Gleich außerhalb dem Gitter des Choraltars befindet sich auf einem Marmorstein diese Grabschrift:

HEIC IACENT EX PROSAPIA ANTIQVA INCLYTA BOIORVM AVGVSTI REGES PRINCIPES CHRISTIANISSIMI BONO REIPVB. NATI HÆRESVM DOMITORES, RELIGIONIS AVITÆ SYNCERÆ PROPAGATORES, QVORVM GLORIA NE CVM CINERE INTERIRET QVOD VIDES ÆTERNVM POSTERIS MONVMENTVM MAGNO ÆRE EST EXTRVCTVM. M.DC.VI.

Die unter diesem Stein sich befindende Kruft ist sehr klein, und hält nur etwa 6 Schritt in der Breite, 8 bis 10 in der Länge, und eben so viele in der Höhe. Bey der letzten Oefnung fand man die Sargen in folgender Ordnung stehen. Beym Eingang linker Hand stund auf einem Sarg eine Zinnerne Tombe mit zweyen Hängschlößern, und darauf stund: VISCERA CAROLI VII. ROM. IMPERATORIS MORTVI 20 IANVAR ANN. 1745; Dann ein zinnerner Sarg, auf welchem ein großer runder Schild, von Kupfer, und stark vergoldet, eingeschraubt war, auf dessen obern Seite das Portrait Alberts V, und Christus am Kreuz, auf der Reversseite aber diese deutsche Innschrift zu sehen war.

In diesem Sarch Ligt der Durchleuchtig Hochgeborn Frumb, Theur, Hochuernünfftig Furst, Herr Albrecht Pfaltzgraf bey Rhein, hertzog In Obern vnnd Nidern Bayrn ꝛc. So von Gott mit vielen furtreffendlichen Tugennden begabt, ein sonnder Liebhaber der Warhayt, Recht vnnd Gerechtigkait, Fürderer des waren Gottsdiennst vnd Catholischen allten Religion. Die er nit allain In seinem Fürstenthumb, Vngeacht aller gefahr, vnnd widerwertigkait Steuff vnnd Rain erhalten, Sonnder auch Anndern Catholischen Fürsten, des Heiligen Reichs, hierinn Rätlich, Hilfflich, vnnd beystendig Auch ein sonder Trost vnnd Zuflucht gewesen, Lanndt vnnd Leut, Neunundzwaintzig Jar Siben Monnat Achzehntag, Fridtlich, Loblich vnnd wol Regiert, Vnnd Jhm Fünffzehenhundert, Neunundsiebentzigisten Jar denn Vierundzwaintzigisten tag des Monnats Octobris, zwischen Sechs vnnd Sieben Vhren gegen Abendt, seinnes Allters Ainundfünnftzig Jahr, Sieben Monnat Vierundtzwainntzig Tag, aus diesem Jammerthal Christlich vnnd vernünnftig abgeschiden. Sein Fraw Mutter Fraw Jacoba, geborne Marggräffin zue Baaden. Vnnd Gemahel, Die Durchleuchtigist Hochgebornn Fürstinn, Fraw Anna, gebornne Künnigin zue Hungern vnnd Behaimb, Ertzhertzogin zue Oesterreich, Sambt dreyen Söhnen, Herr Wilhelmen, Ferdinannden, vnnd Ernnsten Auch zwayen Töchtern, Maria, vnnd Maria Maximiliana, traurig hinnder sich verlassen. Dessen Seel der Allmechtig genedig, vnnd Barmhertzig zu sein Geruche Amen Amen Amen. 1579.

Dann

Dann gegenüber ein zinnerner Sarg mit der Aufschrift: PHILIPPVS. S. R. ECCLESIÆ CARDINALIS. 1598. — Er war ein Sohn Wilhelm des V, und der Renata.

Weiter ein Sarg, worinn Ferdinand (ein Sohn Alberts des V, und ein Bruder Wilhelms des V) liegt, mit der Aufschrift.

SERENISSIMVS PRINCEPS AC DNS DNS FERDINANDVS HOC NOMINE PRIMVS ALBERTI V. FILIVS COMES PALATINVS RENI VTRIVSQVE BAVARIÆ DVX NATVS ANNO CHRI MDL. DIE XX IANVARII OBIIT ANNO DNI MDCVIII DIE XXX IANVARII CIRCA MEDIAM TERTIAM POMERIDIANA.

Hart an diesen ein zinnerner Sarg der Maria Maximiliana, einer Tochter Alberts V mit der Aufschrift:

SERENISSIMA PRINCIPISSA AC DNA DNA MARIA MAXIMILIANA HOC NOMINE PRIMA. ALBERTI. V. FILIA COMITISSA PALATINA RHENI. VTRIVSQVE BAVARIÆ DVCISSA NATA. ANNO CHRISTI MDLII IV IVLII. OBIIT. COELEBS. ANNO DNI MDCXIV IV IVLII CIRCA HORAM. VNDECIMAM ANTE MERIDIANAM.

Nebenher ein zinnerner Sarg des Johann Franciscus, eines Sohns Alberts VI und der Mechtild; mit der Aufschrift

SERENISSIMVS
IOANNES FRANCISCVS CAROLVS
COM. PAL. RHENI.
V. B. D.
SERENISSIMORVM ALBERTI V FILIVS
GVILIELMI V NEPOS
PIE IN DOMINO OBYT
ANNO ÆTATIS SVÆ
XXII.
CHRISTI NATI
MDCXL
MENSIS MAII
DIE XIX

NB. In dieser Aufschrift ist ein offenbarer Fehler eingeschlichen, und es muß heißen ALBERTI VI FILIVS.

Endlich ein kleiner zinnerner Sarg, worinn Maria Renata, Tochter Alberts VI und der Mechtild liegt, mit der Aufschrift

HAS ANGVSTIAS ET EHEV TRISTES
TENEBRAS HABITO
MARIA RENATA
VNICA FILIA DVCVM BAVARIÆ
ALBERTI ET MECHTILDIS
FLOS ADHVC ERAM, ET EN SVBITO
ELANGVI EX NOXIO VISCERVM ÆSTV
PROPE OMNI DOMO

MEA

MEA IMORIENTE FVNERI MEO. PARENTES
NEGANT DEIN SE VIVERE INTELLIGVNTq;
ETIAM PVRPVRAM
ESSE CALAMITOSAM. CERTE MINVS VIVVNT
QVOD EGO NON VIVAM.
AGNOSCO ME MERITO PIAM, ET QVAM
ILLIS VIVA EXHIBVI AD SVPEROS MECVM
FERO REVERENTIAM, OROq; VT ET IPSI
SVAM COLÆNT ERGA DEVM, QVI IPSIS
MANDAT, VT LVCTVM PONANT.
MIHI BENE EST.
DECESSI ANNO MDCXXX DIE PRIMA
MARTYANNO ÆTATIS DECIMO QVARTO

Außer diesen Sargen befand sich noch eine andere große gegen drey Schuh hohe, ofne, zinnerne Sarg, worinn 11 Köpfe sammt den Beinern, und Brustgerüsten zu sehen waren. Herr Carl Albrecht von Vachiery, aus dessen **akademischen Abhandlung über die Grabstätte und Grabschriften einiger Herzoge aus Bayern** ich obige Nachrichten genommen habe, bestimmt diese 11 Körper auf eine höchstwahrscheinliche Weise. Herzog Sigmund nämlich hat bey Erbauung der Kirche ohne Zweifel die Gebeine seiner Voraltern in die neue Gruft sammeln, und da ihre, und auch die Truchen der nachfolgenden verfault waren, hat Maximilian der I ihre Gebeine in die gegenwartige große Sarge zusamm legen lassen, wie dieß auch die Nachricht des Chorherrn Stephan Liegsalzens von 1622 bezeuget: „Kurfürst Maximilian läßt in die Kruft die große Truchen machen, und darein sind durch unsern summum custodem die Gebeine und todten Köpfe der Durchläuchtigsten Fürstenpersonen eingerichtet worden. In dieser großen Sarge liegen hiemit 1) der Kayser Ludwig 2) seine Gemahlinn Beatrix; 3) Ludwig der Brandenburger. 4) Stephan Fibulatus. 5) Herzog Ernst. 6) Seine Gemahlinn Elisabeth. 7) Herzog Sigmund; Erbauer der großen Kirche; 8) Albrecht IV. 9) Seine Gemahlinn Kunigunda. 10) Herzog Ernst II, (Sohn Alberts des IV, und Bischof zu Paßau, und nachmalige Erzbischof zu Salzburg) 11) Wilhelm IV. Dieß war also die Kruft der bayrischen Fürsten. (nachdem sie zuvor gewöhnlichst im Kloster Scheyern, und nachher in Kloster Fürstenfeld gewesen, wohin sich auch der Stifter dieser letztern Ludwig der Strenge begraben ließ) — Diese, sag ich, war die Fürstengruft von 1295 bis 1626, wo sie nach der Michaelskirche verlegt worden.

Nun folgen nach der Ordnung die Altarblätter.

I. Auf dem Choraltar, welchen Maximilian I errichten ließ (er ist über 90 Schuh hoch, und 30 breit) Maria Himmelfahrt (auf Holz

gema-

gemalen). In dem obern Aufzug sieht man Gott Vater in den Wolken; auf dem untern den englischen Gruß, dann, rückwärts die Auferstehung Christi, vom Peter Candito. Unter diesem letztern Gemählde befindet sich die churfürstl. Wappe mit dieser Aufschrift:

D. O. M.

Magnæ Dei Matri, Augustæ, Æternæque virgini, opt. Max. Bavariæ Patronæ singulari Principum Tutellæ, Auxiliatrici, Victrici, Maximilianus Boiorum Dux, e victa Bohemia redux, memor, gratusque posuit.

Anno post Christum natum

CIↃ. IↃC. XX.

Auf dem Chor, und zu demselden gehörig sind sieben Altäre, worauf sich befinden auf der

Evangelienseite

II. Die Krönung Mariä vom Johann Rottenhammer.

IV. Auf dem St. Beno Altar die Marter des heil. Mauritii vom Johann Rottenhammer. Im obern Aufzug eine Grablegung Christi vom van Achen.

III. Die heil. Kreuzerfindung vom Mathias Kagerer.

V. Ein ecco Homo. Im obern Aufzug Job, beede vom Christoph Schwarz.

Die Bildniß des heiligen Benno, Bischofs zu Meissen in Sachsen, dessen heilige Gebeine im Jahr 1576 auf Anhalten Herzogs Albers V nach München, erst in dessen Residenz, dann im Jahr 1580 auf dem Hochaltar, und endlich von Wilhelm V auf den gegenwärtigen Altar versetzt worden sind, ist vom Silber. Man sieht auch auf dem Altar, die Insul, den Stab, und Mantel dieses Heiligen. Es wahlfahrten jährlich noch bey 60 Pilgrim, oder Kreuzzüge, nach diesen Altar, wie dann auch auf demselben viele Jahrgänge und Meßen gestiftet sind, und besonders eine überaus löbliche Bruderschaft vorhanden ist, deren Ziel und End seyn sollte, mit Ertheilung des heiligen Allmosens denjenigen beyzuspringen, welche unter dem schweren Joch der Armuth seufzen; — arme Kinder zur Erlernung eines Handwerks, und anständiger Arbeit, wie auch arme Ehehalten zur Bestreittung der Bedürfnisse mit Geldbeyträgen zu unterstützen. Dieser Heilige ist auch der Stadt und Landpatron.

VI. **Auf dem mittern Kreuzaltar** ruhen die Gebeine des heiligen mayländischen Erzbischofs Arsatii, welche von Illmünster hieher versetzt worden.

VII. Die Marter des heil. Apostel Pe-

VIII. Die Enthauptung des heiligen Pau-

Petrus vom Bruder Cosmas, Damian einem Kapuziner.

Paulus, von eben demselben.

Hinter, nnd um den Chor befinden sich

IX. In der Alteöttinger Kapelle 12 schöne Gemählde, worunter sechs die Familie Christi, die andern sechs himmlische Rettungen in verschiednen Drangsalen des Lebens vorstellen; vom Asam dem ältern. Dann folgen weiter auf der

Evangelienseite

X. Ein Altar dem heil. Sebastian, Michael, und Florian gewiedmet, die Statuen, und die Architectur des Altars sind vom Faistenberger.

XII. In der St. Annakapelle der heilige Ritter Georg vom Ulrich Loth.

XIV. Die heilige Katharina; vom Degler nach Andreas Wolf.

Epistelseite

XI. In der Kapelle, wo in dem kostbaren Tabernakel das Sanctissimum aufbehalten wird, die vier Evangelisten, nach Rottenhammer.

XII. Der heil. Rupertus; im obern Aufzug ein Schuzengel, im untern Jakob major, und der heil. Rupert, vom Andreas Wolf.

XV. Auf den heil. Geist-Altar die Taufe Christi, vom Degler.

XVI. In der St. Johannes Kapelle die 14 Nothhelfer; vom Christoph Schwarz.

XVII. Mariä Vermählung, im obern Auszug St. Christoph vom Wolf.

Nun folgen nach den ersten zwoen Kirchthüren auf der

Evangelienseite.	Epistelseite.
XVIII. Die sieben Zuflucht vom Triva.	XIX. Die Geburt Christi vom Michael Angelo von Carravaggio.
XX. Christus erscheint seiner Mutter; im obern Aufzug der heil. Blasius, im untern der Kindermord, vom Amigoni.	XXI. Der heil. Georg und Margaretha; in einem untern Auszug die H. Martin, und Wolfgang, Apolonia, und Helena, vom Ulrich Loth.
XXII. Auf dem Altar, zu Maria Rosen genannt, in einem Aufzug der heil. Thomas; vom Amort.	XXIII. Der englische Gruß; in einem Auszug Cäcilia, Johannes der Taufer; vom Sandrat.
XXIV. Die heil. drey König; dann in untern Auszügen die 4 Evangelisten, und vier Heil. Leonard, Onuphorus, Catharina, Agatha, vom Ulrich Loth.	XXV. Der heil. Bartholomäus vom Bruder Cosmas Damian.

Nach

Nach den letztern Kirchthüren befinden sich auf der

Evangelienseite.	Epistelseite.
XXVI. Auf St. Apolonia Altar die heil. Bartholomäus Wolfgangus, Apolonia, Margaretha, vom Bodma.	XXVII. Arme Seelen von Caspar Amort; in obern Auszug ein Bischof vom Heinrich Schönfeld.
XXVIII. Der Neuhauser Altar.	XXIX. Die Achatiuskapelle.

XXX. In der Höhe über der Sacristei befindet sich die St. Andre Kapelle, wo verschiedne Gemählde, welche das Leiden Christi vorstellen, vom Jahr 1498.

Die Gemählde an den Säulen, der Kanzel gegenüber, sind die oberen: Gott Vater, den Oelberg nach Mielich, die Grablegung nach Rottenhamer.

Der Schatz, welchen man in dieser Kirche an Juwelen, goldenen, und silbernen Statuen, Gefäßen, Kirchenornaten u. s. w. herzeiget, ist unbeschreiblich. Es befinden sich in derselben 3 Orgeln; eine oben auf dem Chor, eine in der Mitte, und die größte über der letzten Kirchenthüre, welches berühmte Werk in der Höhe 62, in der Breite 50 Werkschuh enthält, dann mit 12. Blaßbälgen, 17 Registern, und 1414 Pfeiffen versehen ist.

Auch

Auch ist in der Kirche sehenswürdig der Taufstein von einem Stück des feinsten Marmor. Nahe bey denselben an der Mauer sind kleine schöne Gemählde auf Holz, nach Schwarz. Den Cardinalshut, welcher auf den Chor von dem Gewölb herabhängt, hat der Bischof zu Wien, und Cardinal Melchior Cleselius zur Bezeugung seiner Andacht gegen den heiligen Benno aufhängen lassen, wie er dann auch im Jahr 1607 einen ewigen Jahrtag für sich gestiftet hat. Die große Fahne, welche man in der Höhe sieht, hat Maximilian Emanuel im Jahr 1688 bey Griechisch Weissenburg wider die Türken erobert. Die neue Kanzel wurde erst jüngst vom Roman Bos verfertigt. Die Uhr bey der Sacrstei ist ein gutes Stück mechanischen Künstlergeschmacks. So oft nämlich die Uhr schlägt, kommen handelnde Figuren zum Vorschein. Auch sind noch zwey andere Denkmäler, vieleicht als Beweise der damaligen epigramatischen Kunst, und des Litteraturwizes vorhanden; nämlich ein, unter der großen Orgel, in einen Stein eingehauener gemeiner Mannsschuh, in welchem, wenn man aufrecht steht, kein Fenster in der Kirche gesehen werden kann. Weiter ein großer, gearbeiteter Balke auf dem Langhaus, welcher in dem Dachstuhl mangeln soll, ohne daß man den Ort finden kann, an welchen er hingehört.

Noch

Noch sind in der Kirche viele gestiftete und berühmte Begräbniße. Der rothe Marmorstein gegen Mitternacht bey dem Glockenhaus enthält das Bildniß des zu Freysing gewesten Bischofs, Johann IV Tulpeck, welcher ehmals Pfarrer in dieser Kirche gewesen, dann das Bistum resignirt, und hier, wo er seine Ruhstatt nahm, eine Stiftung gemacht hat. In der St. Anna Kapelle ist das hochgräfl. preisingische Begräbniß; bey St. Aegidi Altar das B. füllische; in St. Blasikapell das B. wämplische; in St. Margaretekapell das liegsalzische, und so weiter das B. mayrische; die uralt ridlische, bartische, schwegerle u. s. w.

Unter den Grabsteinen um die Kirche sind viele Kunststück.

Bis auf das Jahr 1774 war um die Kirche, da, wo itzt das kleine Gräblein gezogen ist, eine Mauer, und innerhalb derselben ein öffentlicher Begräbnißhof.

a) Hieher gehört die Kirche St. Salvator, wo U. L. Fr. Gottesacker. Sie wurde im Jahr 1494 vom Albert IV erbaut, wie auf einem steinernen Thürmchen, oder Säule zu lesen, um dessen Ranf folgende Worte stehen: Albert Pfalzgraf bey Rhein, Herzog in ober- und Niederbayrn hat das Werk machen lassen im Jahre 1494, Und diese Kirche hat ursprünglich ihr Entstehen von der bekannten Judengeschichte erhalten. Ein altes Weib wollte den Juden eine consecrirte Hostie zutragen; sie ließ aber die heilige Hostie unweit dem Schwabingerthor vor Schrecken fallen, und an dem Ort, wo man sie fand, wurde eine Kapelle, genannt die St. Salvatorskapelle, errichtet. Dieß geschah im Jahr 1413. Als man nachher die Kapelle im Jahr 1493 wieder abtrug, ward zum Angedenken die steinerne Saule, welche bey dem Steinmez zu sehen ist, dahin gesetzt, und zwar an den Ort, wo der Altar gestanden. Auf den 4 Feldern der Säule sind von erhobner Steinmetzarbeit zu sehen b) die Abziehung des Weibes; c) eine Krönung; eine Kreuzziehung; d) Christus am Kreuz, und die Jahrszahl 1494.

Als nun im genannten Jahr die heutige Kirche sammt dem Thurn, auf einem Platz, wo schon ein kleines Kirchlein, genannt das Mariakirchlein, stund, erbauet worden, wurde sie wieder zu Ehren St. Salvators eingeweyht.

Die

Die Kirche hat 3 Altäre. Die Himmelfahrt Mariä auf dem Choraltar ist vom Fischer, vom welchem auch innerhalb dem Altar, (wo die ganze Geschichte gemalt, und beschrieben zu sehen) die Begräbniß Christi. Auf dem ersten Seitenaltar Christus am Kreuz; auf den zweyten die Geburt Christi.

Auf dem Gottesacker, wo viele merkwürdige Begräbniße sind, steht die alte Ritterkapelle, worinn die alten Adelichen zu Rittern des heiligen Georgii geschlagen, auch einige darinn begraben worden. In die, außer dieser Kapelle aufgerichtete Saule hat Wilhelm V im Jahr 1516 ein ewiges Licht gestiftet.

Wenn man nach dem Freythof geht, sieht man zwey uralte Täfelchen, auf deren einem das alte Weib wie sie eben von den Gerichtsdienern gefangen genommen, auf der andern Seite aber die heilige Hostie von der Priesterschaft andächtig erhoben wird.

In der sogenannten armen Seelenkapelle sind zwey gothische Gemählde, von 1519, deren eines die Geschichte des Samaritans, das andere die in ganze Welt abgehende Apostel vorstellet.

Die

§. II.

Die St. Peterspfarrkirche war bekanntlich die erste und einige Zeit die einzige. Im Jahr 1327 bey der großen Stadtbrunst gieng sie durch Feuer auf, und im Jahr 1370 wurde sie, als neu erbauet, wieder eingeweyht. Damals bekam die Kirche zween Thürme, wie sie auf einem Gemälde in der Sacristei der Wiskapelle noch heutiges Tags zu sehen sind. Maximilian I ließ sie abtragen, und dafür Einen, und den itzigen bauen, um welchen ganz in der Höhe ein Gang gezogen ist; er ließ auch die Kirche mit den zweenen Nebenchören erweitern. Bey unsern Zeiten wurde der schöne Choraltar errichtet, und der Plafond der Kirche von Zimmermann mit Gemählden, welche das Leben und die Marter des heiligen Petrus vorstellen, ausgemalt.

Der Choraltar ist ganz von Tegernseermarmor. Zwischen den schönen Säulen, mit welchen er unterstützt ist, stehen die vier Kirchenlehrer vom **Faistenberger**.

Von eben diesem ist auch der Apostel Andreas, auf dem ersten Pfeiler. Der Apostel Paulus, diesem gegenüber ist vom Ableitner, und die übrigen sind vom Bildhauer Prözner, dem ältern.

In

In der Kirche sind 16 Altäre, und unter den Altarblättern sind sehenswürdig.

Evangelienseite.	Epistelseite.
1) Das letzte Abendmahl vom Ulr. Loth.	In einem Aufzug der Heil. Sebastian und Rochus, vom Schönfeld.
2) Der Armenseelenaltar; vom Joh. Georg Winter, von ihm ist auch der obere Aufzug die Heil. Martinus, und Udalricus.	Wieder in einem Aufzug der Heil. Johann Evangelist und Andreas; vom Ulrich Loth.
3) Der todte Leichnahm Christi auf der Schooß Mariä nach van Dück de Bay.	
4) Der H Erasmus; vom Carl Loth. Oben der Heil. Abbt Gallus vom Nikolaus Prugger.	
5) Der heil. Joseph und Joachim von Sandrat oben Joh. der Taufer.	
6) Der heil. Liborius vom Franz Zimmermann, dem ältern.	

Die Figuren und Verzierungen auf und an den Stühlen und auf dem Chor sind vom Bildhauer Greif, der bey, und mit Faistenberger gearbeitet hat.

Die Geistlichkeit dieser Kirche besteht in einem Herrn Dechant, zweenen Cooperatoren, und 23 Beneficiaten. Die Predigt wird von einem Kapuziner gehalten.

Hieher gehört

A Die Filialkirche oder St Peters Gottsacker, wo drey Beneficien, deren eines bereits im Jahr 1315 gestiftet worden. Die Kirche ist zu Ehren aller Heiligen eingeweyht, und enthält drey Altäre. Das Altarblatt auf dem Chor, der heil. Car. Boromäus ist vom Franz Winter: Ueber den zweyen Kirchthüren ist die schmerzhafte Maria, und ein ecce Homo vom Andreas Wolf. Auch sind hier ansehnliche, und sehenswürdige Begräbniße, wie jüngst der hiesige berühmte Hofbildhauer Johann Baptist Straub zum Andenken seiner Gemahlinn eines setzen ließ, das jeden Wandrer mit süßer Traurigkeit erfüllen muß, denn es ist viel Verstand, und Gefühl darinn verborgen. Es befindet sich linker Hand an der Mauer. Ein rother viereckigter Marmor, welchen die Zeit schon hie und da, und besonders an den Ecken verletzt zu haben scheint; denn einige Streife sind bereits davon abgefallen, und man fühlt das Vergehen aller Dinge. Unter diesen kleinen Ruinen steht das Wort: transit. Linker Seits ist der Stein dicker, welches ihn nicht nur heraushebt, sondern ihm auch eine Art von Anmuth verschaft, ungefähr derjenigen ähnlich, welche in einer sanften Senkung des Kopfs zu liegen pflegt. In der Mitte des Steins, und in einer verhältnißmäßigen Tiefe sieht man von

weitzem

weißem Marmor ein kleines Gestell, und auf einem Buch das Bruststück der Ruhenden, vermuthlich ganz der Lebenden ähnlich gearbeitet. Unter den Buch steht das Wort Perennat.

Die **Wis = oder Herrgottskapelle** befindet sich südwärts, und sehr nahe bey der St. Peters = Pfarrkirche. Sie ist, wie schon gesagt worden, eine der ältesten Kapellen in München.

§. III.

Die heil. Geistpfarrkirche war die uralte St. Katharinenkirche, und gleich bey Errichtung des Spitals auch bald eine Pfarr. Aus einem Diplom vom Papst Urban IV, dessen Original im Spitalarchiv noch vorhanden ist, erhellet, daß im Jahr 1260 das Spital in geistlichen, und zeitlichen Dingen vom Augustinermönchen, welche Canonici Regulares genannt werden, administrirt worden. Im Jahr 1273 hat der Bischof zu Freysing Conrad die Kirche zu einer besondern Pfarr erhoben. (Sieh Spitäler 3 Th.) Ihre heutige Verschönerung erhielt sie in diesem Jahrhundert, wo sie mit einem, aus dem Grund gebautem, schönem Thurm, und inwendig mit vielen Auszierungen bereichert worden. Sie ist mit artigen leichten Säulen unterstüzt, und mit lieblicher

Stukadorarbeit überzogen. Die mittern Hauptstücke der Oberdecke haben die beeden Brüder Cosmas Damian Asam, und Egidius Asam verfertiget. Die Arbeiten und Bilder an den beyden Seitengewölbern, um die Kirche herum, hat Nikolaus Gottfried Stuber im Jahr 1727 gemalet.

Am Choraltar ist die Sendung des heiligen Geists vom Ulrich Loth. Weiters befindet sich zur

Evangelienseite.	Epistelseite.
Die heil. Anna vom Balthasar Augustin Albrecht.	Der heil Johann von Nepomuck, vom Adam Müller.
	Die heilige Elisabeth vom Franz Zimmermann dem ältern.

Auf dem mittern Kreuzaltar sind die Statuen der Mutter Gottes, des heiligen Johannes und Magdalena; vom Günther.

Die Gaben des heiligen Geists, welche man in Gestalt anmuthiger Frauenzimmer auf den Seitenwänden sieht, sind vom Peter Hormanns.

Bey beyden Thüren ist links ein Bild vom ältern Weiß, rechts vom ältern Schilling. Hinter dem Choraltar ein hochwürdiges Gut, und Bruderschaft Corporis Christi vom ältern Zimmermann.

Die Geistlichkeit besteht aus einem Pfarrherrn, und 12 Beneficiaten, deren einer Cooperator, und der Prediger ein Weltpriester ist.

Hieher gehört

A Die kleine Spitalkapelle, worinn auf deren Altar die heilige Elisabeth vom Hartwagner ist.

B Die Filialkirche ist zu Ehren der heiligen Dreyfaltigkeit eingeweyht, und zählt 7 Beneficiaten. Hier ist auch der Spitalfreydthof.

§. IV.

Die Hofkirche zu St. Michael hat im Jahr 1583 Herzog Wilhelm V zu bauen angefangen. Im Jahr 1591 war sie vollendet, und im Jahr 1597 den 6 Juli wurde in Gegenwart von 24 Fürstenpersonen die Einweyhung vorgenommen.*)

*) Schon Wilhelm IV hatte die Jesuiten nach Ingolstadt berufen. Sein Sohn Albert V führte sie im Jahr 1559 gleichfalls zu München ein, wo ihnen bey den P. Augustinern eine Wohnung, und Kapelle eingeraumt wurde. Sie legten auch da Schulen, und das Novitiat an ꝛc. Endlich führte Wil-

Die Länge der bewunderungswürdigen Kirche beträgt 284, die Breite 114, die Länge des Langhauses 102 Schuh. Sie hat keine Säulen, sondern ein herrliches, über einen halben Circul gezognes Gewölb. Der Chor ist von aussem ganz mit Kupfer bedeckt, und enthält inwendig 84 Schuh in der Länge, und 54 in der Breite. Sie hat beym Haupteingang zwo roth-marmorne Porten, wie dann die ganze Kirche mit viereckigten rothen, und weißen Marmorsteinen belegt ist. An der Außenseite sind in dreyfachen Reihen 17 Statuen in Lebensgröße, nämlich ganz in der Höhe, Christus mit der Weltkugel, von Kupfer, dann folgen Herzog Otto, nach diesem sechs bayrische Herzogen, dann wieder Kayser und Herzogen, unter diesen letztern ist derjenige, welcher die Kirche hält, Herzog Wilhelm V. Diese Statuen sind von weißem Stein.

Zwischen den Kirchenthüren ist das Bild des heiligen Michaels, wie er den Lucifer stürzt, von Erz gegossen. Gleich über dem Chor nach welchen etliche breite marmorne Stufen führen, ist in Lebensgröße ein Engel, der ein Gefäß mit Weyhwasser hält. Vor diesem Engel liegt,

mit

Wilhelm V diese heutige Kirche, sammt dem Kollegio und Gymnasio auf, eines der prächtigsten Gebäude in Europa.

mit einem Gegitter von Erz eingeschlossen, der Grabstein des Stifters, worauf die Worte stehen: Commissa mea pauesco, dum veneris iudicare, noli me condemnare. Unter diesem Chor befindet sich die zwote Fürstengruft, worinn man die Sargen der Herzoginn Renata, dann ihres Gemahls und des Stifters Wilhelms V; dann Maximilians I mit seiner ersten, und zwoten Gemahlinn, nämlich Elisabeth, und Maria Anna, weiter des Herzogs Maximilian Philipp, und seiner Gemahlinn Febronia zu sehen bekömmt.

Die Kirche hat 12 Altäre. Auf dem Choraltar der heilige Michael wie er den Lucifer stürzt, vom Schwarz. Dann zur

Evangelienseite.	Epistelseite.
a) Der H. Ignatius. (aus der Schul des Rubens.)	a) Der H. Franciscus Xav. (aus der Schul des Rubens.)
b) Der H Name Jesus, und unter demselben das Opfer des neuen Testaments, vom Alexander Duritius Ciamana.	b) Die H. Dreyfaltigkeit mit dem Opfer des alten Testaments, vom Alexander Duritius Ciamana.
c) Der englische Gruß vom Peter Candito gemalen, und vom Sadeler in Kupfer gestochen.	c) Christus beruft Petrum zum Apostelamt; in der Vertiefung der Sturz und Bekehrung Pauli vom Hans van Achen.

Evangelienseite.	Epistelseite.
d) In der St. Alonsikapelle die Kreuzigung des H. Apostels Andreas. Die Figuren in der Vertiefung malte Schwarz, und nach dessen Tod das Ubrige Pet. Candito	d) In der Kapelle des H. Stanislaus, der H. Sebastian von Hans van Achen gemalen, und vom Raphael Sadeler gestochen.
e) In der St. Magdalenakapelle die H. Magdalena vom Hans van Achen; wurde vom Raphael Sadeler in Kupfer gestochen.	e) In der St. Ursulakapelle die H. Ursula mit ihrer Gesellschaft von Pet. Candito gemalen, und vom Raphael Sadeler gestochen.

In der Mitte auf dem Kreuzaltar, wo die Gebeine der heiligen Cosmas und Damian ruhen, sind die Statuen von Erz. Christus am Kreuz, und am Fuß desselben die heilige Magdalena

Die Statue St. Michael über dem äußern Portal von Erz, wie auch alle in der Kirche stehenden Statuen von Gips hat Peter Candito ordinirt.

Rechter Seite, wenn man nach den Chor geht, steigt man in die heilige Kreuzkapelle hinab, worinn ein sehr schönes Bild Christus am

Kreuz

Kreuz vom Hans van Achen. Unter dieser Kapelle befindet sich die Jesuitenkruft.

Von eben diesem befinden sich in der Hauskapelle Christus im Oelberg und ein ecce Homo, und im churfürstl. Oratorio ein Vesperbild.

Die Kirche hat etliche tausend Gulden jährlicher Einkünfte. Der Kirchenornat, die silbernen und goldnen, und mit Edelgestein besetzten Gefäße, worunter allein eine Monstranze auf siebenzigtausend Gulden geschätzt wird, die vielen Statuen, Priestergewänder u. s. w. ziehen das Erstaunen jedes Fremden, und die Bewunderung jedes Einwohners eben so nach sich, wie die Ordnung, die reinliche große Pracht, und die herrliche Feyerlichkeit des Gottesdiensts. Die vortrefliche Musick wird meistens von den Alumnen des Seminariums versehen. Im Jahr 1780 wurde in dieser Kirche eine Militärpfarr eingeführt. Der Gottesdienst, so, wie die Predigt, wird von Weltpriestern gehalten.

Das Kollegiengebäude ward von jeher als eines der prächtigsten in Deutschland bekannt. Es enthält viele Höfe, Gärten, Sääle, Zimmer, u. s. w. Die Gänge und Stiegen sind fast durchgehends mit Marmor belegt. Im innern Gebäude befinden sich gegenwärtig das churfürstl. Hof- und das geistliche Rathsdikasterium. Im letztern Stockwerk gegen die wilhelminische Residenz befindet sich die herzogliche marianische Landsakademie, und im vordern gegen die Gasse das ansehnliche Gymnasium, mit den Schulen, einem geraumigen Saal für die Studenten, und zweenen Congregationssäälen. Es ist hier auch eine wohl eingerichtete Bibliothek zu sehen.

In dem großen Saal, wo sich die Studenten täglich zum Gottesdienst versammeln, ist das Altarblatt, Maria, wie sie das Jesukind stehend auf dem Schooß hält, **von Christoph Schwarz.**

Von ebendemselben sind die Gemählde auf den zweenen, dazu gehörigen Altarflügeln, wo sich inwendig die **heilige Katharina**, und **Paulus**, auswendig aber **der heilige Petrus**, und **der englische Gruß** befinden.

An diesem Ort erwähne ich zugleich

1) **Des größern lateinischen Congregationssaals**, worinn bereits im Jahr 1578 die **Congregation unter dem Titul Mariä Verkün-**

digung

digung ihren Anfang genommen. Die anwesende Bildnuß Mariä ist 1620 unter dem Titul Mater propitia aufgestellt worden.

2) Die vorhandne Kirchengeräthe sind sehr prächtig, und der Saal ist durchgehends mit schöner Stuckadorarbeit und herrlichen Gemählden ausgeziert.

3) In der Oberdecke ist das Bildniß Mariä mit sechs Füllungen, dann über dem Altar in einem Rundel die Verkündigung Mariä vom Andreas Wolf.

Die Gemählde in den 4 Rundellen der Oberdecke sind vom Untersteiner. Oben an der Corniche sieht man in 6 gleichen Rundellen 1) den heiligen Franc. Salesius von Ignaz Schilling 2) den heiligen Stephan König in Hungern von Balthasar Augustin Albrecht. 3) Den heiligen Eleazar von Johann Adam Müller. 4) Den heiligen Johann von Nepom. von Müller. 5) Den heiligen Ivo von Franz Zimmermann dem ältern. 6) Den heiligen Stanislaus von Johann Zimmermann.

An den Seitenwänden sind folgende große Gemählde

1) Der heilige Hieronymus; vom Ruffin.

2) Der

2) Der heilige Benediktus vom Nikolaus Gottfried Stuber.

3) Der hrilige Bernardus, vom Amigoni.

4) Der heilige Norbertus, vom Franz Zimmermann den ältern.

5) Der heilige Philipp. Nerius, vom Johann Adam Miller.

6) Der heilige Bruno, von Asam.

7) Der heilige Dominikus, vom Albrecht.

b) Des kleinern, ehmals mittern, Congregation, wo ein berühmtes Vesperbild von Wachs; weiter eine Bildniß der Mutter Gottes vom Peter Candito.

c) Des Bürgersaals, welcher im Jahr 1710 aufgeführt worden, wie in der Aufschrift zu lesen: Devotio filii DD.CC Monachii MDCCX. *)

Die-

*) Bey der ersten im Jahr 1579 errichteten Congregation waren noch alle Stände beysamm. Als nun die Anzahl denselben zu sehr angewachsen, ward vom Jahr 1610 die erste Theilung vorgenommen, worinn die Herrn, und Bürger, auch die ledigen Stands- Kunst- und Handwerkspersonen eine besondere Versammlung ausmachten, bis sich die Zahl dieser letztern wieder zu sehr gehäuft, und man die Ledigen von den Verheyratheten abgesondert hat. Die Congregation der Herren und Bürger wurde bis zur Zeit, wo der itzige Saal erbaut worden, auf dem Studentensaal gehalten.

Dieser neu erbaute prächtige Bürgersaal hält in der Länge 160, in der Breite 49, in der Höhe 46 Schuh, ist ohne Säulen, und durchaus mit den schönsten Kunststücken geziert.

Die silbernen Statuen sind von berühmten Silber- und Goldarbeiter Kanzler. Das Plafondgemählde, die Himmelfahrt Mariä, welches 110 Schuh lang, und 33 breit ist, hat im Jahr 1775 Martin Knoller verfertigt.

Die Seitengemählde sind vom Michael Gumpp.

An beyden Wänden sind die Prospekt der folgenden 13 in Bayern liegenden Wahlfahrten vom Joachim Beich.

Zur Evangelienseite.	Epistelseite.
Altenoetting.	Duntenhausen.
Kl. Berg Andechs.	Kl. Taxa.
Bogenberg.	Aufkirchen.
Peissenberg.	Allerstorf.
Sossau.	Kl. Ettal.
Hegling.	Thalkirchen.
	Altenburg.

d) Der Seminarikirche, worinn die Seminaristen ihren Gottesdienst, und die ledigen Gesellen ihre Congregation haben, das Mutter-

gottes.

gottesbild auf dem Chor mit dem Jesukind ist vom Sandrat.

§. V.

Die churfürstl. Hofkapelle in der Residenz zu ebner Erde, wurde zugleich mit der Residenz erbauet. Die Gottesdienste werden von den Herren Hofkaplänen, und alle Sonntäge von einen Weltpriester die Hofpredigt gehalten.

In dieser Kapelle befindet sich auf dem Choraltar die Himmelfahrt Maria vom Christoph Schwarz.

Auf der Evangelienseite.	Epistelseite.
Die H. Anna, vom Franz Zimmermann, demältern.	Der H. Maximilian von ebendemselben.

In dem Pallast ist, wie schon gesagt worden, noch eine andere, die schöne Kapelle vorhanden.

§. VI.

Die Altenhof oder St. Lorenzkirche ward mit der Residenz errichtet. Den vordern Chor ließ Kayser Ludwig im Jahr 1324 dazu bauen, und einen Altar zu Ehren des

heiligen

heiligen Lorenz aufsetzen. Der auf der Seite unter dem großen Crucifixbild in die Mauer eingelegte schwarze Marmorstein, stellet die Bildniß Mariä mit dem Jesukind vor, welches die rechte Hand auf den neuerbauten Chor leget, und rechts kniet die Kayserinn Beatrix, links der Kayser Ludwig. Oben ist die Jahrzahl 1324.

Die Kirche hat 3 Altär. Auf dem Choraltar befindet sich die Marter des heiligen Lorenz, vom Christoph Storer.

Zur Evangelienseite.	Epistelseite.
Ein Ecce Homo Bild vom Caspar Ament.	Der h. Judas Thadäus, von dem vorigen.

§. VII.

Die Kapelle bey Herzog Max wurde mit der Residenz errichtet. Auf dem Altar ist ein Vesperbild vom Johann van Achen.

Die Statuen der Geißlung und Verfolgung Christi, welche zum heiligen Grab gehören, sind vom Hofbildhauer Balthasar Ableitner.

§. VIII.

Die Kirche zu Ehren des heiligen Rochus ward ebenfals von Wilhelm V auf dem

soge-

sogenannten Rochusbergl im Jahr 1603 mit einem Freythof, und dabey liegendem Spital, welches nachmals einem andern Gebrauch gewidmet worden, erbauet. Im Spitalhause wurden die Pilgrim drey Tag bewirthet. Bey der Kirche sind 2 Beneficien.

§. IX.

Die Kirche St. Sebastian, und Nikolaus von Tolentinn in der Gr. wartenbergischen Behausung im Rosenthal, wurde im Jahr 1588 vom Herzog Ferdinand (dem Bruder des regierenden Herzogs Wilhelms V) samt seiner Residenz im Grund erbauet. Auf dem Choraltar befindet sich das Bildniß des heiligen Sebastian von Christoph Schwarz; zwischen den zwoen Kirchthüren steht das aus Erz gegoßne Bild des Stifters, welcher in der Frauenstiftskirche begraben liegt.

Nicht weit von dieser Kirche befindet sich auf dem Anger ein kleines Kirchlein, genannt zum heiligen Sebastian, welches vermuthlich eine Hauskapelle des ehemaligen Eberspergerhauses gewesen ist.

§. X.

Die Kirche zu U. L. Fr. in der Kruft war ehemals eine Judenwohnung. Als diese ver-

vertrieben worden, bekam sie Hartlieb, Leibarzt des Herzogs Albert III. als ein Geschenk, und veränderte sie in ein Bethaus. Bey zunehmender Andacht führte er die Kapelle auf, welche den Namen zu U. L. Fr. in der Kruft erhalten, und schloß sie mit einem Gewölb, worauf die obere mit dreyen Altären versehene Kirche steht, im Jahr 1450. Sie wurde nachmals, samt dem in dem Schramengäßel stehendem Haus, dem Kloster Andex übergeben. Das Gemählde auf dem Altar ist vom Pet. Candito gemalen.

§. XI.

Die St. Johanneskirche in der Sendlingergasse hat auf eigne Kösten der hiesige berühmte Stuckadorer Egidius Asam im Jahr 1733 erbaut, und 1746 vollendet. Es ist unstreittig die malerischste Kirche, und mit ausgedachten Verzierungen auf allen Seiten überladen. Das Portal ist von Marmor, und nebenher sind Steine felsenartig aufgethürmt. So bald man die Thüre öfnet, wird das Aug mit Gold und Schimmer von allen Seiten erfüllt. Der Erbauer sowohl, als sein Bruder Cosmas Asam stritten in die Wette, die Kirche zu verschönern. Dieser letztere hat unter andern in dem Plafond das Leben und Leiden des heiligen Johann von Nepomuck sehr schön gemalet. Die Altäre sind vom Egid Asam. An den Wänden hangen folgende Gemählde: Die heilige Magdalena vor Christo kniend vom Celesti. Der heilige Dominichus, wie er von Maria den Rosenkranz empfängt, nach Carl Loth. Der heilige Schuzengel, nach Carl Loth; Christus, wie er seinen Aposteln die Füße wäscht vom Franz Erasmus Asam. Die Geburt Christi vom Michael Angelo von Caravaggio.

Bey dieser Kirche hat der freysingische geistliche Rath, und Generalvisitator Lindmair ein Haus für etliche Weltpriester errichtet; welche aber noch diese Stunde ohne Stiftung sind.

§. XII.

Die Kirche St. Stephan auf dem äußern Gottsacker wurde samt dem großen Freythof unter Herzog Albert V angelegt. Der Weg in der Mitte scheidet denselben in zween Pfarrtheile. Unter den großen Hügeln liegen die Bauern, welche im Jahr 1705 den 25 Dec. von den Kayserlichen bey Sendling erschlagen worden. Es waren ihrer, wie ich in einem zuverläßigen Tagbuch gelesen, an die zwey bis drey tausend Erschlagne und Verwundete. Ein Theil derselben wurde zu Sendling begraben. Nicht weit davon haben jüngst auch die Protestanten, welche als Fremde hier sterben, einen Freythof erhalten, nachdem selbe bisher, hie und da, gemeiniglich bey der Lend vor dem Sendlingerthor begraben worden.

§. XIII.

In der Kirche des Herzogsspitals, welche mit diesem errichtet worden, befindet sich das berühmte, wunderthätige Mariabild. Der Bildhauer, welcher selbes verfertiget, heißt Tobias Bader, und sein Bildniß ist in der Sacristei zu sehen.

Die Kirche hat drey Altäre. Auf dem Choraltar, Die heilige Elisabeth vom Andreas Wolf. Dann zur

Evangelieseite.	Epistelseite.
Das Gemähld rückwärts des wunderthätigen Bilds vom Andreas Wolf.	Der heil. Philippus Nerius vom Untersteiner.

§. XIV.

In der Kirche des Josephsspitals, der Choraltar der sterbende heilige Joseph vom Andreas Wolf. Die zween Seitenaltar vom Christ. Wink.

§. XV.

Die militärische Lazarethkirche wurde samt dem Lazareth von Churfürst Maximilian III erbaut, und im Jahr 1778 vom Fürst Bischof zu Freysing eingeweyht. Das Feldspital befand sich ehmals in dem, sogenannten Seidenhaus auf dem Anger. Als Maximilian Emanuel aus Niederland nach Bayern kam, war die Menge der kranken Soldaten so groß, daß ihnen das bürgerliche Pesthaus vor dem Sendlingerthor eingeraumt, und nachher bis zur Erbauung des itzigen beybehalten wurde.

§. XVI.

Die Gasteigkirche, gehört zum Spital, und zur Pfarr Bogenhausen. Sie ist dem heiligen Bischof Nikolaus eingeweyht.

Dritter Abschnitt.

Von den Kirchen, wobey auch Klöster sind.

A. Mannsklöster.

§. I.

Die Franciscaner.

Im Jahr 1222 wurde P. Castus von Cäsario spirensi mit einigen Mitbrüdern vom Ludwig dem Strengen nach München berufen, und

und erhielt er für das erste Convent in Bayern den Ort auf dem Anger bey dem St. Jakobskirchel, wo itzt das Nonnenkloster steht. Jener starb im Jahr 1271 und liegt daselbst begraben. *)

Im Jahr 1282 wurden die mindern Brüder aus ihrem Convent auf dem Anger in ein neues, vom Ludwig, nahe bey seiner Residenz erbautes Kloster übersetzt, nämlich zu der uralten Kapelle der heiligen Agnes, worinn die von Haßlang das Begräbnißrecht schon vom Jahr 1227 erlangt haben. Im Jahr 1294 wurde die Kirche vom Enicho, Bischof zu Freysing, eingeweyht. Bey der großen Feuersbrunst im Jahr 1327 den 14 Febr. brante auch das Kloster ab; es wurde aber von den edlen Rittern und Stadtpatricien, nämlich den zweenen Brüdern Gabriel und Vincent Riedler im Jahr

*) Der heilige Franciscus fing den Orden der mindern Brüder an im Jahr 1209, wo er mit seinen Gesellen dem Pabst Inocent III die Gelübde ablegte. Im Jahr 1212 errichtete er den Orden St. Clara, dann auch den dritten Orden, erlangte weiter im Jahr 1221 den Portiunculaablaß, und starb 1226. In diesen ersten Zeiten wurde der Orden nicht anders genannt, als der Orden der mindern Brüder, ohne einigen Zusatz der regulirten, oder strengen Observanz, Kapuciner oder Conventualen.

1380 wieder erbaut, und die Kirche wurde im Jahr 1385 wieder eingeweyht. In diesem Jahr starb **Marquardus** Weißmaler, ein Layenbruder im Ruhm der Heiligkeit; wie dann im Jahr 1347 der berühmte Wilhelm Occamus und der ebenfalls bekannte Buonagratia von Cesena Pergamo gestorben, und bey dem Kirchenchore begraben worden. Sie vertheidigten unsern Kayser Ludwig mit männlichem Eifer, und wurden also mit demselben vom Pabst Johann XXII mit eben demselben Fluch belegt. Im Jahr 1379 ist in dem Hochaltar im Chor der mindern Brüder zu München begraben worden. Fr. Albertus Bischof zu Salona, und Weyhbischof zu Freysing aus bemeldtem Orden.

Im Jahr 1480 hat Herzog Albert die Patres regularis Observantiá in München, und durch Bayern eingeführt. Und im Jahr 1620 haben Herzog Wilhelm V, und Maximilian I Churfürst die Franciscaner erst zu München, und dann in ganz Bayern eingeführt.

Es sind in diesem Kloster theils in eignen Kapellen, theils im Kreuzgang viele uralte adeliche Begräbniße, deren die älteste der hochadelichen gräflichen Familie vom Haßlang gehörig ist. Im Jahr 1557 ist die St. Anna Kapelle von

den

den Henebergern, die Kreuzkapelle von dem Graf von Schwarzenberg, wie auch die gräfl. haimhausische Begräbniß aufgerichtet worden; auch des Grafen Kurz, der gräfl. Familie von Portia; weiter, und zwar in dem Kreuzgange seynd die gräfl. Leublfingische, Graf Wallische; Graf Fuggerische, Graf Preisingische, Graf Maxelrainische, Graf Taufkirchische, B. Frauenhofische; B. Lerchenfeldische; B. Muggenthalische, B. Welkhoverische, B. Hörwartische, Schwindeckische, B. Löschische, die Törring-Jettenbuchische rc.

Und unter dem Kloster liegen weitschichtige Kruften, Gewölber, und Gänge. Auch war vor dem Kloster ein Stadtfreythof mit einer Mauer, welcher unter Maximilian III weggehoben worden.

Gleich beym Eingang in die Kirch befindet sich linkerseits eine Kopie des letzten Gerichts des Michael Angelo von Mielich, welches zugleich das Grabmal des berühmten bayrischen Kanzlers Leonhard von Eck ist.

Auf dem Choraltar ist zu sehen die Kreuzigung Christi mit vielen Figuren, die Abnehmung Christi vom Kreuz, und Grablegung. Weiter sind in der Kirche vorhanden

Der Altar der heiligen Jungfrau Cäcilia, Agnes u. s. w. vom Peter Candito. Der heilige

lige Veit; vom Rottenhamer; der heilige Sebastian vom Rottenhamer. In der Kapelle des heiligen Antonius das Altarblatt, die unbefleckte Empfängniß, mit Symbolen, welche die lauretanische Litaney vorstellen, vom Rottenhamer. Eine sterbende Maria, vom Schilling. Eine Paßionsgeschichte, vom Schwarz. Das Crucifix in der Mitte ist vom Dietrich. Auf dem Kirchhof in der Grafschaft schwarzbergischen Kapelle: Die heilige Helena, wie sie das Kreuz Christi erfindet, vom Hans van Achen. Hieher gehört

a) Die Michaelskirche zu Berg am Laim, welche im Jahr 1693 Herzog Clemens, Churfürst zu Cöln erbaut, und den Franciscanern samt einem Hospitium überlassen hat.

b) Im Jahr 1702 hat Churfürst Maximilian Emanuel den Franciscanern unweit dem Lustschloß Schleißheim, ein Hospitium aufgerichtet, und dieses im Jahr 1716 zu einen Convent fundirt.

§ II.

Das Kloster der P. Augustiner wurde vom Ludwig dem Strengen im Jahr 1291 zu bauen angefangen, nämlich bey der uralten Kapelle St. Johannis auf dem Haberfeld, und die Kirche wurde vom Bischoff Enicho am nämlichen

Tag,

wo dieß bey den Chor der Minoriten geschehen, eingeweyhet. Als das Kloster samt der Kirche im Jahr 1327 abgebrannt, haben es Rudolph und Ludwig wieder erbauet. Im Jahr 1458 wurde diese wieder erneuert, und durch Peter Ulmer, erst bayrischen Hofprediger, dann Weihbischof zu Freysing eingeweyht. Aus diesem Kloster war auch P. Joannes Berger, Weyhbischof zu Brixen, und Freysing 1481 erwählt, wie sich dann eine Menge berühmter Männer von Zeit zu Zeit hervorgethan hat, z. B. P. Augustinus Kapelmayer, welcher um 1518 gelebt, und welchem Herzog Albert V das größte Verdienst der in Bayern erhaltnen katholischen Religion beygemessen hat; u. a. m.

Die Herzogen Albert V, Wilhelm V, und besonders Churfürst Maximilian I haben der Kirche zu ihren itzigen Ansehn verholfen. Sie ist der schönen Gemählde wegen berühmt.

Auf dem Choraltar die Kreuzigung vom Tintoret; dann folgen auf der

Evangelienseite.

1) Das Altarblatt der Heil. Anna; vom Peter Candit.

Epistelseite.

1) In der Beckenkapelle die Auferweckung Lazari; vom Augustin Heindel.

2) Das Altarblatt des Heil. Thomas von villa nova; vom Faistenauer.

3) Des Altarblat des Heil. Augustin vom Rottenhamer.

4) Die Heil Katharina; von dem vorigen

5) Das Altarblat des Sebastian und Nikolaus von Tolentinn, vom Ulrich Loth.

6) Der Heil. Hieronymus, Auton, und Magdalena, vom Saracen.

2) Das Altarblat der Heil. Dreyfaltigkeit vom Rubens.

3) Das Altarblat der Heil. Ursula, vom Peter Candito.

4) Der Heil. Nikolaus, vom Forastier.

5) Die Verklärung Christi vom Fischer.

6) Der Heil. Veit, Wolfgang, und Georg, vom Passeti.

Die zwey Stücke im mittern Portal der Kirche, auf einer Seite die Enthauptung Johannis des Taufers, und auf der andern die Marter des heiligen Evangelist Johannes, sind, wie auch die Bilder der Ordensgeistlichen an den Säulen, vom Fischer. In der Magdalena kapelle eine heilige Magdalena vom Bertin.

Das Kloster unterhält eine sehr schöne Bibliothek, und ein eben so gutes Studium. In diesem Kloster sind auch viele ansehnliche Begräbniße, z. B. die freyherrliche Füllische; die freyherrl. Elsenheimische; die freyherrl. Altenheimische; die gräfl. Hörwartische u. s. w.

Die

Die Priestergewänder und Kirchenzierden sind überaus prächtig. Im Jahr 1624 wurde ein marianisches Bild mit dem Jesukindlein aus dem Hammerthalerhof in die Kirche versetzt.

§ III.

Die Kapueiner hat im Jahr 1600 Maximilian der erste nach München berufen, indem schon Wilhelm V den ersten Stein zum Kloster und Kirchenbau legte, welche im Jahr 1702 unter dem Schutz des heiligen Franciscus Seraphicus eingeweyht wurde. Der Kirche wurde im Jahr 1678 die Kapelle des heiligen Anton von Padua beygesetzt; sie hat 5 Altäre.

Auf dem Choraltar der heilige Franciscus vom Peter Candito; dann zur

Evangeliumseite.	Epistelseite.
Jesus, Maria und Joseph vom Vanni.	Der heilige Felix de Cavalitio vom Christian Wink.
Die unbefleckte Empfängniß, nach Rottenhammer.	Der heilige Anton von Padua; vom Kriger.

In der sogenannten untern Kruft ist ein sehr anmuthiges Bild die Familie Christi; vom Peter Candito. Es ist vom Friedrich von Augsburg in Kupfer gestochen.

In dem Chor befindet sich a) ein schönes Mariäbild mit einem Blumenkranz vom Amigoni. b) Die Hochzeit zu Cana in Galiläa nach Paul Veronese; und nach eben diesem eine Magdalena, wie sie Christo die Füße wäscht.

§. IV.

Die **Karmeliter** hat Maximilian I berufen, und dieß vermög seines Gelübds, selben eine Kirche und Kloster zu bauen. Sein Sohn Churfürst Ferdinand Maria legte im Jahr 1657 zum Kirchenbau den ersten Stein, welche nachgehends im Jahr 1660 zu Ehren des heiligen Nikolaus, dessen Kapelle in der Nähe stund, eingeweyht worden: Unter der Kirche ist eine weitschichtige Kruft.

Auf dem Choraltar befindet sich die Geschichte, wegen welcher die Kirche erbaut worden, nämlich der Sieg in Böhmen; vom Johann Rottmair; dann zur

Evangeliseite.

Die heilige Familie Christi; vom Feistenauer.

Die heilige Theresia, vom Degler.

Epistelseite.

Der heilige Albertus, Carmeliter; vom Storrer.

Die heilige Anna, mit Maria und dem Jesukind, vom Michael Gumpp.

Der Heil. Schutzengel, von einem Italiener.

Auch

Auch sind in der Kirche zwo schöne Statuen, Johann von Nepomuck, und Johann vom Kreuz vom Faistenberger.

§. V.

Die Theatinerkirche samt dem Kloster wurde vermög einem Gelübd der Churfürstinn Adelheit, von ihrem Gemahl dem Churfürsten Ferdinand Maria erbaut, und im Jahr 1675, nachdem aus Italien die Priester Clericorum regularium berufen worden, zu Ehren des heiligen Cajetan eingeweyht.

Die Kirche ist nach italienischer Art vom Augustin Karella, einem Bononier erbauet; sie hat 3 Thürme, deren der Mittere in einer Kupel besteht, und der Kirche, und der ganzen Stadt ein sehr prächtiges Ansehn giebt. Das äußere Portal blieb bis auf die letzten Zeiten unvollendet, wo dann Maximilian III im Jahr 1767 dasselbe unter der Direktion des Herrn Couvillers mit großer Pracht verfertigen ließ. Die vier großen Statuen von außen, Adelheit, und Ferdinand, die heilige Cajetan und Maximilian sind von Roman Boos. Die Steinmetzarbeit ist vom Cajetan Linsinger.

Inwendig ist die Kirche mit Stuckadorarbeit und Zierathen beynahe überladen.

den. Die Altarblätter aber sind desto sehenswürdiger.

Das Gemählde auf dem Choraltar stellt die churfürstl. Familie vor, wie selbe für den erlangten Erbe dem Heiland danket, vom Anton Zanchi; dann folgt zur

Evangelienseite.	Epistelseite.
a) Der Heil. Cajetan (wie er 1666 die Stadt Neapel durch seine Vorbitt von der Pest befreyt) vom vom Joachim Sandrat.	a) David, wie er vor der Heil. Familie die Harfe schlägt, vom Carl Cignani.
b) Der Heil. Andreas Avellinus wie er bey Anfang der H. Meße vom Schlag berührt wurd; vom Carl Loth.	b) Die Heil. Margaretha von Savia; von Anton Triva.
c) Eine Abnehmung vom Kreuz vom Tintort.	c) Die H. Jungfr. Ottilia Agatha, Apolon. Margaretha von Liberi, unten der Heil. Schutzengel vom Zanchi.
d) Eine unbefleckte Empfängniß vom Vanni.	d) Die H. Cäcilia vom Georg Demaree.

Ausser diesen Altären, welche man in der Kirche sieht, befinden sich auf den Seiten noch

einige

einige andere Kapellen, als nämlich die Lauretanische Kapelle, die heilige Stiege nach der Form der Stiege zu Rom, eine kleine Kapelle Sancta Sanctorum, und die Kapelle des Grabes Christi.

Die schönen Bildhauerarbeiten, als die Kanzel; der Leichnahm Christi von einem Engel gehalten auf dem Altar des heiligen Grabes; dann wieder ein Leichnahm Christi im innern heiligen Grab.; die Figuren des Abrahams, Isaks, und des Engels, welche man in der Charwoche bey den heiligen Grab, das **Michael Gumpp**, ein Tyroler gemalt hat, sieht, hat **Faistenberger** verfertigt. Das wunderthätige Crucifix auf dem Kreuzaltar; dann die auf dem Familiechristialtar stehende Bildniß Mariä von Etal, aus weißem Marmor, hat **Balthasar Ableitner verfertigt.** Michael Hartwagner hat den heiligen Schutzengel, dann das heilige Grab mit den Statuen des **Faistenbergers** in Kupfer geätzt.

In der Sacristey ist sehenswürdig a) ein Muttergottesbild von Paul Veronese. b) Die heilige Adelheit in Lebensgröße, vom Faistenauer; c) ein Marienbild vom **Rubens**, d) ein kleines Gemählde aus dem Leben des heiligen Johann Baptist, welche **Andreas del Sarto** grau in grau gemalen, und **Augustin**

Guger

Guger in Kupfer gestochen. e) Das Abendmal vom Tarinati. f) Die Skitze des Altarblats der heiligen Adelheit und Cajetan, vom Zanchi. g) Die Skitze vom Altarblat St. Cajetan, vom Sandrat. Dann weiter an veränderlichen Plätzen h) eine Copie des Altarblats des heiligen Andreas Avelinus, vom Sing. i) Eine Originalzeichnung auf Papier, welche das Bildniß des heiligen Cajetans vorstellet, vom Amigoni. k) Eine andere dergleichen Zeichnung, welche den heiligen Andreas Avelinus vorstellt, vom Andreas Wolf. l) Eine Flucht in Egypten von Hantelie-Arbeit, vom van Borght. Ferner ist in der Sacristei von Bildhauerarbeit zu sehen: a) Die Geburt Jesu Christi. b) Das Portrait des Churfürsten Ferdinand Maria klein, in ganzer Statur; c) das Portrait der Churfürstinn Adelheid mit einem Prinzen, und Prinzeßinn, ebenfalls klein, in ganzen Figuren, und aus braunem Holz geschnitzt; d) Christus an eine Säule gebunden; e) die heilige Dreyfaltigkeit; alle diese Stücke sind vom Balthasar Ableitner. Ferner ein schönes, großes Crucifix aus Helfenbein, vom Bernard Strauß, einem Bildhauer zu Augsburg; ein anders kleiners Crucifix, vom Algardi, einem Italiener. Auch sind in dem Kloster zu sehen der heilige Jakob, der Jüngere, vom Christoph Boncalli, sonst

Cava-

Cavaliero Pomernazio genannt. Ein Muttergottesbild mit dem Jesukind von Hautlicearbeit, durch Peter le Molles, einem Neapolitaner. Ein Mariabild mit dem Jesukind von Peter Candito. Ein Mariäbild vom Amigoni; der heilige Sebastian von eben demselben.

Die Churfürstinn Adelheit hat zu dieser Kirche eine Stiftung gemacht, vermög welcher bey Tag und Nacht für die Kranken, welche in den letzten Zügen sich befinden, eine Glocke dreymal znm Gebet gerührt, und dann das Sanctissimum, bey welchem zween Theatiner eine halbe Stunde beten, ausgesetzt wird.

In dieser Kirche ist, seit Erbauung derselben, die dritte hiesige Fürstengruft, und es wurden dahin versetzt. a) Die Princeßinn Ludovica Margaretha, b) die zween Prinzen Ludovicus Amadeus Cajetan, und Cajetan Maria Franciscus, dann im Jahr 1676 ihre Frau Mutter Adelheit; endlich im Jahr 1679 der Churfürst Ferdinand Maria, und nach diesen die folgenden Churfürsten, Herzogen, Prinzen, Prinzeßinnen, deren die letzten, Kaiser Carl der VII, dessen Gemahlinn die Kayserinn Amalia, dann der Herzog Clemens, und Churfürst Maximilian III gewesen.

§. VI.

Die Hieronomitaner wurden von der Churfürstinn Maria Antonia, gebornen Erzherzoginn aus Oestreich, vermög ihrer besondern Andacht zur heiligen Anna gestiftet, und ihnen nahe am Wallersee im Jahr 1698 ein Kloster und Kirchen erbauet, wo sie 27 Jahre zubrachten. Im Jahr 1725 haben sie hier mit Bewilligung des Churfürsten Maximilian Emanuels ihr Kloster und Kirche zu bauen angefangen, und mittlerweil wohnten sie in dem kleinen Haus, welches neben dem Kloster steht.

Die Kirche ist schön gebaut. Das Plafondgemählde, welches die Himmelfahrt Mariä vorstellt, vorstellet, hat **Cosmas Damian Asam** im Jahr 1729 gemalet; die Stukadorarbeit ist von seinem Bruder **Egidius Asam.** Ferner sieht man auf dem Choraltar die heilige Joachim und Anna vom **Damian Asam**: Zur

Evangelieseite.	**Epistelseite.**
a) Der heilige Hieronymus vom **Cosmas Damian Asam.**	a) Der heilige Petrus a Pisa vom **Asam.**
b) Die armen Seelen am Kreuzaltar, vom **Joh. Georg Pinter.**	b) Der heilige Johann von Nepomuck von ebendemselben.

c) Der

c) Der heilige Onuphrius vom Asam.

c) Die heilige Paula, romanische Wittwe, wie sie der heilige Carolus Boromäus bekehrt, von ebendemselben.

Auf dem Choraltar ist eine Bildniß Mariä zu sehen, welche im Jahr 1689 in der eroberten türkischen Stadt Semendria gefunden, und dem Churfürsten Maximilian übergeben worden.

§. VII.

Das Kloster der barmherzigen Brüder wurde mit Bewilligung des Churfürsten Maximilian des III erbauet. Graf Maximilian Emanuel von **Perusa**, nebst der K. Amalia, ihr erster und größter Gutthäter, berief sie im Jahr 1750 nach München, und im Jahr 1751 wurden schon die ersten Kranken aufgenommen. Im Jahr 1772 wurde die Kirche zu Ehren des H. B. und M. Maximilian vom Bischof zu Freysing, Ludwig Joseph eingeweyhet. Die Kirche hat 7 Altäre. Der Plafond, auf welchem die Geschichte des heiligen Ordensstifters zu sehen, ist vom **Günther**. In der Kirchenkruft ist der genannte Graf von **Perusa** unter einem schönen Denkmal begraben. In eben derselben ist das Begräbniß des berühmten Medaileur **Kraft**, welcher im Jahr 1781 gestorben. *)

*) Von der Einrichtung des Spitals siehe den § Spitäler.

§. VIII.

Die Kirche des heiligen Carolus Boromäus bey den Paulanern *) hat im Jahr 1621 Wilhelm V zu bauen angefangen, und im Jahr 1623 wurde sie vollendet. Die Kupel des Thurms stellt ein Birret vor. Die Kapelle, welche zu Ehren des heiligen Franciscus de Paula eingeweyht worden, hat Herzog Albert erbaut. Im Jahr 1627 berief Maximilian I die Paulaner, wo er ihnen indeß ein kleines Kloster eingeraumt. Im Jahr 1660 wurde das itzige, das in zweyen gevierten Stockwerken besteht, erbaut, und ihnen dazu ein schöner Garten eingeraumt. Es wurde auch vom Maximilian I eine ewige Stiftung für 16 Religiosen gemacht.

In der Mitte der Kirche ist ein von rothem Marmorstein ausgehauener, und mit grüner Farbe angestrichener Palmbaum, welcher das Gewölb unterstützt.

Auf dem Choraltar befindet sich der heilige Carolus Boromäus im Portrait, von Peter Candito; dann zur

Evangelienseite.	Epistelseite.
Der H. Joh. der Taufer, und Francis. Seraph.	Der Heil. Benno, und Ignatius Lojola.

Im

*) Von dem Gericht ob der Au werde ich in einem folgenden, und zwar dem letzten Abschnitt dieses Theils besonders handeln.

Im Klostercurrent sind Frescogemählde in halbrunden Einfassungen, welche die Wunderthaten des heiligen Franciscus de Paula vorstellen. Im Refektorio ist auf dreyen großen, und zweyen kleinen Rundelen der Patriarch Abraham mit dem Engel, die Agar mit Ismael, David, wie ihn der Engel aus der Löwengrube hervorzieht, welche **Joseph Schwaiger**, (aus der Au gebürtig, und Ordinis S. Franc. de Paula) im Jahr 1686 gemalt hat. Eben dieser Schwaiger malte das sich an der hintern Wand des Refektoriums befindende Gemählde, Magdalena, welche Christo die Füße wäscht. Es befinden sich darauf viele Figuren, welche Portraits sind; so ist rechter Hand die erste Figur der Verfasser dieses Gemählds, und die letzte, linker Hand, der Maler Ignatius Depas in ganzer Statur. Weiter sind von demselben an den Wänden zu sehen 4 Stück, worinn die Figuren in Lebensgröße sind, als a) der durstige Samson b) Esau und Jakob mit den Linsenmuß; c) der heilige Antonius und Paulus, d) Isak, wie er seinen Sohn Jakob segnet. Ausser diesem Kloster und Kirche sind in der Au vorhanden e) die **Mariähilfkirche**, wo das Bildniß Mariä in Lebensgröße auf dem Spitz des Thurms steht, und nahe an dieser eine Kapelle zum heiligen Kreuz genannt. In jener hat Johannes Zick den Plafond im Jahr

1743 gemalet. Die P. Paulaner verrichten pfärrliche Dienste.

B. Nonnenklöster.

§. I.

Clarisserinnen auf dem Anger.

Im Jahr 1284 hat Herzog **Ludwig der Strenge** 4 Schwestern der Clarisserordens aus dem Kloster Söflingen bey Ulm nach München kommen lassen, und zwar auf Anhalten **der Adelichen von Sendlinger**, als von welchen zwo leibliche Schwestern unter den neuangekommenen waren. Man raumte ihnen das Kirchlein St. Jakob, und das verlaßne Kloster der mindern Brüder ein, welchen Ludwig (wie wir oben hörten) ein anders nahe an seine Residenz erbaut hat. Sie wuchsen bald sehr stark an, und um das Jahr 1290 erhielten sie die erste Abbtißinn.

Die Chronik dieses Klosters kann ein guter Beytrag zur vaterländischen Geschichte seyn; denn hier befanden sich ununterbrochen vornehme Geschlechter, als unter den Vorsteherinnen, z. B. eine Riedlerinn, Schrenkinn,

Adel-

Adelmäninn, Ersingerinn, Ligsalzinn, von Brandiß, von Frauenberg, Sibermaninn ꝛc.

Im 1352 starb in diesem Kloster unter den Clarißerinnen Agnes eine Tochter Kayser Ludwigs, und Margarthä im siebenden Jahr ihres Alters, und hat sie den Orden im Jahr 1349, da sie noch nicht vier Jahre erreicht hatte, angetretten.

Im Jahr 1388 wurden die von P. Dachauer auf dem Berg Andechs gefundnen Heiligthümer hieher gebracht, und nachmals der Portiunkula Ablaß verliehen, bey welcher Gelegenheit die Jakobidult entstanden.

Im Jahr 1403 starb als Profeßinn Margaretha eine geborne Gräfinn von Neuffen, deren Schwester Anna die Gemahlinn Herzogs Friederichs von Landshut war.

Im Jahr 1472 starb im Ruhm der Heiligkeit die Profeßinn Barbara, eine geborne Prinzeßinn Herzogs Alberts des dritten, oder des Frommen. (Von dieser und der Kayserlichen Prinzeßinn Agnes wurden 1703 die Informationsakten nach Rom gesandt).

Im Jahr 1481 führte Herzog Albert IV der Weise, eine strengere Observanz ein.

Im Jahr 1581 haben sie die engere Clausur freywillig angenommen.

Im Jahr 1620 starb als Profeßinn Maria Antonia, Gräfinn von Wartenberg, eine Tochter Herzogs Ferdinands in Bayern.

Im Jahr 1719 tratt Maria Anna Carolina, eine Tochter des Churfürstens Maximilians Emanuelis, und Theresiä Cunigundä in den Orden, nahm den Namen Emanuela, Theresia, Carolina an, und starb 1750 u. s. w.

Diese Nonnen haben ewige Fasten, besitzen überaus beträchtliche Einkünfte, und leben in stetem Bethen, und Betrachten. Gegenwärtig sind ihrer bey 60 an der Zahl.

In der Oberdecke der Kirche ist das Leben des heiligen A. Jakobs des mindern, und unter den Fenstern an dreyen Wänden ein Theil des Leidens, der Auferstehung, und Himmelfahrt Christi, wie auch die Sendung des heiligen Geists. An dem Choraltar einer Seits der heilige Franciscus Seraphicus, und anderer Seits die heilige Clara in Fresco, vom **Franz Zimmermann**; dann zur

Evangeliseite.	Epistelseite.
a) Die heilige Clara vom Demare.	a) Maria mit dem Jesukind, und Johann dem Taufer von De Marees.
b) Der heilige Apostel Jakob von Franz Winter.	b) Der heilige Franc. Seraphicus v. Franz Winter.
c) Die unbefleckte Empfängniß von ebendemselben.	

§. II.

Das Bittrichregelhaus.

Auf diesem Platz wohnten fromme Frauen in einem einzeln stehenden Haus beysamm nahe an der alten Christophkapelle. Im Jahr 1284 hat Ludwig der Strenge die Schwestern des dritten Ordens dahin verlegt. Ihre heilige Verrichtung war, den Kranken und Sterbenden beyzustehen, und darum wurden sie die Seelschwestern genannt. Dieß rührte die edle Herren von Bittrich so sehr, daß sie für diese Schwestern ein eignes Haus gekauft, und selben eine bequemere Wohnung zurichten, auch die Kapelle erweitern ließen Um das Jahr 1484 haben sich die Herren Bittricher auf dieses Haus verziehen, welches nachmals bestättigt ward. Sie lebten bisher ohne Ordensgelübde, und trugen weltliche Kleider. Um bemeltes Jahr aber haben sie die drey Gelübde abgelegt, und im Jahr 1621 sich durch Annehmung der Clausur gänzlich von der Welt abgesondert.

In diesem Kloster brachte die Gemahlinn Alberts IV Kunigunda, als Wittib, ihr Leben zu.

Sie essen, die eingeführten Fasten ausgenommen, Fleischspeisen, und leben gegenwärtig allein im Beten und Betrachten. Es sind ihrer 40 an der Zahl.

§. III.

Ridlerregelhaus.

Ebenfalls unter Ludwig dem Strengen nämlich im Jahr 1295 stiftete ein hiesiger Bürger und Stadtpatricier Heinrich Ridler eine Wohnung für Schwestern, welche den Kranken aufwarten sollten. P. Vincentius Ridler, Visitator des Franciciordens durch Deutschland, und Bruder des vorigen, schrieb den Schwestern gewisse Satzungen vor. Gabriel Riedler, ein Enkel des Heinrichs, versetzte die Wohnung der Schwestern, welche anfänglich in der nebenseitigen Schwabingergasse gewesen, in die Hofgasse auf den Platz, den selbe itzt zwischen der Residenz, und dem Franciscanerbräubräuhaus bewohnen. Sie sind nach und nach reichlich fundirt worden. Im Jahr 1483 legten sie die drey Ordensgelübde ab, und im Jahr 1580 nahmen sie die Clausur an. Im Jahr 1638 starb daselbst Maximiliana Gräfinn von Wartenberg eine leibliche Schwester der Maria Antonia, welche im Kloster Anger gestorben. Das Kloster wird auch auf der Stiegen genannt, und ist zu Ehren des heilige Johann des Taufers, und Johann Evangelisten eingeweyht.

Sie essen, die eingeführten Fasten ausgenommen, Fleischspeisen.

Es sind ihrer gegenwärtig 39 an der Zahl und sie leben allein in Beten, und Betrachtungen.

§. IV.
Die Salesiannerinnen.

Die Churfürstinn Adelheid, Gemahlinn des Ferdinandes Maria ließ im Jahr 1662 einer Nonnen aus dem Orden des heiligen Francisci Salesii kommen von Vercell einer Stadt in Piemont kommen, und hatte sie die Absicht, daß selbe junge Mädchens in nützlichen Arbeiten unterrichten, und znm brauchbaren Leben gottes-

gottesförchtig erziehen sollten. Die Churfürstinn übergab ihnen die St. Annakirch (welche dem Kloster Inderstorf angehörte) wie auch ein Haus zur Wohnung.

Im Jahr 1732 legte Carl Albrecht zur itzigen Kirche (welche zu Ehren der St. Anna eingeweyht wurde) den ersten Stein, welcher das folgende Jahr auch zum Kloster, das einen sehr schönen Garten hat, gelegt worden. Es geschah beydes unter dem Hofbaumeister **Johann Baptist Gunezreiner.**

Im Plafondgemähld ist von **Cosmas Damian Asam.**

Auf dem Choraltar. Die heilige Anna; **vom Rusin**, und im obern Aufzug der heilige Augustin **vom Albrecht.** Dann zur

Evangeliseite.	**Epistelseite.**
Maria Heimsuchung **v. de Marees.**	Der Heil. Franc. Salesius **vom Albrecht.**

Die Nonnen halten Kostmädchen, geben denselben auch Unterricht, leben aber überhaupt in Gebet und Betrachtung.

§. V.

§. V.

Die Servitinnen.

Die Churfürstinn Cunigunda Theresia, zwote Gemahlinn Maximilians Emanuels, ließ sie im Jahr 1715 von Venedig kommen, und die zwo ersten, welche ankamen, Maria Electa von Jesu, eine geborne Gräfinn von Sinzendorf, und Maria Rosa wohnten erst auf dem Hofgraben im kurzischen Haus, dann machte man ihnen das owische Haus auf dem Kreuze zurecht, indem man es vom Grund aus zur Klosterwohnung erbaute. Sie haben zween Serviten zu geistlichen Verrichtungen.

Sie sind ihrer gegenwärtig bey 50 an der Zahl, sie essen kein Fleisch und leben allein im Beten und Betrachten.

§. VI.

Die paarfüßigen Carmeliterinnen.

Zur Stiftung dieses Klosters haben nebst den drey Ständen sehr viel beygetragen der Herzog Maximilian Philipp, (ein Sohn Maximilian I) und dessen Gemahlinn Mauritia Febronia. Er starb 1705; welchem die

die Herzoginn, nachdem sie das Kloster zur Erbinn ihrer Verlassenschaft eingesetzt, im Jahr 1706 gefolgt. Zwischen den zwey Klosterporten ist das Bildniß des Herzogs mit einer Ueberschrift zu sehen:

Ueber der Kirchporte ist diese schrift: Deo TrIno ConDIDere Voto tres boICI StatVs. MDCCXIX.

In diesem Jahr, nämlich 1714 haben die Nonnen, welche von 1710 in einem besondern Hause wohnten, ihr Kloster bezogen.

Die Kirche hat drey Altäre. Auf dem Choraltar die heilige Dreyfaltigkeit, dann die heilige Jungfrau Maria, wie sie die heilige Theresia in ihren Schuz nimmt. Wolf malte die heilige Dreyfaltigkeit, und nach dessen Tod Johann Degler die untern Figuren; dann zur

Evangeliseite.	Epistelseite.
Der heilige Joseph vom Ruffin.	Die Heil. Theresia von Degler.

Die Zahl der Nonnen beläuft sich auf 20. Sie leben allein im Beten und Betrachten; essen kein Fleisch.

§. VII.

§. VII.

Die Nonnen auf dem Lilienberg.

Der hiesige Bürgermeister, und Landschaftszahlmeister Max de Alberti hat auf dem Geisberg, itzt Lilienberg genannt, eine alte hölzerne Kapelle, welcher sich der Baumeister Geisreiter zu seiner Privatandacht bediente, an sich gekauft, und an dessen Stelle im Jahr 1701 das itzige Kirchlein erbauen lassen, welches im Jahr 1705 eingeweyht worden. Zu gleicher Zeit baute von Alberti für etliche Laienschwestern ein Gebäud linker Hand; und da dieses binnen kurzer Zeit einfiel, hat er nicht nur selbes wieder hergestellt, sondern auch rechter Seits der Kapelle, welche hiemit mitten in der Mitte steht, das itzige Kloster erbaut. Man ließ im Jahr 1715 aus dem Kloster Niederburg zu Passau vier Benediktinerinnen kommen. Die zween marmorne Grabsteine, welche innwendig gleich neben der Kirchporte zu sehen, sind für den Stifter Alberti, und seine zwote Frau, gleichfalls eine Gutthäterinn, Ursula von Jonnern. Seine erste Frau, und Mitstifterinn, Maria Francisca von Bräullmair, liegt in Wechstephansklosterkirche bey Freysing. Bey dem Kloster wohnen zween Benediktiner.

Sie leben im Gebet und Betrachtung.

Das

Das Kirchlein, welches auf acht marmorartigen, in die Runde gesetzten Saulen ruhet, hat 3 Altäre; auf welchen

I. Das Blat auf dem Choraltar die unbefleckte Empfängniß. II. Der heilige Benedikt. III. Die heilige Scholastika.	Vom Andreas Wolf.

Das noch vorhandne kleine Ecce Homo Bild stund schon in der alten Kapelle.

§. VIII.

Die Paulanerinnen.

Zwo Schwestern des dritten Ordens des heiligen Franc. de Paula, Margaretha Widmanninn, von München gebürtig, und Maria Elisabetha Kölbingerinn, wohnten, mit andern, welche in diesen Orden getretten, auf dem Geis=itzt Lilienberg um die Zeit, da die Maria Francisca von Alberti die Benediktinerinnen kommen ließ. Diesen gesellten sich die andern Schwestern sogleich bey; die zwo oben genannten aber thatens nicht, sondern bauten sich im Jahr 1703 unter dem Neudeckergarten ein Haus, indem sie durch die Zeugardinn, eine Kaufmannsfrau unterstützt wurden. Dieses Gebäude hielt damals fünf Kämmerlein

samt

samt einer Kapelle in sich. Das Bild der unbefleckten Empfängniß, zu deren Ehren man selbe eingeweyht hat, ward in einem Stall gefunden; es kamen bald Stiftungen hinzu, und im Jahr 1737 gab man ihnen die Erlaubniß, das Ordenskleid des dritten Ordens des heiligen Franciscus de Paula zu tragen, und die drey Gelübde abzulegen.

Man nennt ihren Wohnplatz, das Lilienthal. Es sind ihrer gegenwäriig 10 an der Zahl. und sie geben einigen Mädchen Unterricht.

Nun folgen diejenigen, welche, außer Beten, und Betrachten, auch arbeiten, und beynebens keine Clausur haben. Diese sind

§. IX.
Die ängelländischen Fräulein.

Bey der Auswanderung vieler katholischen, adelichen Frauenzimmer aus Engelland, woselbst die katholische Religion hart gedrückt ward, kam eine, genannt Maria von Ward, im Jahr 1629 auf ihrer Reise nach München. Jene Damen hatten sich bereits in verschiednen Städten, als in Rom, Neapel, Lüttich, Köln, Trier rc. niedergelassen, wo sie sich mit dem Unterricht der Jugend beschäftigten, und diese machte die Vorsteherinn von allen. Maximilian I erlaubte ihr, vierzehn aus ihrer Versammlung kommen zu lassen, und raumte ihnen im Stifelgäßel das paradeiserische Haus ein. Maximilian Emanuel führte ihnen im Jahr 1690 ein prächtiges Gebäude auf.

Sie besitzen zwo Kapellen, die sogenannte obere Kruft, und den obern Saal.

Diese ursprünglich ängelländische Fräulein, welche man hier der Kürze halber, die englischen nennt, leisten der Stadt gute bürgerliche Dienste. Sie halten die Töchter vieler ansehnlicher Aeltern in der Kost, und geben bey vierhundert Mädchen, welche aus der Stadt dahin gehen, im Lesen, Schreiben, Stricken, u. s. w. einen ziemlich guten Unterricht. Sie legen auch nur Vota annua ab.

§. X.

Die Nonnen de Notre Dame zu Nymphenburg.

Diese Nonnen (welche eine Clausur haben) wurden im Jahr 1730 vom Karl Albrecht Churfürst, von Luxenburg nach Nymphenburg, und zwar ihrer anfangs fünf, berufen.

Sie halten die Töchter, vieler ansehnlicher Aeltern in der Kost, und halten auch äußere Schulen. Jetzt sind 31 Nonnen.

Jene Kirche hat drey Altäre.

I. Auf dem Choraltar das Bild des heiligen M. Clemens, der in päbstlicher Kleidung die heilige Dreyfaltigkeit anbetet; von Johann Baptist Diepolo, einem Venetianer.

II. Die unbefleckte Empfängniß.

III. St. Augustin; der s. Peter Ferreri.

§. XI.
Die Elisabethinerinnen.

Sie wurden von Jhro Majestät Kayserinn Maria Amalia nach München berufen, und wohnten anfänglich im la roseeischem Gartenhaus. Im Jahr 1757 legte Maximilian III. den Stein zum Klostergebäude; die Kayserinn zum Krankenzimmer, der auch im Jahr 1758 im Namen Clemens Augusts zu Köln, zur Kirche gelegt worden. Im Jahr 1760 bezogen die Nonnen das Kloster.

Noch ist weder das Gebäud des Klosters, noch die Auszierung der Kirche ganz zu Stand gebracht.

Der Nonnen Beschäftigung ist, die kranken Frauensleute in ihrer Wohnung zu bedienen. Sie halten in einem großen Saal, der sehr reinlich gehalten wird, bey drey und zwanzig Krankenbetten. Sie sind nicht in sogenannte Frauen, und Schwestern getheilt, sondern sie verrichten alle gleiche Dienste; besitzen aber gegenwärtig bey ihren bürgerlichen Diensten noch so wenig hinlängliche Einkünften, daß sie, und dieß in eignen Personen, durch die hiesige Stadt, und durch das Land um Allmosen betteln gehen.

Die Plafondgemählde in ihrer Kirche sind von Günther von Augsburg.

Daselbst liegt auch Peter von Osterwald begraben.

Vierter Abschnitt.

Allgemeine Anmerkungen.

Der Churfürst Maximilian III hat vermög dem sogenannten Amortigationsgesätze verordnet, daß kein Professusüber 2000 fl. in das Kloster mitbringen soll.

Durch

Durch ein gleiches Gesätz ist zum Professionsakt in ein Manns = und Frauenkloster das 22 Jahr bestimmt worden.

Die Anzahl derer, welche aufgenommen werden, wird vom churfürstlichen geistlichen Rath bestimmt, von welchem auch alle Vorfälle, welche zum höchsten Kirchenschutzrecht gehören, untersucht, und entschieden werden.

Fünfter Abschnitt.

Einweyhte Hauskapellen.

I. Im Jahr 1452 die saurische Kapelle zu Ehren des heiligen Johann Baptist. Sie wurde von Johann Schlutter erbaut.

II. 1471 Die Graf Lerchenfeldische (ehmals Gr. Herwartische) Lorenz Weissenfelder hat sie zu Ehren des heiligen Bischofs Nikolaus erbaut.

III. 1477 Die kamelische am Rindermarkt. Sie wurde von Balthauser Petschner erbaut.

IV. 1492 Die Gr. haßlangische. Sie wurde von Caspar Haldenberg erbaut.

V. 1493 Die Kapelle im Hofseelenhaus in der Prangersgaße. Sie wurde von Johann Schlutter erbaut; wie dann über dem Hausthor diese Worte zu lesen: 1450 haben die Herren Peter, und Johann Schlutter, auch Hieronimus Reisch von Weilbach, gewester Burgermeister, dieses Seelenhaus gestiftet.

VI. 1518 Die Baron Hegenbergische.

VII. 1574 Die vendinische ein Hofgeschmeidmachershaus.

VIII. 1589 Die Kapelle im Kloster Altomünsterhaus.

IX. 1592 Die Ligsalzische im schidlischen Haus.

X. 1615 Die Kapelle im Kloster Fürstenfelderhaus.

XI. 1646 Die thalerische Kapelle. Sie wurde von Franz Anton Metz erbaut.

XII. 1676 Die selische Kapelle, welche Georg Gugler von Zeilhofen erbaut.

XIII. 1692 Die Landschaftskapelle.

XIV. 1700 Die Baron Mayrische in der Kaufingergaße. Hier ist ein überaus schönes Altarblatt, Christus am Kreuz zwischen Maria und Johannes, von Michael Angelo von Carawaggio.

XV.

XV. 1708 Die Kapelle im churfürstlichen Zeughaus.

XVI. 1708 Die Kapelle in der Stadtschreiberey.

XVII. 1709 Backenreiterische.

XVIII. 1720 Die Kapelle im Inderstorferhaus.

XIX. 1720 Die Baron Ruffinische.

XX. 1721 Die Kapelle von Balthasar Kayser erbaut, ist im Herrn von Oefeles Behausung.

XXI. 1721 Die Kapelle im Rosenbuschhaus.

XXII. 1724 Die Gr. Seinsheimische.

XXIII. 1734 Die Gr. Preisingische.

XXIV. 1741 Die Gr. Tattenbachische.

XXV. 1746 Die Knöblische.

XXVI. 1758 Die B. Ruffinische in der Kaufingergaße.

XXVII 1762 Die Kapelle im Stadtbruderhaus.

Welche Heiligthümer und Reliquien in allen Kirchen nnd Kapellen aufbewahrt werden, hat jüngst 1781 beschrieben Anton Krammer Kirchenprost in einem kleinen Büchlein, das den Titul führt: Neue Auflage des Buches vom teutschem Rom u. s. w.

Welche Andachten jegliche Täge des ganzen Jahrs hindurch gehalten werden, hat beschrieben Herr Finauer, in dem Büchlein, das den Titul führt: Münchner Andachtsordnung.

Sechster Abschnitt.

Volksmenge in München.

Ausser der (bey jeder Rubrick) angezeigten Seelen-Anzahl, befinden sich hier, vermög der letzten Beschreibung 78 inländische Adelspersonen ohne Charge. 9. Ausländische.

295 sämtl. Seelen.

210 charakterisirte Personen.

431 sämtl. Seelen.

506	männ.	Ehehalten.
4256	weib.	
6026	Verheyratheten	Stands.
7409	und Witwen	
3490	männ.	Ledige.
1949	weib.	
12329	eheliche, unter 15 Jahr	Kinder.
3612	männ.	
3722	weibl.	

121 unehliche, worunter unter 15 Jahr.
50 männ.
61 weib.

Es befinden sich

In Bayern	5658 männ.		Kinder.
	6385 weib.		
Ausser Bayern	332 männ.		
	75 weib.		
Von Haus weg	1298 männ.		
	1005 weib.		
Zu Haus	445 männ.		
	5455 weib.		
Im Militär	187 in B.		
	49 auſ. B.		

Hieher gehören ferner

73 Verheyrathete Schreiber, und Hausofficianten.

194 Ledige.

104 Gubernannten, und Kammerjungfern.

64 Instruktores.

62 Personen, welche in Proceßsachen oder anderwegs hier sind.

126 Privatisirende ohne Titul, welche von eigenen Mitteln leben.

109 Haubenmacherinnen, und Galanteriarbeiterinnen.

338 Verschiedne theils churfürstl. landschaftliche und ständische Pensionisten.

222	Verheyrathete.	Bediente.
519	Ledige.	

14 Lehenlaquais.

217 Angenommene Kinder.

116 Austragspersonen.

726 Inleutspersonen ohne Titul.

1359 Tagwerkersleute.

168 Weibsbilder, welche Dienst suchen.

455 Naderinnen, Wascherinnen, Strickerinnen, und Spinnerinnen.

131 Züchtlinge im Arbeitshaus.

1275 Betteleute.

46 Bloß müßige Personen.

21 Juden, deren Familie in 56 Judenseelen besteht.

Und sohin beträgt die Summa aller, nach München gehörigen Seelen (mit Einschluß der churfürstl. Klöster Nymphenburg, Schleißheim, und Fürstenried) —

Erwachsne	16070	männ.
	16758	weibl.
Kinder unter 15 Jahren	3768	männ.
	3783	weib.
sämtl.	40379	Seelen.

Von

Von diesen nach München gehörigen befinden sich daselbst wirklich.

Erwachsne	14706	männ.
	15853	weibl.
Kinder unter 15 Jahren	3598	männ.
	3679	weibl.
sämtl.	37840	Seelen.

Häuser sind

in München	1488
Auf dem Lechel	188
Zu Nymphenburg	12
Zu Schleißheim	11
Zu Fürstenried	1
sämtl.	1700.

Bey diesen Häusern befinden sich 8829 Herdstätte, deren jede jährlich 24 kr., und gegenwärtig 50 kr. als eine sogenannte Herdsteuer bezahlt.

Man kann die Anzahl der Einwohner auch aus der Mittelzahl der Todtenlisten so ziemlich bestimmen; allein es ist zu merken, daß die Verstorbnen in den dreyen churfürstl. Schlössern, so wie auch die Juden, nicht eingetragen werden.

Ich

Ich rücke zu dem Ende die folgenden Tabellen ein, aus welchen man den Anwachs der Einwohner übersehen, und die gegenwärtige Anzahl zuverläßlich bestimmen kann.

In der St. Peterspfarr, als der ältern

Anno 1700.	Getaufte.	Zahl.	Jahr.	Verstorbene.	Zahl.
1700.	8. Unehliche.	329.	1700.	- -	478.
1701.	11.	396.	1701.	- -	499.
1702.	20.	388.	1702.	- -	439.
1703.		405.	1703.	- -	694.
1704.	- -	447.	1704.	- -	842.
1705	- -	426.	1705*	* In diesen	1265.
1706	- -	429.	1706	1705 Jahr, sind	493.
1707.	- -	426.	1707.	nach Aussage	402.
1708.	- -	404.	1708.	eines zeitlichen Todtengräbers	443.
1709.	- -	374.	1709.	von den Bau-	461.
1710.	- -	390.	1710.	ern, welche am	430.
1711.	- -	362.	1711.	Heil. Christtag von den Kay-	521.
1712.	- -	386.	1712.	serlichen nahe	544.
1713.	- -	331.	1713.	bey Sendling	453.
1714.	- -	316.	1714.	erschlagen wor-	533.
1715.	- -	409.	1715.	den, auf den äus-	610.
1716.	- -	439.	1716.	sern St. Pe- ters Gottes	603.
1717.	- -	454.	1717.	acker in Neun	496.
1718.	- -	442.	1718.	tiefverbreiteten	556.
1719.	- -	463.	1719.	Gräbern begra- ben worden 682	685.
1720.	- -	470	1720.	in unser L. F.	520.
1721.	- -	449.	1721.	Pfarr 90 zu	657.
1722.	- -	500.	1722.	Sendling. 204.	607.

1723.

Jahr.	Getaufte		Zahl.	Jahr.	Verstorbene		Zahl.
1723.	-	-	601.	1723.	-	-	618.
1724.	-	-	519.	1724.	-	-	650.
1725.	-	-	520.	1725.	-	-	724.
1726.	-	-	523.	1726.	-	-	704.
1727.	-	-	516.	1727.	-	-	575.
1728.	-	-	512.	1728.	-	-	665.
1729.	-	-	516.	1729	-	-	791.
1730.	-	-	485.	1730.	-	-	814.
1731.	-	-	505.	1731.	-	-	645.
1732.	-	-	557.	1732.	-	-	667.
1733.	-	e	496.	1733.	-	-	820.
1734	-	-	576.	1734.	-	-	621.
1735.	-	-	519.	1735.	-	-	633.
1736.	-	-	484.	1736.	-	-	672.
1737.	-	-	529.	1737.	-	-	682.
1738.	-	-	490.	1738.	-	-	862.
1739.	34.	Uneheliche.	538.	1739.	-	-	723.
1740.	35.		502.	1740.	-	-	794.
1741.	24.		473.	1741.	-	-	937.
1742.			426.	1742.	-	-	1324.
1743.	-	-	425.	1743.	-	-	947.
1744	-	-	464.	1744.	-	-	768.
1745	-	-	507.	1745	-	-	737.
1746.	-	-	547.	1746.	-	-	658.
1747.	-	-	578.	1747.	-	-	699.
1748.	-	-	585.	1748	-	-	667.
1749.	-	-	580	1749.	-	-	660.
1750.	-	-	543	1750.	-	-	668.
1751.	-	-	545	1751.	-	-	722.
1752.	-	-	534.	1752.	-	-	686.
1753.	-	-	551.	1753.	-	-	727.
1754.	-	-	597.	1754.	-	-	705.
1755.	-	-	586	1755.	-	-	725.
1756.	-	-	604.	1756	-	-	798.
1757.	-	-	613.	1757	-	-	709.
1758.	-	-	552.	1758.	-	-	769.

Jahr.	Getaufte.	Zahl.	Jahr.	Verstorbene.	Zahl.
1759.	- -	597.	1759.	- -	768.
1760.	- -	600.	1760.	- -	709.
1761.	- -	614.	1761.	- -	744.
1762.	- -	598.	1762.	- -	843.
1763.	- -	629.	1763.	- -	729.
1764.	- -	661.	1764.	- -	823.
1765.	- -	678.	1765.	- -	795.
1766.	- -	657.	1766.	- -	1035.
1767.	- -	691.	1767.	- -	836.
1768.	- -	648.	1768.	- -	902.
1769.	- -	628.	1769.	- -	903.
1770.	- -	638.	1770.	- -	823.
1771.	- -	576.	1771.	- -	1093.
1772.	- -	539.	1772.	- -	1146.
1773.	- -	522.	1773.	- -	790.
1774.	- -	611.	1774.	- -	580.
1775.	- -	609.	1775.	- -	669.
1776.	- -	638.	1776.	- -	654.
1777.	- -	623.	1777.	- -	755.
1778.	100. } Uneheliche.	623.	1778.	- -	772.
1779.	84. } Uneheliche.	639.	1779.	- -	655.
1780.	94. } Uneheliche.	533.	1780.	- -	608.
1781.	- -	569.	1781.	- -	627.

In U. L. Frau Stifts Pfarr.

Anno 1700.	Getaufte	Zahl.	Jahr.	Verstorbene.	Zahl.
1700.	- -	303.	1700.	- -	263.
1701.	15. } Uneheliche.	310.	1701.	- -	308.
1702.	8. } Uneheliche.	294.	1702.	- -	291.
1703.	13. } Uneheliche.	313.	1703.	- -	291.
1704.		336.	1704.	- -	596.
1705.	- -	332.	1705.	- -	340.
1706.	- -	324.	1706.	- -	295.
1707.	- -	321.	1707.	- -	303.

Jahr.	Getaufte.	Zahl.	Jahr.	Verstorbene.	Zahl.
1708.	- -	289.	1708.	- -	282.
1709.	- -	283.	1709.	- -	284.
1710.	- -	295.	1710.	- -	294.
1711.	- -	270.	1711.	- -	295.
1712.	- -	273.	1712.	- -	340.
1713.	- -	269.	1713.	- -	312.
1714.	- -	243.	1714.	- -	284.
1715.	- -	280.	1715.	- -	275.
1716.	- -	319.	1716.	- -	311.
1717.	- -	328.	1717.	- -	258.
1718.	- -	327.	1718.	- -	373.
1719.	- -	341.	1719.	- -	452.
1720.	- -	343.	1720.	- -	373.
1721.	- -	369.	1721.	- -	353.
1722.	- -	369.	1722.	- -	399.
1723.	- -	386.	1723.	- -	384.
1724.	- -	410.	1724.	- -	433.
1725.	- -	382.	1725.	- -	408.
1726.	- -	435.	1726.	- -	412.
1727.	- -	398.	1727.	- -	374.
1728.	- -	380.	1728.	- -	416.
1729.	- -	389.	1729.	- -	451.
1730.	- -	388.	1730.	- -	420.
1731.	- -	413.	1731.	- -	418.
1732.	- -	419.	1732.	- -	433.
1733.	- -	416.	1733.	- -	522.
1734	- -	425.	1734.	- -	421.
1735.	- -	458.	1735.	- -	407.
1736.	- -	445.	1736.	- -	500.
1737.	- -	445.	1737.	- -	466.
1738.	- -	462.	1738.	- -	611.
1739.	- -	446.	1739.	- -	539.
1740.	- -	436.	1740.	- -	519.
1741.	- -	442.	1741.	- -	621.
1742.	- -	384.	1742.	- -	809.
1743.	- -	377.	1743.	- -	523.
1744.	- -	358.	1744.	- -	417.

Jahr.	Getaufte.	Zahl.	Jahr.	Verstorbene	Zahl.
1745.	- -	420.	1745.	- -	503.
1746.	- -	469.	1746.	- -	430.
1747.	- -	432.	1747.	- -	507.
1748.	- -	434.	1748.	- -	427.
1749.	- -	410.	1749.	- -	395.
1750.	- -	431.	1750.	- -	441.
1751.	- -	411.	1751.	- -	523.
1752.	- -	436.	1752.	- -	486.
1753.	- -	423.	1753.	- -	443.
1754.	- -	453.	1754.	- -	476.
1755.	- -	486.	1755.	- -	453.
1756.	- -	469.	1756.	- -	491.
1757.	- -	433.	1757.	- -	453.
1758.	- -	431.	1758.	- -	527.
1759.	- -	458.	1759.	- -	461.
1760.	- -	454.	1760.	- -	534.
1761.	- -	517.	1761.	- -	504.
1762.	- -	530.	1762.	- -	509.
1763.	- -	511.	1763.	- -	512.
1764.	- -	503.	1764.	- -	483.
1765.	- -	499	1765.	- -	522.
1766.	- -	540.	1766.	- -	625.
1767.	- -	480.	1767.	- -	578.
1768.	- -	474.	1768.	- -	523.
1769.	- -	480	1769.	- -	530.
1770.	- -	478.	1770.	- -	502.
1771.	- -	415.	1771.	- -	644.
1772.	- -	405.	1772.	- -	610.
1773.	- -	394.	1773.	- -	546.
1774.	- -	444.	1774.	- -	391.
1775.	- -	456.	1775.	- -	461.
1776.	53 Uneheliche.	513.	1776.	- -	445.
1777.	30	470.	1777.	- -	495.
1778.	49	472.	1778.	- -	481.
1779.	37	478.	1779.	- -	422.
1780.	30	444.	1780.	- -	389.
1781.	- -	405.	1781.	- -	365.

In der heil. Geistpfarr.

Jahr.	Gebohren.	Gestorben.	Kinder.	Erwachsn.
1758	24	-	- 17	- 14
	dar. Ehel. 6			
1759	- 13	-	- 9	- 24
	- 7			
1760	- 17	-	- 10	- 25
	- 13			
1761	- 25	-	- 28	- 23
	- 9			
1762	- 24	-	- 24	- 17
	- 9			
1763	- 23	-	- 18	- 9
	- 8			
1764	- 22	-	- 24	- 24
	- 5			
1765	- 37	-	- 37	- 27
	- 11			
1766	- 22	-	- 28	- 26
	- 5			
1767	- 22	-	- 2[illegible]	- 19
	- 7			
1768	- 27	-	- 24	- 38
	- 6			
1769	- 36	-	- 17	- 40
	- 9			
1770	- 39	-	- 24	- 40
	- 16			
1771	- 24	-	- 16	- 32
	- 9			
1772	- 3[illegible]	-	- 17	- 39
	- 21			
1773	- 26	-	- 19	- 26
	- 10			
1774	- 28	-	- 14	- 19
	- 7			

P 1775

Jahr.	Gebohren.	Gestorben.	Kinder.	Erwachsne.
1775	dar. Ehl. 45	-	- 15	- 11
	- 16			
1776	- 34		- 34	- 27
	- 11			
1777	- 43	-	- 45	- 26
	- 8			
1778	- 64	-	- 70	- 26
	- 9			
1779	- 62	-	- 49	- 23
	- 12			
1780	- 67	-	- 56	- 28
	- 10			
1781	- 85	-	- 88	- 25
	- 14			

Verzeichniß der Getauften und Verstorbenen aus der Garnisonspfarre in München.

Getaufte	Anno	Eheli.	Unehel.	Sum.	Verstor.
	1780.	54.	11.	65.	- - 72
	1781.	76.	21.	97.	- - 108

Es sind also sämmtlich gebohren worden, und gestorben.

	Gebohren.		Gestorben.
Im Jahr 1776.	1146	- -	1085
	woruntert		
	597 männ.	-	529 männ.
	549 weibl.		556 weibl.
Im Jahr 1777.	1094	- -	1235
	worunter		
	531 männ.	-	598 männ.
	563 weibl.	-	637 weibl.

Im

Im Jahr 1778.	1159	- -	1347
	worunter.		
	604 männ.	-	663 männ.
	555 weibl.	-	684 weibl.
Im Jahr 1178.	1159	- -	1347
	worunter.		
	604 männ.	-	663 männ.
	555 weibl.	-	684 weibl.
Im Jahr 1779.	1117	- -	1047
Im Jahr 1780.	1357	- -	1437
Im Jahr 1781.	1507	- -	1613

Vermög einigen Anzeigen, welche Herr von Reindl, gegenwärtiger Stadtkamerer bey dem Stadt München Bußamt rühmlichst drucken ließ, wurde auf der hiesigen Schranen, in den Fleischbänken, auf dem Markt, und in der Stadt-Waag an hernach folgenden Victualien verkauft, (aber nur wissentlich, und mithin ohne den Privat- dann Schleichviktualien.)

In Jahr,

	1776		1777		1778	
Waizen	58123	- -	55167	- -	52941	Schäffel.
Korn	41419	- -	23811	- -	31683	
Gersten	47436	- -	43066	- -	46130	
Haber	15146	- -	13968	- -	16502	
sämtl.	172124	- -	136012	- -	147256	

 Am

Am Horn und Klohevieh.

	1776	1777	1778	
Ochsen	5907	5802	6448	Stücke.
Rinder	2752	2632	2753	
Kälber	30551	30101	29189	
Lämmer	9976	9722	5080	
Schweine	8395	7860	6263	
Schaafe	5829	5599	5744	
sämtl	63410	61716	54477	

	Cent.	Pf.	Cent.	Pf.	Cent.	Pf.
Schmalz	7838	60	7648	20	8349	56
Unschlicht	2820	12½	3348	33	3197	33
Leinöl	2102	50	2950	25	3685	—
Flachs	199	50	156	50	365	75
Fische	3447	–	5674	–	3520	—
Käse	938	19	676	–	1002	66
	1776		1777		1778	

1776	1777	1778	
An verschiednen Geflügel.			Stücke.
373329	448329	458192	
An Eyern.			
7430795	7530795	8630975	
An Butter.			
1216212	1215162	1225326	Pf.
Obstpanzen.			
753	747	3640	

Am braunen Bier, wurde von den hiesigen bürgerlichen Bräuern bloß am Merzen, oder Sommerbier in beyden Pfarren, eingesotten

Im ersten Satz - - 674 Faß

Im zweyten und dritten Satz - 1071 Faß

Dieß macht zusamm

1745 Faß

oder 43625 Emmer

oder 2, 617500 Maaß.

Dazu

Dazu kommt noch das weiße Hofbier, welches das ganze Jahr gesotten wird, das braune Hofbier, das Seefelder oder weiß Gerstenbier; zudem haben die Augustiner, Franciscaner, Carmeliter, Paulaner, das Kloster Anger, die Fundationsgüterdeputation eigne Bräuhäuser. Dazu kommt noch das beträchtliche Bier von verschiednen Orten des Lands.

Gemäß vielfältiger Beobachtungen stirbt, wenn keine außerordentlichen Zeitläufte einfallen, von 24 jährlich Einer. Wenn man also 1613, welches die Zahl der im Jahr 1781 Verstorbnen ist mit 24 multiplicirt, so giebt dieß die Zahl von 38712 Seelen.

Wenn man ferner annimmt, daß sich in jeder der 8829 Herdstätte 4 Seelen befinden: so macht dieß 35316, und wollte man die Zahl 5 annehmen, 44145 Seelen.

Indeß ist München im Verhältniß mit andern Städten eines gleichen Umfangs, und in Betracht der weitläuftigen Kirchen- und Klostergebäude, welche wenigst den fünften Theil der Stadt einnehmen, sehr stark bevölkert.

Es ist darinn nach der Zahl von 37840 Seelen beyläuftig der dreyzehnte Mann ein

 ordent-

ordentlicher Bürger oder Beysitzer; jede vierzigste Person (falls man nämlich die Zahl von 500 annimmt, wie ich, um das Zuverläßige anzugeben, dieß oben angenommen habe) eine Geistliche; jede fünfzigste Person ein männlicher Bedienter, und jede ein und dreyßigste ein Bettler.

Siebenter Abschnitt.

Volksmenge im ganzen Rentamt München.

Unter dem churfürstlichen Rentamt München, welches zu den hochlöblichen Hofrath gehörig, stehende folgende Gerichter.

1. Die Gerichtsbarkeit in München. 2. Die churfürstliche Haupt- und Vestungsstadt Ingolstadt. 3. Das Pfleggericht Abentsperg. 4. Das Pfleggericht Aichach. 5. Das Pfleggericht Altmannstein. 6. Das Pfleggericht Au und Giesing. 7. Das Pfleggericht Aurburg. 8. Das Pfleggericht Aibling, und Vogtgericht Schliersee. 9. Das Klostergericht Benediktbayern. 10. Das Landgericht Dachau. 11. Das Landgericht Friedberg. 12. Das Pfleggericht Grövlsing. 13. Das Pfleggericht Kösching.

14. Das

14. Das Pfleggericht Kransberg. 15. Das Landgericht Landsberg. 16. Das Pfleggericht Mainburg. 17) Das Landgericht Marquartstein. 18. Das Pfleggericht Mehring. 19. Kayserl. gefreytes Klosteretalisches Pfleggericht Murnau und Amergau. 20. Pfleggericht Neustadt. 21. Pfleggericht Pfaffenhofen. 22. Pfleggericht Rauchenlechsberg. 23. Pfleggericht Reichenhall. 24. Landgericht Rhain. 25. Pfleggericht Riedenburg. 26. Pfleggericht Rosenheim. 27. Landgericht Schongau. 28. Landgericht Schrobenhausen. 29. Pfleggericht und Landgericht Schwaben. 30. Pfleggericht Stammham, und Oetting. 31. Pfleggericht Starenberg. 32. Gefreytes Pfleggericht Tegernsee. 33. Pfleggericht Tölz. 34. Pfleggericht Traunstein. 35. Pfleggericht Voheburg. 36. Pfleggericht Wasserburg. 27. Pfleggericht Weilheim. 38. Pflegericht Wembling. 39. Pfleggericht Wolfertshausen.

In diesen Pfleggerichten, und diesem Rentamt befinden sich zuverläßig 58812 Häuser, und erwachsne Leute

männ. 102878
weibl. 111904

Kinder.

männ. 40359
weibl. 42485

Ueberhaupt befinden sich bey den Häusern zweymal hundert, sieben neunzig tausend, sechshundert, sechs und zwanzig Seelen, und dahin sind als gehörig dreymal hundert, dreyßig tausend, zwey und achtzig Seelen.

In den 58812 sind über 65991 Herdstätte.

Anhang.

§. I.

Vom Pfleggericht Giesing, und Au.

Die Einnehmer dieses Gerichts stehen in einer zu engen Verbindung mit München, als daß ich derselben nicht erwähnen sollte. Nach der Au kömmt man durch das Isarthor, wo, wenn man die innere, und äussere Brücke vorüber gegangen, rechter Hand ein immer geöfnetes Thor dahinführt. Die Häuser selbst sind unregelmäßig, und nach dem Zufall angelegt, welcher von Zeit zu Zeit einzelne Einwohner zu dem Entschluß brachte, sich daselbst häußlich niederzulassen. Diese ganze Gegend liegt nicht nur tiefer, als die Isar, sondern dieser Fluß fließt, so weit man ihn sehen kann, von einer sichtbaren Anhöhe so herab, daß er

wah

wahrscheinlich bald wieder einen seiner ehmaligen Rinsale suchen, und den Ort ganz wegschwemmen würde, wenn man nicht immer durch sorgfältige, und kostbare Dämme, und Wassergebäude, welche die Stadtkammer zu München bestreittet, sich angelegen seyn ließ, demselben Einhalt zu thun; dem ungeachtet wird bey einem größern Anlauf des Wassers, wie sich dieß fast jährlich einmal zuträgt, die halbe Au unter Wasser gesetzt.

Durch die Mitte der Hofmarkt Au führt eine krumme Straße, auf der man auch nach Giesing kommen kann. Die vielen schönen Gebäude, der alte Herzoggarten ꝛc. sind Beweise, daß die Au von jeher ein sehr lebhafter, und angenehmer Ort, wo anfangs die Münchner ihre Lustgärten anlegten, gewesen seyn müße.

Die Au wird in vier Viertel, das Isar, Samer, Bach, und **Klafter = Viertel** ausgetheilt; und durch diese laufen von der Isar, an den Seiten zween Kanäle.

Gleich beym Eingang sieht man linker Seits (— weiter hinan auf dem Lilienberg ist das Nonnenkloster, sieh. §. Kloster) unter andern, das große Fabrikengebäude. (sieh Fabri-

 ken)

ken) Diese Fabrike war einst eine beträchtliche Nahrungsquelle für die Einwohner in der Au, indem viele hundert mit Wollspinnen, Stricken 2c. von da ihren Unterhalt zogen. Es wurden auch für arme Leute, und Kinder eigne Häuser errichtet, wo dieselben zum Wollarbeiten gewöhnt, und wohl erzogen werden sollten. In dem großen Gebäude selbst befanden sich in verschiednen Zimmern Tuchmacher, Färber, Wollkämper, Walcher, Presser, eine Schönfärberey, große Tuchpressen, und andere Arbeiter in Menge.

Weiter fort kömmt man nach einen weiten runden, mit hohen Bäumen besetzten Plaz, wo man die heilige Kreuzkapelle, die Mariahilf Kirche, das Kloster der Paulaner, und der Paulanerinnen zu sehen bekömmt.

§. II.

Von den zünftigen Gewerben.

In diesem Pfleggericht befinden sich gegenwärtig

Baader 2. Bräuer 1. (im klösterlichen Bräuhaus) Dråchsler 2. Färber (schön) 2. Färber (schwarz) 2. Fischer 2. Gärtner 12. Glaser 1. Hafner 2. Krämer und Handels-

leute.

leute 25. Hutterer 1. Kampelmacher 2. Köch 1. Küfner und Binder 2. Loderer 1. Maler 3. Maurer 68. Melber 15. Metzger 9. Müller 3. Musikanten 23. Nadler 1. Orgelmacher 1. Obstler 3. Papierer 1. Pflasterer 1. Pöchler 1. Pirstenbinder. 2. Rauchfangkehrer 1. Sattler 1. Schleifer 2. Schlosser 1. Hammerschmied 2. Hufschmied 1. Schneider 17. Schreiner 1. Strümpfstrücker 22. Störckmacher 1. Tuchmacher 3. Uhrmacher 1. Wagner 2. Weber (leinen) 12. Weber (zeich) 2. Wirth (Wein) 1. Wirth (Bier) 16. Weißgerber 1. Zimmerleute 73.

Ueberhaupt Meister 100. Gesellen 90. Lehrjungen 39.

§. III.

Volksmenge.

In dem Pfleggericht befinden sich zwey Klöster. Ein Filial, zwey Hofmärkten, ein Sitz, ein Dorf, ein mildes Stiftungshaus.

2. Beneficiaten. 3. Clerici. 1. Obrigkeit (klösterliche). 15. Conventualen. 3. Layenpriester. 10. Conventualinnen. 5. Meßner, und Kirchendiener. 2. Procuratores. 2. Schulmeister. 3. Nacht und Feuerwächter. 77. Aus-

trags-

tragspersonen. 402. Inleute. 686. Tagwerksleute. 47. Naderinnen. 2. Schergen ꝛc.

Und die sämmtliche Seelenanzahl ist

Erwachsene.

	Männ.	1566
	Weibl.	1960
Kinder.		
	Männ.	637
	Weibl.	630
		4793 Seelen.

Häuser	343
Herdstätte bey	1307

Die Au ist übrigens ein sehr gewerbiger, und munterer Ort, dessen Industrie der Stadt wohl zu statten kömmt. Hier nahmen die wollenen, und darum sogenannten Auerstrümpfe, und manche andere Fabrike ihren Anfang, welche sich nachmals ins Große verbreitete. Es befindet sich darinn eine Hammerschmiede, eine Papiermühle ꝛc. Und bey dem schönen Neudecker, dem ehemaligen Hofgarten, eine Hoffischerey, und nicht weit davon eine Falknerey. Auch hat die Au ihre eigne Bürgermilitz von etwa 100 Mann, welche man am Fronleichnahmstag, und andern besonders seltnen Feyerlichkeiten zu sehen bekömmt.

Dritter Theil
von der
allgemeinen Verfassung.

Dieser Theil, den selten, oder höchstens nur im Vorübergehen, jemand berührt hat, wird dem entfernteren Ausland, und einst der Nachwelt der wichtigste seyn. Was man denen empfiehlt, welche darauf ausgehen, Menschen zu studiren, daß sie selbe nicht aus offentlichen Handlungen, sondern zu Hause, und in kleinen, dem Schein nach, ganz gleichgültigen Dingen beobachten sollen: das habe ich in folgenden Nachrichten darzustellen gesucht, und daher nicht allein die grossen Theile, sondern auch die kleinsten, unerheblichsten Züge gesammelt, in deren Zusammensetzung unser Charakter besteht. Und wie sich aus dem, was jemand ausser seinem Amt thut, so ziemlich bestimmen läßt, wie er in seinem Amt sich verhalten werde: so läßt sich aus den Vorstellungen, welche ein Volk liebt, aus den Vergnügungen, welchen es

nach-

nachhängt, aus Gebräuchen, denen es vorzüglich ergeben ist, seine Verfassung errathen. Hier liegt unsre Anlage, und die bürgerliche Klugheit, mit der wir dieselbe benutzen. Hier liegt der Grund unsrer Gebrechen, und Tugenden, und der gute Rath, jenen abzuhelfen, und diese zu ermuntern; die Kunst, sich unsrer Fähigkeiten auf die beste Art zu bedienen, und die Wissenschaft, die wichtigste und erste, und letzte, derer ein Staatsmann, und Gesätzgeber bedürftig ist, wie man uns behandeln, und anreden, und welcher Vorstellungen und Maaßregeln man sich vorzüglich bedienen soll, um uns mit den mindesten Unkosten zur Anstrengung unsrer Talente zu bewegen, und den kürzesten Weg zur Glückseligkeit zu führen, — wenn anders denen, die nie ein Unglück gefühlt und erfahren haben, daran liegt, daß wir dahin kommen.

Erster Abschnitt.

Von Unterrichts- und Erziehungsanstalten.

Dahin rechne ich alle Anführungen, welche unter einer öffentlichen Aufsicht stehen.

Ich muß voraus anmerken, daß niemand gesätzmäßig gehalten ist, Kinder nach den Vorschrifschriften, welche in öffentlichen Schulen angenommen sind, unterrichten zu lassen, und daß es mithin, wenn gleich der Unterricht ein Haupttheil der Erziehung bleibt, jedermann freygestellt ist, seine Kinder nach einem eignen Privatplan zu erziehen.

Der öffentliche Unterricht theilt sich in die **gymnastischen**, und in die **Trivialschulen**.

Das Gymnasium besteht aus 10 Schulen; nämlich in zwoen so betitelten **Realschulen**, in welchen noch gegenwärtig weltliche Lehrer sich befinden, dann in vier so betitelten humanistischen Schulen, worinn man die Grammatik, die Poesie, nnd Rhetorik lehrt; endlich in vier Schulen, welche sonst auch die lyceistischen betitelt sind, worinn man die Philosophie, und Theologie lehrt. In diesen sind durchgehends geistliche Lehrer, und seit dem gegenwärtigen Jahre **Canonici regulares** aufgestellt

Die Anzahl der sämmtlichen Studierenden beläuft sich auf 549.

Die gymnasischen Schulen werden durchaus unentgeltlich gehalten. Das Schuljahr

 dauert

dauert ungefähr zehn Monat; denn vom 8 September, bis zum 4ten November wurden seit einigen Jahren die Ferien beliebet. Die Studenten versammeln sich alle Tage um halb acht Uhr in einem eignem Saal zum Gottesdienst, dann wird morgens von acht Uhr bis zehn Uhr; Nachmittag von zwey bis vier Uhr Schul gehalten. In den obern Schulen aber sind wenigere Stunden. Alle Donnerstage ist den ganzen Tag, und alle Dienstag am Nachmittag vakanz. Zu Ende eines jeden Jahrs wird ein Katalog gedruckt, worinn die Nämen derjenigen, welche sich in jeder Classe, und jedem Fach auszeichneten, angezeigt werden, und in den sechs untern Schulen werden die ersten auch mit Prämien, welche in Büchern bestehen, belohnet.

Die Normal- und Trivialschulen sind.

1) Die Stiftschule zu U. L. Frau, welche in einem eignen Haus, nahe an der Stiftskirche befindlich.

2) In der St. Peters-Pfarrschule, welche nahe an die Kirche gleich bey den Wiskirchlein sich befindet.

In diesen zwoen Schulen, welche auch die Stelle der kleinern, oder untern lateinischen

Vor-

Vorberreitungsklassen vertretten, werden allein Knaben aufgenommen, und diese erhielten, vermög des öffentlich gedruckten Katalogs, im vorigen Jahre Prämien. (Im zweyten Kurs) 1) aus dem jährlichen Fortgang; 2) aus der Glaubens- und Sittenlehre; 3) aus den deutschen Uebersetzungen; 4) aus der lateinischen Sprache; 5) aus der Lesekunst; 6) aus der Schönschreibkunst; 7) aus der Geschichte, und Geographie; 8) aus der biblischen Geschichte. — Im ersten Kurs 1) aus der Glaubens- und Sittenlehre; 2) aus der Lesekunst; 3) aus der Schönschreibkunst; 4) aus der Geschichte und Geographie; 5) aus der biblischen Geschichte; 6) aus der Rechenkunst und den übrigen philosophischen Gegenständen.

Eben diese zwo Normalschulen halten auch Trivialschulen, welche wieder in den ersten, und zweyten Kurs abgetheilt werden. In jenem belohnte man im vorigen Jahre 1) aus der Religion, und Sittenlehre; 2) aus der Lesekunst; 3) aus der Schönschreibkunst; 4) aus der historischen Einleitung und biblischen Geschichte; 5) aus der Rechenkunst. In diesem 1) aus der Religions- und Sittenlehre; 2) aus der Lesekunst; 3) aus der Schönschreibkunst.

3) Die agrikolaische Schule.

4) Die anderlische Schule.

5) Die eberspergische Schule.

6) Die fuchsische Schule.

7) Die glorische Schule auf den Lehel.

8) Die heckenstallerische Schule.

9) Die obermillerische Schule ob der Au.

10) Die scharffedische Schule ob der Au.

11) Die schwarzgröbnerische Schule.

12) Die Velhornische Schule.

13) Die Schulen der engländischen Fräulein, worinn allein Mädchen gelehrt werden.

Diese Schulen ließen sich überhaupt prüfen; 1) In der Religions- und Sittenlehre; 2) in der Schönschreibkunst; 3) in einer historischen Einleitung, und biblischen Geschichte; 4) aus der Rechenkunst.

Die Belohnungen, welche in diesen Schulen die Kinder zu Ende jedes Jahrs, wie in einem gedruckten Katalog angezeigt wird, erhalten, bestehen theils in silbernen großen und kleinen Münzen, von unserm berühmten Schega gepräget, auf deren einer Seite das Bildniß Maximilians III, auf der andern das Simple: Merentibus zu sehen; theils in Büchern. Die Feyerlichkeit wird in Gegenwart einer Commißion vom Hof, und Deputirten der Stadt gehalten, und die churfürstl. Commissarii hängen den Kindern die Münzen in rothen und blauen Bändern um den Hals.

In diesen Schulen befanden sich im vorigen Jahre

Stiftschule U. L. Fr. -	206
Pfarrschule von St. Peter. -	174
Agrikolaische. - - -	118
Anderlische. - - -	121
Ebersper gische. - - -	118
Fuchische. - - -	83
Glorische. - - -	97
Heckenstallerische. - -	113
Obermillerische. - -	77
Scharfsedische. - -	113
Schwarzgröbnerische. -	138
Velhornische. - -	152
Die Zahl der Schulkinder und Kostgeherinnen bey den engländischen Fräulen ist nicht angezeigt, wenn sich aber dieselben auf - - - belaufen:	200
Die Zahl der Waisen und armen Kinder beträgt etwa - -	236
Also sämmtliche Kinder.	1728

Nun aber leben in München -	12309 Kinder
- - In der Au -	1267
Darunter sind unter 15 Jahre	
- - In München -	7334
- - In der Au -	1323
	8667

Ich habe hiebey die Schulkinder zu Nymphenburg und Schleißheim nicht in Rechnung gebracht; ich habe aber auch die unehlichen weggelassen.

In den Schulen des Gymnasii sind unter 15 Jahren und zur Stadt gehörig 192.

Hieher gehört, als ein lobenswürdiger Beytrag zur Landesbildung die **herzoglich marianische Landakademie**, welche von Maria Anna Charlotta, Durchl. Wittwe Herzogs Clement ꝛc. unterhalten wird. Jährlich wird eine öffentliche Prüfung gehalten, wo die Schüler aus der Mathes, Philosophie, Geschichte, und Geographie, der deutschen, lateinischen, und französischen Sprache, so wie auch durch Uebungen im Tanzen, Fechten, Musik, und Militärexercitien die Probe ihrer Talente, und ihres Fleises ablegen.

Was das Allgemeine des Unterrichts und der Erziehung betrift: so wird der Adel fast durchgehends von Privatlehrern zu Haus unterrichtet, der dünngesäete Bürgerssohn in öffentlichen Schulen größten Theils für den geistlichen Stand, und die übrigen Classen studiren nach dem Grad ihres Gutgedünkens, oder einer zufälligen Anweisung. Eine Universal- oder

eigent-

eigentliche Nationalerziehung., wo man die sämmtliche, die vornehme, und nicht geadelte Jugend nach bestimmten Grundsätzen bildet, und den Classen derselben nach den verschiednen Graden ihrer künftigen Aemter, und Geschäfte eine zweckmäßige Erziehung ertheilt, ist nicht vorhanden. Es giebt welche, bey denen französisch, und italienisch reden können, ein bischen Geographie verstehen, und etwas von den dilletanten Wissenschaften, über Tanz, Komedie, und Malerey sprech:n zu können, der höchste Grad von Wissenschaten ist. Es giebt welche, die ohne die deutsche, ihre Muttersprache, im geringsten regelmäßig sprechen, noch weniger schreiben zu können, immer französisch sprechen. Es giebt aber auch welche, die wohl verstehen, daß man Kinder nicht für das, was man itzt große Welt nennt, noch für denUmgang derselben, noch weniger für die gefälligste Art, sich die Zeit zu vertreiben, sondern für Geschäfte unterrichten und erziehen müsse, und die mit deutschem Stolz und Eigensinn auf einer bessern Erziehung verharren, an der man dieß einzige bedauern muß, daß sie nicht allgemein ist.

Zweyter Abschnit.

Von Waisenhäusern, Spitälern, und milden Stiftungen.

§. I.

Waisenhäuser.

1) Das churfürstliche Waisenhaus bey dem Sendlingerthor wurde im vorigen Jahrhundert für beyde Geschlechter gestiftet. Die Knaben tragen blaue Westen, und solche Röcke, und Mäntel, und der Kinder sind überhaupt bey sechzig.

2) Das churfürstliche Militärwaisenhaus wurde vom Churfürst Maximilian Emanuel im Jahr 1683 in Bogenhausen errichtet, dann nach der Au, und endlich in die heutige Wohnung auf dem Anger verlegt. Das Haus erhielt, ausser dem Stifter, viele Gutthäter, z. B. Sr. Durchlaucht den Prinz Clement, Obrist von Moran, Johann Caspar Graf von la Rosee, den Oberst von Ortner, den Joseph von Dufrene, den Handelsmann Johann Caspar Hepp, den Oberst Sartor, den Stadthauptmann von Herb, und besonders einen Obristlieutenant, Strobel genannt, der allein zehntau-

tausend Gulden vermacht hat. Die Knaben tragen blaue Westen, weise Röcke, und solche Mäntel, und der Kinder sind bey 40.

3) **Das bürgerliche Stadtwaisenhaus in der Sendlingergaße** wurde im verfloßnen Jahrhundert erwählet, und durch die Freygebigkeit der Gutthäter in den itzigen Stand versetzt. Die Knaben tragen braune Westen, solche Röcke, und Mäntel, und der Kinder sind überhaupt bey 60 an der Zahl.

4) **Das Waisenhaus bey dem heiligen Geist** wurde mit dem Spital angelegt. Die Knaben tragen graue Westen, solche Röcke, und Mäntel.

5) **Das Waisenhaus zu St. Andreas, und Johann dem Taufer** im churfürstlichen Gericht ob der Au wurde 1630 angelegt, und wird von verschiednen Gutthätern unterstützt. In beyde leztern Waisenhäuser wurden vor drey Jahren die armen Waisenkinder von Hepperg übersetzt; und da unter denselben manche unehliche gewesen, oder künftig dahin kommen möchten: so haben Se. churfürstl. Durchlaucht im vorigen Jahr bey diesen Häusern einen öffentlichen Conceßionsbrief ertheilt, vermög welchem alle diejenigen Kinder, welche zur Erzie-

hung dermals allda sich befinden, und noch auf ewige Zeiten nachkommen werden, sogleich durch die Aufnahm und den Eintritt in solches Waisenhaus von aller Geburtsmackel ohne Ausnahm gereinigt seyn, und den ehelich, oder ehrlich gebohrnen gleich gehalten, auch ihnen von niemand bey höchster Ungnade der mindeste Vorwurf, oder andere Hindernisse erzeiget werden sollen.

6) In dem Hause neben dem engländischen Fräulein werden von diesen arme Mädchens gepflegt, und erzogen.

7) Hieher zähle ich auch das Rosenbuschhaus, eine überaus reiche Stiftung für alte Wittwen, und Jungfrauen. Sie gehen paarweise und schwarz; wohnen in einem eignem Haus, und sind im dritten Orden. Im Hause ist das Portrait des Stifters zu sehen.

§. II.

Spitäler.

1) Das heilige Geistspital ist ganz wahrscheinlich das Pilgrim oder Armenhaus, welches im Jahr 1204 Herzog Ludwig errichtet hat. Ueber dieß, sagt die erläuterte Germania princeps im Staat von Bayern, baute besagter

Herzog

Herzog (Ludwig) im Jahr 1204 das große Spital zu München, woriun viele arme Leute auf gemeine Kösten unterhalten werden. Im Jahr 1251 hat Herzog Otto IV, oder der Erlauchte dem Spital einige Einkünfte von dem Isarthorzoll beygelegt, und man ließt sogar, wie wohl davon keine Urkunde vorhanden ist, daß er es erbauet habe. Im Jahr 1274 hat Rapato ein hiesiger Bürger einen ansehnlichen Theil seines Vermögens dem Spital vermacht. Im Jahr 1286 hat Enicho Bischof zu Freysing denjenigen einen Ablaß verliehen, (welchen nachmals der Bischof Conrad aus dem Geschlechte der Sendlinger 1315 wiederhollt hat) welche das Spital durch einen Beytrag unterstützen würden. Ludwig V, der Strenge, verlieh dem Spital das Bräuhaus, und der Gutthäter, worunter die höchsten Landesherrschaften, die löbliche Landschaft, Rudolph von Preysing mit seiner Ehefrau im Jahr 1340, Johann Königspriker, (Herzogs Stephan Jägermeister,) und besonders Wilhelm Massenhauser rc. die vorzüglichsten sind, waren so viel, daß der Fundation des Spitals wenige in ganz Deutschland gleich kommen.

Es leben darinn, 1) bey 3 bis 400 Personen beyderley Geschlechts, welche in verschiedne Zimmer, und in drey Classen oder Pfründ-

ten,

ten, nämlich in die reiche, die mittere, und die unterste abgetheilt sind.

2) Befindet sich daselbst eine öffentliche Kindsstube, wo die armen, oder verlaßnen Frauenzimmer unentgeltlich aufgenommen, und nach der Entbindung etliche Täge gepfleget werden. Auch werden da die Fündlinge, oder ganz verlaßne Kinder angenommen, und, wenn sie etwas größer geworden, nach den Waisenhaus gebracht.

3) Ein Haus, wo die Wahnsinnigen verpflegt werden.

Vermög eines gedruckten Verzeichnißes den 31 Dec. 1781 verfaßt, über die sowohl im Spital selbst, als in den Narrenhaus, auch Niederkunfts, und Accoucheurstuben, dann Fündel, und Waisenhaus, hat sich ergeben.

Die alt = und junge Pfrienderpersonen betreffend
pro 1780 sind pro Resto verblieben
von beeden Geschlechtern
männ. | weibl.
47 | 184

Aufgenommen 1781 | Gestorb.
männ. 7 weibl. 14 | m. 3 w. 11

Vorhandne männ. 51 | weibl. 187.

Ganze

Ganze und halbe Narren.

1780	1781
verbleiben m. 14. w. 5.	Neue männ. 5
	Gestorb. m. 1. w. 1.
	Genesene männ. 3.
	Vorhandne m. 15. w. 4.

Kindbethstuben.

In diesem Jahr.

Arme Verheyrt.	Ledige	Glückl. entbund. Verheyrt.	Glückl. entbund. Ledige	Ungl. u. gest. Verheyrt.	Ungl. u. gest. Ledige	Ungl. geb. u. gestorb. Kinder.	Gesund gebohren.
6	73	6	70	—	3	m. 1 w. 2	m. 36 w. 41

Accouchement-Stuben.

Mit Einschluß bey Anfang dieses Jahrs vorhanden gewesnen, sind in die Lehr angenommen worden.

Badergesel. von den Stadt	Badergesel. von den Land	Frauenz. Stadt	Frauenz. Land	Wirklich ausgeler. Bad. St.	Bad. L.	Frau. St.	Frau. L.	Noch vorhandne Bad. St.	Bad. L.	Frau. St.	Frau. L.
10	—	16	2	1	—	16	2	9	—	13	—

Fündel und Waisenhaus.

1780 sind vorhanden gewesen. m.	w.	1781 Neue m.	w.	Gestorb. m.	w.	Zur Profession oder Lehr sind gekommen. männ.	weibl.	Vorhandne. mân.	weib.
49	19.	40	47	28	22	9	3	52.	41.

Es stunden also noch im wirklichen Spitalsunterhalt ohne die Ehehalten, und Kindbetherinnen gerechnet 350 Personen.

2) **Das Lazareth, oder Leprosenhaus auf dem Gasteig** für die Sondersiechen wurde vermuthlich mit der Stadt angelegt. Herzog Rudolph bestimmte demselben vermög einem den 7 Jul. 1295 ertheilten Gnadenbrief jährlich ein Pfund Pfenning, oder 1 fl. 8 kr. 4 Heller, welche von der Vogtei Aying gehoben werden sollten. Kayser Ludwig ertheilte dem Haus verschiedene Freyheiten. Im Jahr 1773 ist erschienen: **Entwurf des bürgerlichen Lazareths oder sogenannten Leprosenhaus auf dem Gasteige, und dessen Einrichtung, herausgegeben von Franz Carl von Barth, Bürgermeister, und Franz Anton Pilgram, äußern Rathe, dermaligen Verwaltern,** worinn die ganze Verfassung zu ersehen ist. Vermög dieses Entwurfs sind vom 17 Jul. 1771 bis 1773, folglich in zweyen Jahren 23 Männer, worunter aussätzige, leprosische, scorbutische, erbgründige, beinkrebsige, venerische waren; davon sind 10 curirt worden, und 4 gestorben; — 60 Weibspersonen, wovon 9 gestorben, und 34 curirt worden.

3) Das Lazareth, oder Leprosenhaus zu Schwabing ist meißt für unheilbare Kranke.

4) Das nockerische oder Stadtkrankenhaus bey dem Sendlingerthor wurde im Jahr 1742 für beyde Geschlechter erbauet. Bey dem Eingang in die Hauskapelle ist auf zweyen weißen Steinen zu lesen: Gebrüder Joseph, und Georg Nocker, Bürger und Handelsleute und Wechselherren allhier in München sind Urheber und Erbauer dieses löblichen Stadtkrankenhauses 1742. Und linker Hand: Herr Johann Hugo Ducrue, Bürger Handelsmann, und Gerichtsassessor allhier ist Stifter der heiligen Messen in dieser eingeweyhten Kapelle 1746. In dieses Krankenhaus werden meist Personen mit ansteckende Krankheiten als, mit hitzigen Fiebern Behaftete, aufgenommen.

5) Das sogenannte Herzogspital so zu St. Elisabeth und St. Rochus hat Albert V angelegt, und Maximilian I vollendet. Dessen erste Gemahlinn, Renata hat zur Stiftung 20000 Dukaten, und Maximilian ein Kapital, dessen jährliche Zinsen 2000 Gulden abtragen, bestimmet. Es werden darinn vorzüglich kranke Hofbediente beyderley Geschlechts aufgenommen. Bey dem Spital ist auch ein schöner Garten, und eine Apothecke.

6) Das St. Josephsspital hat Maximilian I errichtet, und dazu 200000 fl. angelegt.

Dazu

Dazu gab Melchior Prugberger, ein hiesiger Burger, und Bader, Anlaß, indem er die Kranken in sein Haus aufnahm, und mit allem Nöthigen versorgte, welche Mildthätigkeit einige Bürger bald mit ansehnlichen Beyträgen unterstützt haben. Dieß zog die Aufmerksamkeit Maximilians, und die nachmalige herrliche Stiftung nach sich. In diesem Spital, das, wie das erstere, einen anmuthigen Garten hat, befinden sich bey 200 Kranke, und Presthafte.

7) **Das Stadtbruderhaus** hat im Jahr 1480 ein hiesiger Stadtmagistrat errichtet, und Herzog Albert IV, Wilhelm, dann der Verwalter Heinrich Berner, der nebst andern 4000 fl. vermacht, und viele andere, als Johann Zolner, die barthischen, welsischen, gözischen ꝛc. Familien unterstützet. Es werden darinn vorzüglich Bürgersleute beyderley Geschlechts aufgenommen, und sehr gut versorgt.

8) **Das Spital zu Giesing** ist meistens für ansteckende Krankheiten, als hitzige Fieber u. dgl.

9) **Die barmherzigen Brüder** nehmen alle Kranken männlichen Geschlechts (die venerischen und was dem ähnlich ist, ausgenommen)

men)

men) ohne Unterschied der Religionen auf, und versorgen sie bis zu ihrer Genesung. Sie geben alle Jahre ein gedrucktes Verzeichniß ihrer Kranken heraus. Im Jahr 1780 wurden 392 Kranke aufgenommen, wovon 44 gestorben, 324 aber gesund entlassen worden.

10) **Die barmherzigen Schwestern** nehmen gleichfals alle Kranken weiblichen Geschlechts auf, und lassen jährlich ein Verzeichniß durch den Druck bekannt machen; z. B. im Jahr 1780 haben sie 236 Kranke aufgenommen, wovon alte von 60 bis 80 Jahren 28, jüngere 12 gestorben sind.

§. III.

Milde Stiftungen.

Ich gedenke hier im Vorbeygehen einer schönen Stiftung, welche **Herzog Albrecht** im Jahr 1437 für die Städte **München** und **Landsberg** errichtet, und vermög selber verordnet hat, daß von gewissen jährlichen Zinsen arme Mädchen ausgesteuert werden sollen.

„Hierauf wir, heißt es zuletzt, all unser Erben und Nachkommen fleißiglich und durch Gott bitten, darzu allen unsern Amtleuten, Vizthumben, Rentmaistern, Pflegern, Richtern, Landschreibern, Castnern, und allen andern Amtleuten, namlich dem Rathe unsrer Statt Landsperg, die itzo seind, oder in khunfftigen Zeiten werden, ernstlichen bey unsern Huiden, und Gnaden gepieten, daß In diese unsre Stifftung in abgeschriebner Maß treulichen und unzerbrochen haltet, die nicht abnembt, noch abgehen last, eines jeden Jahrs in kain Weise. Wer es aber darüber hette, anders dann hievor geschriben, und gesetzt ist, den wurde des an dem jüngsten Gerichte gegen Gott dem allmächtigen ein Verantworter sein, und sein hörtte Strafse darumb leiden. Darumb wir auch seine göttliche Gerechtigkeit in den Sachen zu erzeigen anrufen wolten. Des alles zur wahren Urkund, und ewiger Gedächtnuß, so haben wir unser Insigl an den Brief haissen hengen. Von Gottes Gnaden Wir Albrecht, Pfalzgraue bei Rhein, Herzog in Bayern, und Graue zu Vohburg, des obgenannten Herzog Ernsts Sun, bekhennen für uns, und unser Erben, das die vorgeschriebne Stiftung mit unserm guetem Willen und Wissen geschehen ist, und wellen die treulich, und unzerbrochlichen stöt halten, in obgeschriebener Maß, und des zue wahren Urkhund, so haben wir unser Insigl an dem Brieur auch haissen hangen, das alles ist geschehen, und der Brieur gegeben zu München am Freitag vor den heiligen dreyer König Tag, in dem Jar, als man zalet nach Christi unsers lieben Herrn Geburte, vierzehnhundert, und in dem siben, und dreyßigisten Jahr.„—

1) **Das reiche Allmosen** hat im Jahr 1449 ein Bürger und Geschlechter zu München, **Martin Ridler** genannt, gestiftet, daß davon

von sechs Personen erhalten werden sollten. Diesem Beyspiel sind bald andere gefolgt, und wird wochentlich eine große Anzahl Personen beyderley Geschlechts gespeiset. Sie erhalten nämlich jeden Samstag ein Laibel Brod, und Fleisch, und in der Fastenzeit Schmalz, und Erbsen.

2) Der **Liebsbund** besteht in freywilligen Beyträgen, welche alle Monat bey den Häusern gesammelt, und dann vertheilt werden. Im Jahr 1778 war bey dem löbl. Liebsbund der Armen in München die Einnahm von den Sammlungsbüchsen 1847 fl. 39 kr. Von den Formuln 67 fl. 7 kr. Von Legaten, und Schankungen 1198 fl. 12 kr. Von Interessen 100 fl. am Geldrest 344 fl. 25 kr. Davon haben 779 Erwachsne und Kinder, dann Lehrjungen an Allmosen, Medicin, Kleidung und Lehrgeld erhalten 3393 fl. 45 kr. Auf Gottesdienst, und besondere Ausgaben sind verwendet worden 68 fl. 18 kr. Vom Jahr 1743 bis 1778 inclus. sind unter die Armen ausgetheilt worden 192879 fl. 16 kr.

3) Die **mildthätige Gesellschaft**, welche in Jahr 1779 von hiesigen Privatmännern angelegt worden, besteht in monatlichen freywilligen Beyträgen. Vermög einer gedruckten Anzeige

zeige aller Einnahmen, und Ausgaben war schon im Jahr 1780 die Einnahm von 170 Mitgliedern (worunter 68 von den höchsten und hohen Herrschaften, 10 von der Geistlichkeit, 46 von den Dikasterien, 36 von der Bürgerschaft, und 10 vom Ausland sich befanden, bey 1977 fl. wozu ein Kassarest von 49 fl. 5 kr., weiter ein Legat von der Freyfrau von Bartels zu 50 fl., zwey andere von Unbekannten zu 37 fl.; daß also die ganze Summe 2113 fl. 5 kr. ausmachte. Die Ausgaben beliefen sich auf 1943 fl. 15 kr., wovon an Hausarme 777 fl. 49 kr., an arme Kinder 909 fl. 36 kr.; an Lehrgeld 244 fl. 50 kr., und dem Buchdrucker 11 fl. bezahlt worden. Der Fond, der sich aus dem sechsten Theil jeder monatlichen Einnahme vermehren muß, bestund damals in 1213 fl. 50 kr.

„Die Gesellschaft läßt jedermann nach Belieben frey, die Bescheinigungen, und Protokolle einzusehen, welche in der Absicht beständig bey Herrn Ignaz Hepp des Raths und Handelsmanne als bekannten Kaßier der Gesellschaft liegen. Ferner steht jedem Mitglied frey, bey den Seßionen zu erscheinen, welche jederzeit den letzten Sonnabend jedes Monats Nachmittag um 4 Uhr gehalten werden.„ Der monatliche Beytrag ist ein Gulden; da sich aber viele verlauten ließen, daß sie zwar gern bey dieser Gesellschaft

sellschaft wären, ihnen aber das Bestimmte zu viel ist, so werden künftig auch halbe Billets zu 30 kr. angenommen.

4) Wilhelm V hat für 72 Männer, und eben so viele Weiber eine Stiftung gemacht, vermög welcher sie bey Gottesdiensten in der Michaelskirche erscheinen müssen.

Außer diesen sind viele kleine Stiftungen, Spenten, freywillige Beyträge ꝛc. vorhanden.

Dritter Abschnitt.

Von öffentlichen, und gemeinschaftlichen Anstalten.

Jeder Einwohner ist bey Strafe gehalten, jeden Fremden, den er beherbergt, bey dem aufgestellten Schreiber seines Viertels zu melden, welcher sodann seinen Bericht wieder weiter zu erstatten hat. Dieß geschieht um so mehr in allen öffentlichen Gasthäusern.

Für die öffentliche Sicherheit ist auf das vollkommenste gesorgt, und man hat kaum ein Beyspiel, daß auf den Strassen jemand verletzt wor-

worden. Die Patrollen schaffen (nach unserm Ausdruck) in den Bräuhäußern zweymal ab, und wen selbe nach zehn Uhr daselbst noch findet, wird nach der Hauptwache geführt, und da bis den andern Morgen behalten, wo er sodann eine Geldstrafe entrichten muß. Wer eine **Freynacht**, oder die Freyheit, Gäste die ganze Nacht zu bewirthen, verlangt, muß um selbe bey dem Platzhauptmann um Erlaubniß ansuchen.

So rufen auch, (gewöhnlich von zehn Uhr angefangen) alle Wachen jeden Wandrer an; und wer sich auf einer Rauferey, oder anderm Muthwillen betretten läßt, wird sofort nach der Hauptwache geführt.

Die **Laternen** werden (einige Zeit in Sommer ausgenommen) so bald es dunkel wird, angezündet. Es seynd ihrer über 600, und sie beleuchten die Gassen treflich.

Von zehn Uhr Nachts angefangen, schreyen die bürgerlichen **Nachtwächter** (mit einem Degen und Spiese bewafnet) die Stund aus; in stürmischen Nächten rufen sie auch, man möchte sich vor Feuer bewahren.

Auf verschiednen Thürmen sind **Wächter**, Tag, und Nacht. Auf den Thürmen der Frauen,

und

und Peterspfarr müssen sie alle Stunden, zum Zeichen ihrer Wachbarkeit die Stunde nachschlagen.. (Die Stadtthurner bey St. Peter blasen im Winter um acht Uhr, im Sommer um neun Uhr Nachts, das Abendlied).

Zu den öffentlichen Anstalten gehört auch das hiesige **Leihhaus oder Versatzamt**, wo man jedermann gegen ein hinlängliches Pfand, und einen bestimmten Zins auf eine gewisse Zeit Geld vorstreckt.

Die hiesigen **Feueranstalten** sind vortreflich. So bald die Wache in der Gasse, wo ein Feuer ausbricht, ihr Gewehr losbrennt, schlägt man von der Hauptwache durch alle Gassen Allarm. Ein Trompeter zu Pferd thut desgleichen. Auf beyden Pfarrthürmern wird mit dem Feuerhorn geblasen, Sturm geläutet, und beym Tag eine Fahne, bey der Nacht eine Laterne nach dem Ort ausgehängt, wo Gefahr vorhanden ist. So bald diese gemeldet worden, marschiren die Regimenter aus den Kasernen, mit ihren Donistern, nach den ihnen schon bestimmten Pläze. Ein Theil derselben geht schleunig zur Rettung ab. Jeder Bräuer, und Brandtweiner eilet mit seinem Wassereimer, und der erste bekommt eine Belohnung. Vom Hof und dem Stadthaus, in welchem leztern das ganze Jahr, die nöthigen Vorkehrungen bereit stehen müßen, werden Feuerleitern, Hacken, Spritzen 2c. herbeygeführt. Kaminfeger, Zimmerleute 2c. verrichten ihre Dienste, und die Gefahr ist gewöhnlich bald gedämpft. Im dringenden Falle werden auf den Strassen von den verborgenen Teichen herauf in einem Augenblick überaus ergiebige Wasserströmme in die Höhe geführt. So lange die Brunst dauret, bleiben die Stadtthore geschlossen.

So oft im Sommer ein Ungewitter entsteht, versammeln sich auf der Landschaft ein Mauermeister, ein Zimmermeister, ein Pallier 2 Kaminfeger, und etliche Tagwerker.

In dem Stadthaus stehen Tag und Nacht vier Pferde angeschürrt, um unverzüglich erscheinen zu können.

Die Strassen werden jeden Mitwoch und Samstag gereinigt, und alle Jahre werden die Bäche um, und in der Stadt **ausgekehrt**, nämlich, vom Unrath gesäubert.

Oeffentliche Brunnen, welche die Stadt zu besorgen, und überaus schön hergestellt hat, sind in allen Gassen. Im Hammerthalerhof

ist

ist noch ein Ziehbrunnen mit Ketten nach alter Art zu sehen. Durch das Sendlinger, und Isarthor laufen unter der Erde Wasserteichen durch die vornehmsten Strassen der ganzen Stadt, und von denselben läuft das Wasser in den innern Hof des Hauses in ein Behältniß, oder in die Küche. Von den Kanälen, welche durch die Stadt gezogen sind, ist schon Erwähnung geschehen.

Zur **Wegschaffung der Betler**, und zur Aufhebung des müßigen, und verdächtigen Gesindels sind die Romorknechte von der Policey bestellt, welche in- und ausser der Stadt, unabläßlich herumgehen, und die ihnen zugehörigen Personen gemeiniglich nach dem Zuchthaus bringen.

Zur Aufnahme der verlaßnen **Kindbetterinnen** (ehlicher, und unehlicher) ist eine öffentliche Kindsstube bey dem heiligen Geist zugegen; dahin werden auch die Fündlinge gebracht.

Die **Hebammenschule**, wohin fähige Frauen unentgeltlich gehen können, um sich von einem daselbst aufgestellten Medico unterrichten zu lassen, ist ebenfalls beym heiligen Geist zugegen. Die anzustellenden Hebammen werden streng geprüft, und dann als fähig erklärt.

Ein chirurigsches Collegium wird im neuen Soldatenlazareth öffentlich gelesen.

Hieher gehört die jüngst durch ein gedrucktes Schreiben bekannt gemachte höchste Anbefehlung Sr. churfürstl. Durchlancht, Karl Theodor, vermög welcher das churfürstl. Kollegium medicum die in hiesiger Haupt- und Residenzstadt München sich befindenden approbirten Aerzte, Wundärzte, und Barbirer in die 4 Viertel dergestalt eingetheilt, daß selbe den wahrhaft armen, und bedürftigen Kranken, um sich nicht mehr den so höchst schädlichen Pfuschern anvertrauen zu dürfen, ohnentgeltlich, wie es Pflicht und Menschenliebe erfordert, beyspringen sollen.

Die Anstalten zu **Leichenbegängnißen** werden von **Seelnonnen** besorgt, welche in eignen Häusern beysamm wohnen, und in die Nonnen **von Hof**, und in die **der Stadt**, unter deren Aufsicht sie auch stehen, abgetheilt werden.

Unmittelbar nach dem Gebetläuten am Abend werden unter dem Landschaftsbogen bey einem Fischbrunnen die **vergandeten Häuser**

von

von einem Stadtdiener ausgerufen, und sodann der Preis wieder auf eine öffentliche Tafel geschrieben.

Lohnlakaien zur Bedienung der Fremden trift man in allen Gasthöfen an.

Miethkutschen sind zu allen Stunden, und um leichten Preis zu haben. Man bedient sich auch häufig bey Tag und Nacht der Tragsesseln welche in der Dienersgasse zu jeder Stunde augenblicklich zu haben sind. Die Träger welche aufgenommen werden, sind daselbst auf einer eignen Gemeinstube unabläßlich zugegen; sie tragen blaue Röcke, und haben eine rothe breite Schärpse um die Mitte gebunden.

Die Brod, Bier- und Fleischtaxen sind öffentlich zu sehen.

Zur Besichtigung, und Prüfung des braunen Biers, ob es sowohl an Güte dem Taxe angemessen, als der Gesundheit nicht nachtheilig sey, gehen von den Rathsgliedern des bürgerlichen Stadtraths zween Komissarien so oft zur Beschau, als der Bräu einen neuen Sud gemacht; und im Falle eines beträchtlichen Fehlers wird das Bier entweder sehr herunter gesetzt, oder auf die Strasse geführt, und losgelassen.

Zur

Zur Besichtigung, ob das Gewicht auf dem Markt nicht verringert, die Früchte nicht unreif, oder keine verdächtigen, wie z. B. einige Arten von Erdschwämmen seyn können, zum Verkauf gebracht werden, ist ein eigner Gerichtsdiener bestellt, welcher die Victualien, die, wie z. B. der Butter, nach dem kleinen Gewicht verkauft werden, wäget, und alles Vorhandne durchsuchet.

Oeffentliche **Truchenlader** welche von der Stadt aufgenommen, und zur Ladung der Kaufmannsgüter u. dergl. bestimmt werden, sind in hinlänglicher Menge vorhanden.

Die Tagwerker, so wie die Weiber, welche eine ländliche Arbeit auf Wiesen, und Aeckern verrichten können, warten im Sommer mit ihren Feldgeräthen versehen, auf dem Plaz, bis man sie dingt.

Ausser der gewöhnlichen hiesigen **Zeitung**, oder dem **Staats, gelehrten, und vermischten Nachrichten**, alle Wochen viermal erscheinen, wird alle Samstag ein Nachtrag, und alle Mittwoch ein Blat herausgegeben, worinn gefunden und verlorne Sachen, Wohnungen, Dienste, welche vergeben, oder gesucht werden, künftige Licitation, die Anzahl der Gebornen, und der Anzeige

zeige der verstorbnen mit ihrem Name, Stande, und Lebensjahre, und der Gaße, wo sie wohnten, die Fremden, welche in Weingasthäusern ankamen, und endlich die Schranenpreise bekannt gemacht werden.

Alle Jahre erscheint ein vollständiger Hofkalender.

Die Thore werden im Winter um neun Uhr, im Sommer um 10 Uhr so geschlossen, daß, wer noch später ankommt, nur bey dem sogenannten Einlaß in die Stadt kommen kann, wo dann für jede Person 6 kr., und für jedes Thier, Pferd, oder Hund, eben so viel erlegt werden muß.

Die kleinere Thorsperr, nach welcher die Thore zwar noch frey gelassen, von jeder Person aber ein, und von jeden Pferd zween Kreuzer abgefordert werden, geschieht nach der zu- oder abnehmenden Jahrszeit, früher oder später, sogleich nach dem Gebetläuten, vor welchem eine viertel Stunde mit einer sehr vernehmlichen Glocke in der Frauenpfarr geläutet wird. Gegenwärtig geschieht diese Thorsper folgender maßen: Im Januari vom 1 bis den 15 um halb 5 Uhr, vom 16 bis den 31 um 5 Uhr. Im Februari vom 1 bis den 15 um halb 6 Uhr, vom 16 bis den letzten um 6 Uhr

Im

Im Marti vom 1 bis den 15 um 6 Uhr, vom 16 bis den lezten um halb 7 Uhr. Im April, vom 1 bis 15 um 7 Uhr, vom 16 bis den lezten um halb 7 Uhr. Im May, vom 1 bis den lezten durchgängig um 8 Uhr. Im Junius, vom 1 bis den letzten um halb 9 Uhr. Im Julius, vom 1 bis den 15 um halb 9 Uhr, vom 16 bis den letzten um 8 Uhr. Im August, vom 1 bis den 15 um 8 Uhr, vom 16 bis den lezten um 8 Uhr. Im September, vom 1 bis den 15 um 7 Uhr, von 16 bis den lezten um halb 7 Uhr. Im October, vom 1 bis den 15 um 6 Uhr, vom 16 bis den lezten um halb 6 Uhr. Im November, vom 1 bis den letzten durchgäng um 5 Uhr. In Decemb., vom 1 bis den lezten um halb 5 Uhr.

Vierter Abschnitt.

Märkte.

Die zween vornehmsten Märkte sind der heil. Dreykönig- und der Jakobimarkt.. Dieser leztere ist bey Gelegenheit des Portiuncula-Ablasses entstanden, welchen Papst Bonifacius IX. im Jahr 148, der Kirche zu St. Jakob auf dem Anger, wegen heil. Reliquien, welche man auf dem Berg Andechs gefunden, und in

das

das Klarisserinnenkloster Anger versetzt hat. Da sich nun dieser Ablaß bis auf die Oktav St. Jakobs erstrecket, und sich dabey täglich eine unzählige Menge Volks versammelt hat: so ist ein privilegirter Jahrmarkt aufgerichtet worden, den man darum, weil selber von Indulto angefangen, in deutscher Sprache die **Jakobidult** nennt. Diese beyden Dulten, oder Märkte dauren vierzehn Täge. Wann sie anfangen, so wird die sogenannte **Freyung** geläutet, oder die Freyheit, zu handeln, mit dem Zeichen einer Glocke von der Frauenpfarr eröffnet.

Alle Samstag wird der grosse Getraidmarkt, oder die sogenannte **Schranen** auf dem großen Platz gehalten.

Die übrigen, und kleinern Märkte sind:

a) Der **Nikolausmarkt**, wozu aber nur die Stadteinwohner gelassen, und meistens Sachen für Kinder verkauft werden.

b) Die **Roßmärkte**, welche die drey ersten Mitwoche in der Fasten im **Thal**, und am Jakobitag auf dem Anger gehalten werden.

c) Alle Donnerstag der **Hornviehmarkt** auf der Lüften, wozu das Vieh meistens eben vom Gebirge hergetrieben wird.

d) Die

d) Die Schweinmärkte zu verschiednen Jahrszeiten, und an verschiednen Orten.

e) Der **Vogel- und Hundemarkt** Vormittag alle Sonn- und Feyertäge auf dem Platz.

f) Der **Fischmarkt** alle Fast- und Abstinenztäge auf dem Fischbrunnen.

g) Alle Quatemberzeit werden Kistlerarbeiten zu verschiednen Hausgeräthe, als Kästen, Bettstätte, Stühle u. s. w. von Tölz herab nach dem grossen Platz zu Markt gebracht.

h) Der **Holzmarkt** alle Täge auf drey öffentlichen Plätzen, nämlich im Thal, in der Sendlingergassen, und auf dem Platz des Schulkollegiums. Auch wird auf den sogenannten Lenden Holz verkauft.

i) Der **Heumarkt** alle Tage auf dem Anger.

k) Der **Früchten- und Kräutermarkt** alle Tage von den Inwohnern auf dem grossen Platz; von Fremden auf dem Franciskanerplatz. Die Tyroler verkaufen ihre Früchten alle Quatember unter dem Raththurm.

l) Der

l) Der Eyer- und Geflügelmarkt alle Tage auf dem sogenannten Eyermarkt, nebst dem großen Brodhaus.

m) Der Baum- und Blumenmarkt auf dem Platz.

n) Der Taubenmarkt wird alle Sonn- und Feyertage in der Frühe auf dem Eyermarkt gehalten.

o) Der Weinstadl in der Dienersgasse.

Viele, die Viktualien, und andere Hausbedürfnisse betreffende Dinge werden von den Verkäufern in den Gassen herumgetragen, und ausgeschrien, wobey zu merken, daß jede Art dieser Leute einen eignen, bestimmten, zum Lautrufen bequemen Fall und Ton ihrer Stimmen habe.

Hieher gehören die Täntlmärkte, meist auf dem Anger; — die Licitationen.

Fünfter Abschnitt.

Gefängnisse, Strafen, Belohnungen.

Diese können sowohl allgemein genommen, als auch für sich insbesonders, in soweit sie vom Hof, oder dem Land, von dem Militär, oder der Stadt abhängen, betrachtet werden.

Standspersonen, so lange sie sich des gerichtlichen Verdachts einer höhern Ahndung, und Untersuchung, schuldig zu seyn, noch nicht entledigt haben, werden entweder in ihren eignen Häusern, oder auf der Hauptwache, oder sonst in einem anständigen Behältniß bewachet.

Gewöhnlicher aber ist seit einiger Zeit, zumal für Personen von etwas minderm Rang, der sogenannte neue Thurm bey dem Kostthörl, bestimmt, vom welchem nachgehends die Arrestanten, mit dem Zeugniß ihrer Unschuld, wieder frey entlassen, oder im Fall eines härtern und gesetzmäßigen Verdachts, nach den Falkenthurm, oder andern Behältnissen gebracht werden. Ueber diese ist ein Lieutenant angestellt, welcher geringere Gerichtsdiener unter sich hat.

Für

Für Bürger ist das sogennnte Schergenstübl bestimmt. In diesem sowohl, als im erwähnten neuen Thurm, wohin auch das sogenannte Schottenstübl gehört, werden die Arrestanten mit aller geziemenden Anständigkeit behandelt.

Personen des niedern Stands werden nach dem Zuchthaus geliefert, und von da wieder entlassen, oder weiter gesetzt.

Für das Militär sind die Hauptwachtstuben, und der Taschenthurm.

In diesem sowohl, als in dem Falkenthurm sind die Arrestanten gewöhnlich mit Einer, oft mit mehrern Ketten geschlossen. In den engen und ungesunden Keuchen sitzen auch mehrere Arrestanten beysamm, und zwar gänzlich ohne alle Arbeit. Noch weniger darf hier jemand Besuch annehmen.

In dem Zucht- oder Arbeitshaus sind die Arrestanten in geräumigen, für beyde Geschlechter abgesonderten Zimmern beysammen, wo sie zur Arbeit angehalten werden. Hier sitzen auch die ewig Gefangenen.

Eine solche Anstalt, wo jemand, der sich

keines Verdachts, oder Vergehens schuldig gemacht hat, frey, und ohne Gefahr eines Vorwurfs hingeben, und zu seinem Unterhalt zu allen Zeiten eine Arbeit fodern könnte, ist noch nicht vorhanden.

Die leichtern und anständigern Strafen bestehen in schriftlichen Verweisen, in Geldstrafen, im Arrest, wozu, ausser den erwähnten bessern Behältnissen, zuweilen der Thurm im **Grünenwald** gebraucht wird.

Bey leichtern Vergehungen werden diejenigen, welche sich darauf betretten lassen, nach der Hauptwache geführt, wo sie eine bestimmte Geldstrafe erlegen müßen. Betrifft et etwas härteres: so werden gemeinere Leute, die unter keine Zunft gehören, im Zuchthaus mit Arrest, wozu gewöhnlich Schläge kommen, belegt.

Einigen Zünften waren ehe eigne Strafen, im Fall, daß sie sich in Dingen, welche ihr Gewerb betreffen, vergiengen, bestimmt. Als ein Denkmal derselben ist bey der sogenannten Roßschwemm noch die **Beckerschlenge** vorhanden. Man setzt nämlich denjenigen, der sich zünftig vergangen hat, in einen Korb, welcher an einem Balken festgemacht ist, und schleudert ihn in den Bach, aus welchem er aber sogleich wieder herausgezogen wird.

Alle

Alle Strafgerichte, und vor allen die peinlichen, werden bey verschlossnen Zimmern gehalten. *) Wird jemand peinlich eingezogen, und ist er eines Verbrechens in dem von den Gesätzen bestimmten Grad verdächtig: so schreitet man mit ihm zur Tortur, deren es verschiedene Arten und Stufen giebt, von denen einige, z. B. die ehmalige Folter, außer Uebung kommen zu wollen scheint. Die gewöhnlichste Art besteht itzt in Ausspannung der Glieder, und in Streichen mit Gärten, welches zu drey verschiednen Malen wiederholt wird. Nachdem man den gesätzmäßig Verdächtigen auf alle mögliche Weise zu bereden sucht, daß er bekennen soll, und jener darauf

*) In vielen Ländern sind diese (so, wie die andern) Gerichte öffentlich. In England liest man in Gegenwart des Volks dem Angeklagten die Verbrechen vor, deren er sich schuldig gemacht haben soll, und dann ist er gehalten, ich bekenne dieß, oder ich läugne es, zu sagen; in diesem letztern Fall schreitet man beyderseits zu den Proben, und zwar ohne alle Tortur, von welcher nie einiger Gebrauch gemacht wird, ausser, der Angeklagte gebe gar keine Antwort. Wenn dieß geschieht, so bedient man sich eines sehr grausamen Mittels, ihn zum Reden zu bringen. Man legt ihn ausgestreckt auf ein Brett, und mit einem andern, das über seinem Angesicht zu liegen kömmt, deckt man ihn zu. Dieß beschwert man immer mit schwerern und schwerern Gewichten, bis er redet, oder bis er stirbt, falls er nicht reden will.

verharret, daß er schon wirklich die Wahrheit gesagt habe: so führt man ihn in die Torturkammer, deren Wände ganz schwarz, und um und um mit Lichtern behängt sind. Wo der Angeklagte sein Auge hinwendet, erblickt er peinliche Werkzeuge. Man kleidet ihn aus, legt ihm das Torturhemd, das auf dem Rücken geöffnet ist, an, wirft ihn auf eine Bank, und bindet ihm mit eignen Stricklein die Händ und Füsse so schmerzlich an den Füssen der Bank an, daß schon dieser Anfang für eine Art von schwerer Tortur gehalten wird. Wenn nun der ganze Körper auf alle mögliche Art gespannt ist: so versetzt man ihm mit einer dicken Gerte, oder Ruthe die zuerkannten Streiche, deren jeder das Fleisch bis auf die Gebeine entzwey schneidet. Gemeiniglich besteht die erste Tortur in dreißig solcher Streiche. Dieß wird den zweyten Tag, oder doch bald darauf wiederholet, und die Streiche werden nicht selten verdoppelt. Die Nacht, ehe die dritte Tortur vorgenommen wird, legt man dem Verdächtigen einen schweren, höchst beschwerlichen eisernen Ring um die Mitte des Körpers, wodurch derselbe auf eine peinliche Art zusammgepreßt wird. Dazu kommen zuweilen eisene Handschuhe, deren Last sehr ermümüdend ist. So vorbereitet führt man jenen das drittemal in die Torturkammer. Nachdem er wieder hergerichtet ist, ergreift ihn der Nach-

richter

richter um die Mitte, und setzt, oder wirft ihn auf ein Bret, oder Stuhl, aus welchem eisene Spitze herausgehen, und ihm in das Fleisch dringen. — Wenn er nun wieder zu denken vermag, so setzt man ihn auf eine Bank, auf welcher er, gebunden, das erste- und zweytemal die gesetzte Anzahl von Streichen erhielt; dann befestigt man an jedem Daume, und jeder grossen Zehe kreuzweis eine Schnur, und durch die Hölung der Arme, welche auf dem Rücken zurückgezogen sind, stecket man eine Walze voll von eisenen Spitzen. Die geringste Bewegung verursacht in diesem Zustand unsägliche Schmerzen. Von Zeit zu Zeit zieht oder schnellt der Nachrichter die Schnur, welches den ganzen Körper erschüttert. In dieser Stellung versetzt man ihm nun die letzten, gewöhnlich sechszig bis siebenzig Streiche. Bey jeder Tortur ist ein Medikus zugegen, welchem aufgetragen ist, den Richtern anzuzeigen, ob ein Körper im Stand sey, ohne tödtliche Gefahr die Tortur auf einen gewissen Grad auszuhalten. Vielen kostet dieselbe, wie leicht zu erachten, dem ungeachtet das Leben.

Unter die Strafen, die zugleich auch entehrend sind, gehört das Zuchthaus, der Pranger, das Schragenstehen mit Schlägen, das Brennen eines Buchstabes auf den Rücken,

das

das Aushauen mit Ruthen, das Abschwören der Urphed, u. s. w. Hieher gehören auch einige mindere Strafen, als z. B. das öffentliche Gassenkehren ꝛc.

Die Todesarten sind das Köpfen mit dem Schwert auf einem Stuhl; das Henken; das Radbrechen; das Verbrennen; die Verurtheilten werden zuweilen in Thierhäute genäht hinausgeschleift, oder mit glühenden Zangen gezwickt, u. s. w.

Die Feyerlichkeit ist folgende. Wenn nun einem Schuldigerklärten der Tod (aber nicht die Art) angekündigt worden, so werden ihm drey Täge zur Vorbereitung zugelassen, welche ganze Zeit er in einem sehr ehrbaren Zimmer verbleibet. Er kann auch Besuche annehmen; und wenn es kein Dieb ist, der den Schaden noch nicht ersetzt hat: so kann er sogar testiren. Am Tag des Urtheils wird früh Morgens eine eigens zu diesem Ende bestimmte Glocke zum Gebeth gezogen, und ein Gegitter des Rathhauses wird mit einem rothen Tuch überhängt. Ehe man den Verurtheilten aus dem Thurm führt, wird er noch einmal von den Kommissarien besucht. Sohin bindet man ihm die Hände auf dem Herzen mit einem Stricklein zusamm, mit welchem ihn auf dem Rücken ein Eisendiener, der nachtriet, tritt, festhält. Wenn er auf das Rathhaus kömmt, so übernimmt ihn die Stadt. (welches in dem Falle, daß der Verurtheilte aus dem Kerker der Stadt kömmt, nicht nothwendig ist.) Hier wird er auf der Stiege dem Anblick des versammelten Volks dargestellt. Der Scharfrichter tritt hinzu, bindet ihn auf das neue, und bittet ihn wegen Verrichtung seines Amts um Verzeihung. Während dem liest man von einem Gitter des Rathhauses das Verbrechen, und Urtheil (welches auch gedruckter verkauft wird) öffentlich herab, nach welchem ein kleiner Stab entzwey gebrochen wird. Sodann führt man ihn auf das neue fort, und vier Männer von der bürgerlichen Schaarwache, mit eisenen Brustharnisch, und dergleichen Peckelhauben, und einige Schergen mit kurzen rothen, und blauen Mäntelchen, die selben bis an die Mitte gehen, begleiten ihn. Wenn er der Richtstatt allgemach sich nähert, und ihm der Kopf abgehauen wird: so schreyet ein Scherge von derselben zu dem versammelten Volke dreymal: Stillo! verbietet auch bey Leib- und Lebensstraf Hand anzulegen, falls dem Scharfrichter sein Amt mislingen sollte. Das Gericht nähert sich zu Pferd, und das Urtheil wird vollstreckt. Diesem folgt eine kurze Leichenpredigt.

Die, welche durch das Schwert sterben,

werden sogleich in die Truche gelegt, und von der Armenbruderschaft ehrlich zu Grabe getragen. So werden auch die Gehenkten am Abend herabgenommen, und begraben.

Belohnung ! !

Sechster Abschnitt.

a) Leibsübungen, b) Feyerlichkeiten, c) Spiele, d) Vergnügungen.

Hier ist der Ort, wo ich viele Dinge berühren werde, welche manchen Leser beym ersten Anblick sehr unbeträchtlich scheinen möchten, und es doch nicht sind. Ich habe in der Vorrede dieser und ähnlicher Gegenstände schon erwähnet, und uns von der Wichtigkeit derselben auf eine Art zu überzeugen gesucht, welche uns Ehrfurcht für einzele hinfällige Denkmäler alten Weisheit, als in welchen viel liegt, wenn man suchen kann, einflössen soll. Alle weisen Völker bedienten sich sinnlicher, ausdrückender Bilder und Feyerlichkeiten, um ihre heiligsten und wichtigsten Wahrheiten in alle Herzen zu graben, und es ist ein Beweis von einer tiefen Versunkenheit des Verstands und des Gefühls, selbe gänzlich aufzuheben.

Unsre

Unsre herrlichste, und die herrlichste Feyerlichkeit, die mein Geist sich vorstellen kann, ein Tag im Jahr, wo jedes Kind, und jeder Greis jubilirte, und jeder Vogel freudiger über die Stadt flog, war der Frohnleichnahmstag, dessen außerordentliche Feyerlichkeit von uralten Zeiten her berühmt, und durch den Druck bekannt gemacht worden ist. Einiger zufälliger Mißbräuche wegen wurde das Ganze seit kurzem sehr eingeschrenkt.

a) Die Leibsübungen bestehen bey dem Adel, und dem angränzenden Stand im Reiten auf der Schule, im Fechten, und Tanzen auf den Zimmern, im Baalspielen auf den Baalhäusern. Hieher gehören auch einige Spiele, als das Billard, welches dem Körper zu leichten, und vielfältigen Bewegungen, und dem Auge zur Erlangung der Sicherheit verhilft.

Vorzüglich aber verdient hier unter den Uebungen, welche bey der anständigsten Unterhaltung auch die Beförderung einer bürgerlichen Geschicklichkeit zum Zweck haben, angemerkt zuw erden, die löbliche Schützenzunft, oder Gesellschaft, welche ordentliche Satzungen und Regeln zum Grund hat, und verschiedne Freyheiten genüßt. Sie hat eine eigene schöne

Schieß-

Schießstadt, wo sich zu allen Zeiten jedermann üben kann, und die Mitglieder sich gewöhnlich jährlich Einmal mit vieler Feyerlichkeit versammeln. Die Schützen, wie auch die Gäste, ziehen am Jakobitag von dem Rathhaus unter klingendem Spiel aus der Stadt, wobey die Fähnlein, und die Scheiben mitgetragen werden. Bey ihrer Ankunft in der Schießstadt werden Stücke gelößt, welches bey andern Gelegenheiten, und am Ende wiederhollt wird. Es versammeln sich jederzeit aus dem Inland, und den benachbarten Ländern die ansehnlichsten Gäste, und selbst der gnädigste Landsfürst beehret sie mit seiner Gegenwart. Ich habe nicht unlängst eine ganze Sammlung kleiner silberner Täfelchen, welche zu den Alterthümern der Stadt gehören, gesehen, worauf die Wappen und die Nämen derjenigen zu sehen sind, die dieser Feyerlichkeit beygewohnet, und dieß Denkmaal zu seinem Andenken hinterlassen haben.

Um eben diese Zeit wird gewöhnlich ein großes Pferdrennen gehalten, und zwar gegenwärtig auf einem Platz in die Rundung, wo man die Pferde nie aus den Augen verliert. Während daß man die Pferde nach dem alten Gebrauch auf dem Weg, den sie nachmals laufen sollen, herumführt, werden verschiedne kleinere Spiele, als das Wettlaufen, Stelzengehen, und dergleichen gegeben.

In

Zu diesen Kampf der Ehre, und Belohnung versammelt sich, wie zu jenen, so zu sagen, das Land, nachdem sich jeder der Mitspieler in seiner Heymath, wo alle diese Uebungen zugegen sind, vorbereitet hat.

b) Von den bürgerlichen Feyerlichkeiten haben sich nun noch einige wenige, und diese nur bey Stiftungen, oder Zünften, aus einer so geraumen Zeit her erhalten, daß uns ihre Bedeutung unnützlich, unverständlich, und die Vorstellung überhaupt nicht selten belachenswürdig geworden. Ich erwähne derselben nur, weil ich glaube, sie haben bey ihrer Einführung meist einen guten Zweck gehabt, und dieneten uns zum aufmunternden Beyspiel, etwas unsrer Zeit Angemeßnes an ihre Stelle zu setzen.

Von dem uralten Volksspiel, und dem Bild des Tespis, der auf zween Schrägen Breter legte, und sein Gesicht mit Hefen beschmierte, von jener unveränderlichen Neigung, die uns allen eigen ist, alles nachzuahmen, und darzustellen, erlöschen eben noch vor unsern Augen gerade die letzten Linien, indem diese Erfindungen der menschlichen Einbildungskraft, und des Geschmacks eine Vollkommenheit erreicht hat, welche einer wohlgeordneten Policey nicht zulassen, jene erstere zu dulden. Die sogenannten Weyhnachtsspiele, le, welche zulezt in die Zechstuben wanderten, gehen billig dahin. Ein Spiel für die Bauern wanderte ebenfalls am lezten Faschingstag, einen Tag nämlich vor dem künftigen Roßmarkt herum. Es hieß der Blassel.

In den Dultzeiten singt man auf öffentlichen Plätzen Volkslieder ab, von welcher Einführung sich der beste Gebrauch machen ließ.

Einzeln werden auch noch Lieder vor den Häusern gesungen, welche ehemals, wie die Nachtmusiken, die noch in voller Gewohnheit sind, üblich waren.

Am großen Seelentag macht man den Kindern noch diese Stunde kleine Geschenke, welche in Kleidungsstücken, und großen Theil in allerley Arten von Früchten bestehen. In der sogenannten Klopfnacht ist noch die Gewohnheit, daß man (dermal aber schon Kinder, Lehrjungen, und arme Leute) vor den Häußern anklopft, und vermittelst eines bestimmten Gesangs eine Gabe fordert. Am Vorabend St. Nikolaus, und am Abend dieses Tags selbst, macht man den Kindern, nachdem sie ehe eine kleine Prüfung ihrer Wissenschaften, und Sitten gegeben, Geschenke. Der Gebrauch, daß ein verkleideter Nikolaus, mit Bischofsmantel, Stab und Mütze, von Leviten, und andern Kirchendienern, wie auch einem sogenannten Glaubauf, dessen Maske ins Abentheuerliche und Erschreckende fiel, herumfahre, ist löblich verboten. Eben dieß geschah hier auch mit der Gewohnheit am Nachmittag vor dem Palmentag, und diesem selbst, daß die Knaben, mit einem Fähnlein in der Hand, auf einem hölzernen Esel, worauf Christus der Herr war, um die Pfarrkirchen herumfuhren. Der Gebrauch des Osterkuchens, und der Oster-Eyer ist noch vielfältig vorhanden. Hieher gehören auch andere erlöschende Feyerlichkeiten am Neuenjahrstag, und dem ersten Tag May, welches noch Ueberbleibsel uralter Dinge sind.

Alle drey Jahre wird im Monat Febr. der **Schäflertanz** erneuert, welcher darinn besteht, daß zween und zween einen mit Laubwerk und Bändern gezierten Bogen in der Hand halten, und bey der Melodie einer Trommel, und eines einfachen Pfeifenstücks mit einem hüpfenden Tanz verschiedne Wendungen, und vermög ihrer Bogenreiffe verschiedne Figuren beschreiben. Etwas ähnliches wiederholen alle acht Jahre die **Braunauer**, welche nach München ziehen, und vor dem ansehnlichsten Häusern auf der Gasse mit entblößten Schwertern einen figurlichen, einfachen Tanz, welcher der **Schwerttanz** genannt wird, zu halten pflegen.

Am

Am Faschingsmonntag ziehen die Mezger von ihrer Ladstube, paarweis auf den Hauptplatz nach den Fischbrunnen; den Zug beschliessen die ausgelernten Mezgerjungen, auf Pferden, und ganz weiß gekleidet, und für jedem folgt, gleichfalls geritten, ein Knab, der nachmals einen von jenen beschenken soll. Wenn jene Ausgelernten zu den Brunnen kommen, so stehen sie sämmtlich auf den Rand desselben hinauf, und zwischen sie steht ein Altgesell. Dieser sagt einen gereimten, ziemlich langen Spruch herab, während welchem er denjenigen, der ihm am nächsten steht, wiederholter Weise auf die Schulter schlägt. Wenn dieß vorüber: trinken sie sämmtlich verschiedne Gesundheiten, und dann springen die Jungen in das Wasser, wo sie zu dem Ende Schapfen finden, um mit allem Muthwillen aufeinander zu schütten. Dann reiten jene Knaben hinzu, und jeder hänget demjenigen, der ihn zum sogenannten Gevatter gebeten hat, an einem rothen Band eine Denkmünz um den Hals.

Und so hält fast jede Zunft einen sogenann. Dinzeltag, oder Danztag, wo die Zunftmännigen feyerlich angekleidet, und in Ordnung, gewöhnlich mit Musik, oft auch eines gewissen Wohlverhaltens wegen, mit der Trommel, nach der Kirche, dann zum feyerlichen Mahl und zum Tanz ziehen. Bey jedem dieser Züge wird von dem Altgesellen die Zunftlade, und von einem andern der **Willkomm** getragen, ein Becher nämlich mit Wein, welchen dieser jedem Bekannten zum Trunk reicht. Was von den übrigen noch vorhandnen, Gebräuchen der Zünfte zu halten, habe ich ebenfals in der Vorrede erinnert.

Am früheſten Morgen des erſten **Maytags**, bald nämlich nach zwey Uhr in der Nacht reitet ein Knecht von dem heil. Geiſtſpital auf einem **Schimmel** durch die vornehmſten Straſſen der Stadt, und ſchreyet in einer alten Mundart, man ſoll zum heil. Geiſt kommen, wo man die Bretzen ausgiebt.

Am **Pfingſtmonntag** kommen von den benachbarten Dörfern einige Trouppen junger Bauernkerls geritten, und auch zu Fuß, in die Stadt, und führen mit ſich ein männliche und weibliche Maske, **Hans**, und **Krede** genannt, welche ſich über ein herumlaufendes Rad, an deſſen entgegen geſetzten Enden ſie feſtgemacht ſind, einander die Hände geben. Die Anführer ſagen vor den Häuſern einen gereimten Spruch herab, nach welchem alle zuſamm jauchzen. Doch iſt dieß ſeit kurzem aufgehoben worden.

Am Tag Johann des Taufers tragen die Schlosser = und Schmiedslehrjungen, ihrer vier und vier, in einem großen weisem Tuch ein kleines Männchen, der Jakel genannt, herum. Sie fassen das Tuch an jedem Ende, und während, daß sie einen gereimten Spruch herabschreyen, schwingen, und schleudern sie das Männchen in alle Höhe, und fangen es sodann, wie es herab fällt, wieder auf.

An eben dem Tag, und noch viele Feyertäge nachher wird von den benachbarten Dörfern das bekannte Johannesfeuer angezündet, bey dem sich Alt = und Jung versammelt. Man sieht hier am nämlichen Abend von dem Gebirgen, die Feuer.

c) Was die eigentlichen Glücksspiele, deren einige auch zur Leibesbewegung und Uebung, andere zur Schärfung des Witzes und der Aufmerksamkeit etwas beytragen, betrift, so sind gegenwärtig, ausser den Schießstätten, das Billard, das deutsche und französische Kartenspiel, dessen es verschiedne Arten giebt, als, das Bret, wo das Damenziehen, der lange Puff, und Schach, und die Mühl gespielt wird. Unter der gemeinern Klasse ist, neben den deutschen Karten, üblich, und allgemein das Kegelschieben, wo es wieder verschiedne Arten

giebt,

giebt, als das Schmarakeln, Budeln, und Langausschieben; — kleine Kegelspiele in Zimmern; — das Eisschießen; kleinere Spiele — als das Gänsespiel — das Pfandspiel; — das Hang den Mann; — Gewette, Glückshafen, Lotterien.

Für die Kinder war, bis auf die letzten Zeiten, und ist noch zum Theil üblich der bey uns sogenannte Gregori, eine, als wohleingerichtete Feyerlichkeit betrachtet, an sich selbst, überaus löbliche Einführung, welche in allen Städten, und Flecken Europens unter verschiednen Namen erscheinet; denn überall hält man es für wichtig, und schön, die Kinder zur Freude zu versammeln, und welcher Anblick ist herrlicher, als etliche hundert Kinder, auf einem Platz, in verschiednen Freudengruppen zu sehen? Man vergebe mir diese kleine Erinnerung.

Die Kinder ziehen gegenwärtig, feyerlich angekleidet, nach der Kirche, und nach Mittag nach der Schießhütten, wo sie sich mit verschiednen Spielen belustigen.

Unsre Kinderspiele sind der Baal, und die Arten desselben sind das Kreisstehen, das Raketschlagen, das Einkindeln; und, ein prächtiges

tiges Spiel, das Ballonschlagen. Kleinere Spiele sind das Ringlspiel, das Steintappeln, das Einrückeln, das Plateln, das Kapuzinerspiel, das Handwerkerspiel, und andere, welchen fast immer, ausser der körperlichen Bewegung, eine nützliche Uebung zum Grund liegt.

d) Ausser den erwähnten Spielen kommen vor, als Vergnügungen einer höhern Art die Jagd, deren es verschiedene giebt, als die *par force* Jagd, Seejagd, das sogenannte Fuchsklopfen, u. s. w.; die Reigerbeize, eine recht fürstliche Ergötzung.

Der Tanz; die Französischen, Englischen, der deutsche Walztanz, die sieben Sprünge. Die Gelegenheiten dazu sind die Redouten, und Bäle, den Winter hindurch; der Faux Hall im Sommer; und die Gesellschaften in den verschiedenen schönen Lustgärten um die Stadt, wo fast täglich getanzt wird. Auch halten viele Professionen ordentliche Tanzschulen.

Die Musik; gewöhnlich wird alle Woche einmal öffentliche Hof-Akademie gehalten, wo sich die hohen Herrschaften zum Spiel einfinden, während dem von einem der besten Orchester in der Welt Musik gemacht wird. Die berühmtesten fremden Tonkünstler, die hier durchreisen,

und

und nicht selten hohe Herrschaften, lassen sich gefallen, sich hören zu lassen.

Kleine häusliche Musikakademien zur Uebung, und zum Vergnügen findet man häufig.

Das Nationaltheater; — und zwar die große Opera im Winter im kurfürstlichen neuen Opernhaus; die ordentlichen Schauspiele, alle Sonntag, Dienstag, und Freytag im alten Opernhaus.

Die Faschingszeit nimmt gewöhnlich am Sonntag nach heil. drey König den Anfang, und dann wechseln die Lustbarkeiten, als Komödien, Redouten, Bäle auf allen Sälen der Stadt, Opern, Akademien ꝛc. einander ab.

In der Fastenzeit werden bey dem Faberbräu von den Stadtmusikanten geistliche Stücke gegeben.

Zuweilen spielen auch Privatpersonen in ihren Häusern.

Das Kaßino, wo sich die Mitglieder am Monntag, Mitwoch, und Samstag versammeln.

Künstliche Feuerwerke.

Die Spazierfahrten im Sommer nach Nymphenburg, Schleißheim, nach Starrenberg, Förring, Schwabing, dem häsenen Loh.

Die Schlittenfahrten; das Kreuzen auf Eisschuhen.

Für das gemeine Volk sogenannte Kreuzerspiel in der Sommerdult, in Hütten auf dem Anger; — Bärentreiber, Seiltänzee, Springer; jedes Geräusch, und was dem angehört.

Siebenter Abschnitt.

Von dem Ueblichen bey der Geburt, Hochzeit, und Sterben.

Die alte Gewohnheit, der Frau, so oft sie ein Kind zur Welt bringt, ein besonders Geschenk zu machen, ist noch hie und da üblich. Nach der Kindstaufe sitzen diejenigen, welche dazu gebethen worden, zu einer kurzen Mahlzeit (gewöhnlich ohne Fleischspeisen), auf welcher, besonders in Bürgers- und auch noch höhern Häusern, sogenannte Schneeballen, Käse, Konfekt, Früchten, und Wein aufgesetzt, und nachmals von jedem dieser Dinge den Gästen etwas

in

in das Haus getragen wird. Bey den Bürgern macht nach etlichen Tägen die Gevatterinn der Kindsbetterinn ein Geschenk mit Eyern und Butter; und wenn das Kind erwachsen ist, so bekömmts einen silbernen **Göthenlöffel**, worauf der Name des Göthens oder Taufpatens steht. Auch erhält es, so lange es als ein Kind betrachtet wird, am Allerseelentag einen Seelenwöcken, und am Palmtag wird es im Hause des Patens mit Meth und Konfekt bewirthet. In höhern Ständen bekömmt das Kind für allemal ein Geschenk mit Geld, Chargen, u. s. w.

Die **Hochzeitmale** werden bey Bürgers, auch oft noch manchmal bey höhern Ständen in öffentlichen Gasthäusern gehalten. Den folgenden Tag, welcher der **goldene Tag** heißt, werden gewöhnlich nur die nächsten Anverwandten gebethen.

Bey **Leichen** sind folgende Gebräuche.

Mann ruft die Seelnonne, welche es auf sich nimmt, alle gehörigen Anstalten zum Leichenbegängniß zu machen.

Kinder bekommen einen Kranz um den Kopf, und die Hand, und werden gewöhnlich binnen 24 Stunden begraben. Man fährt dabey gemeiniglich in Kutschen zum Kirchhofe; und auf ihre Särgleins setzt man Kronen.

Sobald jemand zur Kommunion gegangen, legt die Seelnonne vor das Haus ein Kreuz von Stroh, und auf dieses einen gemeinen Ziegelstein, und auf diesen eine Krone, welche bey der Nacht weggenommen, und den andern Tag wieder hingesetzt wird, und da so lange stehen bleibt, bis die Leiche fortgetragen ist. Die Leiche wird in eine Sarge von feichtnem, oder eichenen Holz, welche von der Kirche aus mit einem Baartuch überzogen, und mit, nach der Reihe stehenden Kronen, geziert wird, gelegt, und von vier bis sechs Männern nach 36 Stunden zu Grabe getragen. Die Kronen werden von den nächsten Anverwandten und guten Freunden besorgt.

Bey Verheyratheten legt man vor das Haus einen Stein mit einem Kreuz ohne Krone: wie denn auch keine auf den Sarg gelegt wird.

Man pflegt die Leichen der Erwachsenen gewöhnlich erst nach 48 Stunden zu begraben; dieß geschieht noch später bey den Vornehmen, welche geöffnet, einbalsamirt, feyerlich angezogen, und auf ein Paradebett gelegt werden. Auf den öffentlichen Kirchhöfen ist auch die Tiefe der Gräber bestimmt.

Wo man eine Leiche bey einer Kirche vorüberträgt, wird geläutet. Kinderleichen begleitet kein Mann, und kein Frauenzimmer die Leichen der Erwachsnen. Bey der Seelenmeeß aber finden sich beyde Geschlechter ein.

Gemeine Leichen und Arme begräbt man in der Früh; die der Bürger nach der Vesperzeit, und dann je vornehmer der Rang, je später gemeiniglich die Stunde des Leichenbegängnisses; doch werden Leute vom Rang auch um die Mittagsstund begraben.

Wer eine Wappe führte, dem hängt man sie um den Sarg, und seine Hauptkläger gehen in **Gugl**, das ist, in einem langen schwarzen Mantel, und solcher Kapuze über den Kopf. Auch tragen solche Kläger ihre Kleider von geriebnem Tuch. Bey höchsten Standspersonen wird die Art, Abwechslung, und Länge der Trauer gewöhnlich öffentlich bekannt gemacht.

Zum Begräbnißort fährt bey Erwachsnen **niemand.** Vor der Leiche gehen (bey Vornehmen die Bedienten der Herrschaften mit brennenden Fackeln) die Bruderschaften, die Geistlichkeit; — nach der Leiche die Kläger, die Waisenhäuser.

Rosmarin ist bey Hochzeiten, und Leichen das angenommene Kraut, dessen sich bey jenen jeder Anwesende bedienet, bey diesen die Leiche des Unverheyratheten geziert wird.

Nach Vermögen, und Wärme des Herzens ziert jedermann am Allerseelentag, wo die Todtenkrüfte (wie am Palm- Gründonners- und Ostertag die Spitäler) geöffnet werden, am Kirchweihtag, und andern Tägen, durch Lichter, und mit Blumen, und mit Thränen, das Grab seiner Aeltern, seines Freundes, seines Geliebten.

Achter Abschnitt.

Vom Ueblichen in Nahrung und Kleidung.

Allgemein gesagt, nimmt der Bürger und Handwerker noch kein Frühstück, und setzt sich um eilf Uhr Vormittag zur ersten, und um sechs Uhr Nachmittag zur zwoten Mahlzeit. Rind- oder Kalbfleisch, Bier und Brod sind das gewöhnlichste, was er genießt, und Schweins- Kalbs- und Gänsebraten sind seine besten Gerichte, und Bier sein bester Trank. Wein, oder

Brandwein wird ordentlicher Weise nicht getrunken, auch nicht Toback gaschmaucht.

Bey einigen Zünften sind gewisse Speisen, an gewissen Tägen, Herkommens; so muß man z. B. den Schustern alle Nachttischzeit Salat aufsetzen.

Der Vornehmere überläßt sich dem Ueblichen der Ueppigkeit, so gut es sein Vermögen leidet, oft mehr vielleicht, als seine Einnahme es zuläßt. Sein Frühstück sind Koffee, Chokolade, oder Thee, und seine Speisen und Getränke auf die Tafel sammelt er aus ganz Europa, und läßt sie, wie viele seiner Medicinen, über entfernte Meere kommen. Nach der Tafel bedient man sich scharfer, gebrannter Wässer, Weine, oder des Koffees, um die Speisen zu verdauen.

Gewöhnlich setzt man sich nach zwölf, auch halb zwey Uhr zu Tisch; auf den Abend ist leichte Tafel, wozu man keine Ehrengäste einladet.

Die Gastfreyheit ist ganz allgemein, und die gewöhnlichste Art, jemand seine Hochachtung zu bezeugen, ist, daß man ihn ersuchet, sein Gast zu werden.

Der

Der Bürger trägt blaue, graue, und weisse baumwollene Strümpfe, lederne Beinkleider: an den Werktägen Rock und Weste vom Landtuch, diese letzte auch von Leinwand; eine Halsbinde von Flor, oder weisser sehr feiner Leinwand, und einen runden grossen Hut, den er mit Schnüren zu drey Flügeln aufschlägt. Wenn er in seiner feyerlichen Kleidung erscheint, trägt er gewöhnlich ein feines ausländisches Tuch zur Weste, Rock, und dem sehr weiten Mantel, der ihm in vielen Falten von den Schultern bis an die Schuhe hinabhängt. Dieser letztere hat einen Kragen, welcher nicht selten mit silbernen oder goldenen Borten verbrämt ist. Die Knöpfe an Rock und Weste, die Schnallen an den Schuhen, wie auch die Hutschnallen sind fast immer von geschlagnem Silber; dazu kömmt ein goldner, oder silberner Ehering, und eine Sackuhr.

Wenn der Bürger an Feyertägen in die Kirche, oder zu jemand, den er ehren will, geht, bedient er sich des Mantels; ausser dem trägt er ein spanisches Rohr, dessen Knopf von Silber ist, auch einen Degen; aber niemals beydes zugleich. Gewöhnlich trägt er abgeschnittene Haare, zuweilen auch Perücken: und die erstern Stände derselben kleiden sich ohne Unterschied, wie die Adelichen. Der Gemeine trägt zu Hause allein eine Weste, oft ohne Ermel. Die Trauerfarbe

farbe (ausser dieser trägt er alle Farben) ist schwarz, wozu er vier bis sechs Wochen einen Flor auf dem Hut trägt. Bey der ersten Seelenmeß behält der Hauptkläger in der Kirche den Hut auf dem Kopf. Zur Hochzeit hält er einen Zug in die Kirche, und von dem Thurm wird ihm geblasen.

Die Bürgersfrauen tragen gewöhnlich etliche Unterröcke, deren der äusserste vom Landzeug, oft auch vom feinsten Tuch, oder Seide, und unten mit einem Silber- oder Goldspitz verbrämt ist. Dazu kömmt ein Fürtuch. Dann ein Oberleib, oder Mieder, das mit Fischbein ausgespannt, und überaus steif ist. Dieses wird vornen über einen dem Mieder ähnlichen, und auf selbes passenden Bruststeck mit einer silbernen Kette zugeschnürt, welche gewöhnlich den ganzen Vorderleib bedeckt. Ueber dieses ziehen sie eine kurze Weste von Zeug oder Tuch an, welche mit Knöpfen versehen ist; dazu kömmt ein Halstuch, von Seiden oder feiner Leinwand. Um den Hals winden sie eine silberne oder goldene Kette, deren Schnallen, oft mit Edelgesteinen besetzt, vornen, oder auch rückwärts sich befindet. An den Fingern tragen sie silberne oder goldene Ringe, so wie silberne Schnallen an den Schuhen. Ohrenringe haben sie nicht. Ihre, meist geflochtenen, Haare sind in Knoten, nach griechischer Art,

um

um den Kopf gebunden; im Sommer flechten sie um selbe eine Krone, welche von schwarzen Bändern, von gemeinen Perlen, oft aber mit kostbaren Steinen besetzt ist, und diese machen sie mit einer silbernen oder goldnen Nadel, welche sie durch die Krone und durch die Haare stechen, fest. So erscheinen auch die Jungfrauen bey Hochzeiten. Im Winter tragen sie Hauben, welche den ganzen Kopf bedecken.

An feyerlichen Tägen ist die Kleidung gewöhnlich schwarz, oder braun, wozu die sogenannten Schalkeln (statt der Westen) kommen, und diese werden mit silbernen Ketten zugeschnürt. Und einige der Frauen tragen noch die alten, ehrwürdigen Gürteln, und die letzten Arten der einfachen Halskragen; dazu große Hauben, deren äusserer Boden von Seide oder Sammet, das Gepräm aber, in Gestalt des halben Monds, von Pelz ist. Für ein deutsches, gesundes Weib eine Kleidung von wahrhaftem Ansehen!

So bedienen sich auch noch einige bey den Leichen, wenn sie die Hauptklägerinnen sind, der älternden Kleidung. Sit besteht in einem kurzen schwarzen Mäntelchen, das bis an die Mitte des Leibs geht, wozu ein runder, herabgestülpter, und sehr hoch, und kögelförmig gespitzter Hut kömmt. Das Gesicht, oder itzt

viel-

vielmehr den Mund, verhüllt man ihnen mit einer weissen, steifen Binde, deren Ende rückwärts bis an die Erde hinabfließt.

Einige Klassen, zum Beyspiel, die Lederer, tragen an feyerlichen Tägen ihre Uniform, und die meisten Zünfte sind durch eigne Partikulargesätze zur Anständigkeit angehalten.

Kein Mann läßt den Bart wachsen, und keine Frau (einige vom höhern Stand ausgenommen) pudert das Haar.

Die Kleidung der höhern Stände, welche, im Allgemeinen gesagt, den Zehrstand ausmachen, läßt sich nicht bestimmen, so, wie sich aus derselben schwerlich abnehmen läßt, wessen Karakters jemand ist. Diese Kleidung nennt man bey dem Frauenzimmer die Französische, ungeachtet sie keiner Nation angehört, sondern sich mit jedem Fremden ändert, welcher zum Thor hereintritt. Viele treiben es, so hoch sie können, und geben hiedurch zu traurigen Unordnungen Anlaß.

Alles, was beyde Geschlechter bey dieser französischen Kleidung auf dem Leib tragen, wird vom Ausland um baares Geld herein gekauft, und dieß besteht überhaupt in englischem und französischem Tuch, Sammet, Taffet, Seiden, u. s. w.. Die Leinwand, zum Hemd sogar, ist bey Vornehmern ausländisch. Die Männer tragen einen brillanten Ring, oft von hohem Werth, eine Sackuhr (die Stutzer tragen seit einiger Zeit zwey, so, wie schon einzelne angefangen haben, Ohrenringe einzustecken, und Rouge aufzutragen), einen sogenannten Chapeau pas, den sie niemals aufsetzen. Ihre Haare schneiden und kräuseln sie vornen in verschiedene Figuren und Locken, und rückwärts, wo sie selbe lang wachsen lassen, wickeln sie sie in einen seidnen viereckigten, oder runden Beutel. Auf Reisen flechten sie sie in einen Zopf, oder umwickeln sie mit einem Band; aber niemals lassen sie dieselben fliegen. Gepudert sind sie zu allen Zeiten.

Die Männer tragen, auch wenn sie die besten Freunde besuchen, fast allemal einen Degen, wozu bey den Vornehmern noch ein Stock kömmt.

Die Frauenzimmerkleidung ist theils wegen ihrer Mannigfaltigkeit, theils wegen ihrer Veränderlichkeit schwer zu beschreiben, so, daß ich nicht versichert bin, ob nicht, während ich dieß schreibe, bey etwelchen einige Stücke sich ändern, da die Moden nicht selbst erfunden, sondern

nachge-

nachgeahmt werden: so werden diese, wie leicht zu erachten, nicht selten übertrieben. Alle Frauenzimmer dehnen sich aus; sie tragen entweder eine Menge Unterröcke, oder sogenannte Reifröcke, das ist, Gestelle von Fischbein, über welche sie dann einen weiten Rock fallen lassen Die ehmaligen weiten Reifröcke, welche itzt vom vornehmen Frauenzimmer nur an sogenannten Gallatägen angezogen werden, waren wenigst sieben Schuh breit, und zween derselben, worunter man das Frauenzimmer kaum sah, erfüllten eine mittelmäßige Gasse. Noch giebt es Kopfputze, welche wenigst um die Hälfte grösser sind, als der Kopf selbst. Sie tragen auch kostbare Steine und Perlen in den Haaren, welche leztern sie bald weiß, bald gelb pudern; Ohrenringe, u. s. w. Auch färben sich einige ausser dem Gesicht die Augenbraunen, und die Lefzen, (so wie sich Männer künstliche Waden machen) lassen sich Zähne einsetzen, und bespritzen sich und ihre Kleider mit eau de Levante, und andern riechenden Wässern. — Doch genug hievon. Unsre Portraite sind meist getreue, aber traurige Zeugen; — wie wohl der sehr unbillig handeln würde, der hierinn den geraden Weg gehen, und das Aeussere zum Grund legen wollte, um hievon über die Eigenschaften innrer Seelengüte zu urtheilen.

Eine Uniform ist gegenwärtig bey keinem Civilstand gesätzmäßig eingeführt.

Die Gallakleidung besteht bey Männern in einem nach Möglichkeit reichen Kleide: bey Frauenzimmern in einem weiten Reifrock mit Schlepp.

Die Edelknaben gehen an solchen Tägen auf panische Art gekleidet.

Bey dem Leichenbegängniß eines Prinzens vom durchlauchtigsten Haus erscheinen der Herr Obristhofmeister, und Hrn. Ministri in schwarzem Mantel von nur gewöhnlicher Länge; dazu tragen sie eine weisse Halsbinde, deren zwey Ende auf die Brust herabhängen, und einen Hut, der nur nach zwo Seiten aufgestulpt ist.

Die Trabanten sind an Gallatägen auf alt schweizerische Art gekleidet. Schuhe mit blauen und weissen Schnüren festgemacht; weisse Strümpfe; weite weisse Hosen, und weisse Gollen mit blau und weissen Borten; den Degen an einem Bandelier, und eine Hellebarde.

Die Kinder, besonders der gemeinern Leute, werden noch häufig, fast bis sie stehen können, am ganzen Leib, nach alter Art nämlich, auch die Aermlein, dicht an den Körper hinab, gefätscht; — dann werden sie noch einzeln in Ordenshabite gekleidet, wo sie auch noch Gehänge tragen, das ist, ein Amulet, das an einem schönen Band, von der rechten Schulter herabhängt, an dessen Seiten aber Denkmünzen mit Oehrlein, oder andere Raritäten, die man ihnen zum Andenken schenkt, festgemacht sind; — oder man kleidet sie nach itziger Mode, in Beinkleidern, und einem kleinen lüftigen Jöppl, nach Art der Bootsknechte, schneidet ihnen die Haare, läßt ihnen den Hals frey, und öffnet ihnen das Hemd bis auf die Brust; — oder man kleidet sie, wie die Aeltern gehen.

Neunter Abschnitt.

Von dem Ueblichen der Höflichkeit und des Wohlstands.

Diejenigen äusserlichen Begegnungen, womit man einem andern zu verstehen geben will, daß man ihn ehre, heißt man die Höflichkeit. Ihre Art ist fast immer eines der ersten Kennzeichen von dem einfachen, verständigen, auch sittlichem Wesen eines Volks; und wo ein großer Grad von Rohheit, oder Schalkheit herrscht: da da ist sie weit von dem, was man Wohlstand nennt, verschieden. Hier ist übrigens nicht die Rede von dem sogenannten Etiquette regierender Herren, welches aus politischen Ursachen festgesetzt worden ist.

Gegen die höchsten Herrschaften beugen alle Unterthanen das Knie; bleiben aber dabey aufrecht stehen.

Einige der jungen Leute, denen man eine sogenannte Erziehung giebt, lernen die Höflichkeit, und die Worte, welche sie dabey aussprechen, die Fragen, welche sie an einen thun, die Antworten, welche sie auf alles geben sollen, frühzeitig, und immer, ehe sie selbe verstehen können, auswendig. Daher sind ihre Gespräche, bey einem, wie bey dem andern, fast immer gleich, und man weis, ehe sie den Mund aufthun, wie sichs anfangen und enden werde. Sie nennen es, **sich produeiren können**, und die Hauptsache dieses Producirens besteht darinn, daß man sich gegen jedermann verbeuge, ihm etwas gefälliges, das ist, etwas, das ihm schmeicheln kann, sage, und ihn auf die Meynung zu bringen suche, als wäre einem an dessen Wohlseyn, Gesundheit, Ehre, Beförderung, Vergnügen u. s. w. eben so viel, als an seinem eignen gelegen.

Wenn

Wenn man sich einander einige Zeit nicht mehr gesehen hat, so stürzt man sich, als hätte man sich sehnsuchtsvoll einander erwartet, in die Arme, küßt sich auf den rechten, und linken Backen, und fragt einander, was einem geschwind einfällt, und freut, und bedauert, oder verwundert sich, so gut man kann. So, wie man sich aber einander alltäglich begegnet, verbeuget man sich wechselweise, ein bis zweymal gegeneinander, dann sagt man: Bon jour, und befragt sich am Morgen: Wie haben sie geruhet? Haben sie wohl geruhet? Wie ist ihnen die gestrige Promenade, das Soupee bekommen? Ich wünsche ihnen, wohl geruhet zu haben. Wird geantwortet, daß man wohl geruhet habe, so fährt man fort, das ist mir lieb, das freut mich von Herzen. Zu Mittagszeit sagt man: Ich habe die Ehre, ihnen einen guten Appetit zu wünschen; setzt auch schicklich die Frage hinzu: Werden wir heute keine Partie machen? In Schauspielhaus fragt man: Wie gefällt ihnen s'Spektakel? Wenn man zur Antwort erhält, gut, so sagt man gleich hinzu: Es ist in der That excellent. Ist aber der Beyfall eines andern nicht gar lebhaft, so sagt man: Ja, mechant ists. Recht höfliche Leute sagen nie z. B. ich begleite sie ꝛc. sondern sie setzen überall hinzu, daß sie sich die Ehre geben, daß sie die Ehre hätten, es zu thun. Der

Höflichkeitswohlstand, den man auch Lebensart nennet, erfodert, daß man niemand geradzu verkleinere, sondern immer den Schein der Billigkeit beybehalte: — Wenn man daher jemand herabsetzen will: so sagt man: Der Mensch ist nicht leer, er ist gar nicht ungeschickt, wenn er nur das nicht hätte. Oder: Ich habe von dem — gehört; aber ich kanns nicht glauben. Wiewohl — ꝛc. Oder man zieht den andern, wenn man auch schon mit ihm allein ist, näher an sich, und spricht in einem leisern Ton, nachdem man seine Erzählung vollendet hat: Zu Ihnen gesagt! das bleibt entre nous. Ich will es keineswegs zu dem Ende, und deswegen gesagt haben, als wenn ich ꝛc. Wenn man nur eine einzige Stuffe unter jemand steht, so erfordert es die Höflichkeit, ihm den Titul zu geben, welcher dem Ideal seines Amts angemessen ist. Die Tituln dem Rang nach sind: **Eure Excellenz**, **eure Gnaden**, (gnädiger Herr, gnädige Frau, ist unüblicher) ein Titul, den sich jedermann, wer nur kann, geben läßt. Die Herren weiter herab, nennt man **gestrenge** Herren, und die bürgerlichen Stadträthe nennt man **Weisheiten**. Einfachere Tituln, besonders in Schriften, oder unter Bekannten, sind Eure **Hochgebohren**, Hochwohlgeboren, Wohlgeboren, Hochedelgeboren, Wohlweiser, Hochedler, Ehrenvester, Bestbestellter,

Edler,

Edler, Hochzuehrender. Unbekannte redet man mit Monsieur, Madame, unverheyrathete Frauenzimmer mit Mademoiselle an; Mamsell heißt alles. Jene Benennungen sind unter Leuten, welche nicht unmittelbar vom bürgerlichen Stande sind, gänzlich eingeführt. Bey diesem aber nennt man sich Herr, und Frau, und die ledigen, unbescholtnen, Frauenzimmer, Jungfrau.

Bey Gesellschaften, Mahlzeiten u. s. w., wenn man sich des Zwangs erlassen will, hört man oft: Sans facon! und Erzählungen, welche man ohne die geringste Gelegenheit vorbringt, hört man nicht selten mit den Worten anfangen: a Propos!

Das Gewöhnlichste der Höflichkeit im Umgang ist, jemand die rechte Seite zu lassen, in der Kutsche vorwärts zu sitzen, zu niemand Vornehmen, mit dem Stock in der Hand, oder mit Stiefeln angezogen, ins Zimmer zu tretten, in seiner Gegenwart mit niemand leise zu reden u. s. w.

In den Kirchen befinden sich die Geschlechter, und Stände durcheinander, und (besondere Privatfälle, als Hochzeiten, Leichen 2c. ausgenommen) wird auf keinen Vorrang gesehen. Doch befinden sich an den Stühlen der

Pfarrkirchen noch die Täfelchen mit den Namen, auch oft mit der Wappe der Bürger, welches bedeutet, daß dieß ihre angewiesene Plätze seyen. (Dieß ist in allen Landstädten noch gegenwärtig üblich, wo auch noch anzumerken ist, daß in diesen Kirchen beyde Geschlechter getheilt, und dem Frauenzimmer die linke Seite angewiesen ist.)

Bey öffentlichen Versammlungen, wo jedes Geschlecht abgesondert erscheint, behaupten die Männer immer den Vorrang; aber im Privatumgang läßt der Mann (und dieß bis auf dem unerzogendsten) dem Frauenzimmer, das er ehret, oder ehren muß, die rechte Seite.

Bey feyerlichen Zügen sind zuweilen die, welche vorausgehen, zuweilen die, welche nachfolgen, die geringern. Je näher man überhaupt der vornehmsten Person ist, desto ehrenvoller ist der Ort.

Das Ueblichste, das sich Leute von Lebensart im Vorbeygehen einander sagen, ist: Gehorsamster Diener, ich freue mich, sie zu sehen, und beym Abschied: Ich habe die Ehre, mich ihnen zu empfehlen, wobey man sich tief verbeuget; der Bürgersmann aber rückt gegen seinen Nachbar den Hut, wobey er gewöhnlich aufrecht

bleibt,

bleibt, reicht ihm die Hand, und sagt: Guten Morgen! Gute Nacht! Auch sagt er: Gott grüße dich, und beym Abgehen, Gott behüte dich! Wohl fragt er unterweilen: Bist immer gesund? Aber weiter erkundigt er sich nicht. In einigen Häuser, (so wie noch durchgehends auf dem Land) ist es üblich, daß, wenn man jemand begegnet, oder zu jemand ins Zimmer tritt, man sage: Gelobt sey Jesus Christus! Die Anwesenden antworten: In Ewigkeit, Amen. Ehe man ins Zimmer tritt, klopft man an die Thür, und wartet, bis man rufen hört: Herein! Dann muß man einen Sitz nehmen. **Trage mir**, sagen sie, **den Schlaf nicht aus.** Ein Burger heißt den andern Nachbar, und Landsmann. Bey gewissen Zünften, z. B. der Metzgerzunft, ist auch der Name **Schwager**, üblich. So werden auch Fuhrleute, Postknechte genannt, und dieß zeigt ein vertrauliches Wesen.

Gegen Personen, die man ehrt, bedienet man sich des Wörtleins Sie, **Ihnen.** Der Vornehme spricht zu seinen Untergebnen Er, und Ihr, und zu den niedrigen Du. — Du, sagen auch die Aeltern zu ihren Kindern; aber wenn diese zu einer höhern Stuffe gelangen, ändern einige Aeltern dieses Wort, und behandeln ihre Kinder wie Fremde.

Zu gemeinen Soldaten spricht der Vorgesetzte Er, und Ihr; ausser dem werden sie von jedermann Herren genannt.

Wie der Meister den Lerner, und Gesellen anreden soll, ist gewöhnlich bey der Zunft Herkommens.

Bauersleute nennen sich, Herr und Knecht, ohne Unterschied einander Du; zu Stadtleuten sprechen sie, Ihr, wo sich dann die rohern mit ös, bedienen.

Des Wörtleins Du bedient man sich in den widersprechendsten Fällen. Es ist der Ausdruck des einfachen Mannes, des Vertrauens, und der zärtlichsten Liebe, und daher heissen Eheleute sich Du. Und zu gleicher Zeit ist es das Wort, auf das man einen besondern Nachdruck legt, wenn man jemand seine Verachtung zu verstehen geben, und ihn erniedrigen will.

Prediger sprechen, nach den Umständen ihrer Zuhörer, Ihr, und Sie.

Zu den Ehrenbezeigungen gehört das Glückwünschen. Man wünscht einem Glück zu seinen Namens- und Geburtstag, zum neuen Jahr, zu den Weyhnachts, und Ostertägen, zur Heyrath,

rath, zur Aderläße, u. dergl., und gemeine, auch untergebne Leute thun das in Person; Vornehmere aber schicken sich einander Billets, das ist, einen Zedul, worauf ihr Name steht. Vornehme, welche sich wollen Glück wünschen lassen, legen ein Papier mit Feder und Dinte in ein Vorzimmer, und dahin schreibt derjenige seinen Namen, der seinen Wunsch anbringen will. Wenn in Gesellschaft jemand nieset, so neigen sich alle gegen den Niesenden: Es möge dero Wohlseyn bekommen! sagen sie. Der Bürger sagt: Zur Gesundheit! und, helf Gott! der Bauer; dabey ruckt er den Hut. Wenn die Höflichern gewisse Dinge nennen, setzen sie jederzeit hinzu, **mit Respekt zu melden.** Sie sagen z. B. meine Füße mit Respekt zu melden, schwitzen.

Was dem Wohlstand betrift: so besuchen wohlerzogne Frauenspersonen, ohne Begleitung eines Manns, kein Wirthshaus, und eben dieselben, die Wohlerzognen, meyne ich, erscheinen niemals bey blutigen Auftritten.

Zehnter Abschnitt.

Vom Ueblichen des Ausdrucks bey heftigen Gemüthsbewegungen.

Die Zufälle mögen seyn, wie sie wollen, so bleiben die Eingebohrnen immer in den Schranken einer männlichen Mäßigkeit. Der Selbstmord, und der Todschlag aus Zorn, sind daher sehr seltne Erscheinungen, und das Jähe, wobey man ausser aller Fassung kömmt, ist ihnen, überhaupt zu reden, nicht eigen; aber desto anhaltender sind die Empfindungen, wo sie einmal Platz genommen haben. Ein heftiger Schmerz geht nicht selten in eine Schwermuth über, welche alle Lebenssäfte vertrocknet, und die Auszehrung, welche indeß freylich auch andere Ursachen zum Grund hat, ist kein ungewöhnliches Uebel.

Bey allen ausserordentlichen Fällen, welche gleichsam der Besinnung zuvorkommen, ruft der Vornehme und Gemeine, das Kind und der Greis den Name **Jesus**! aus, — wiewohl anders in diesem, anders in jenem Fall. Ausserdem bedienen sie sich bey allen Eräugnissen gemeinschaftlicher Ausdrücke, über welche demjenigen eine

Nach-

Nachricht sehr erwünscht seyn wird, welchem ich nicht erst sagen darf, was aus weit unerheblichern Dingen, als diese zu seyn scheinen, zu schliessen sey. Man sieht hieraus nicht undeutlich die Anlage, und Ausbildung eines Volks, und die Begriffe desselben, mit gewissen Dingen Ehre und Schande zu verbinden.

Wenn der Eingebohrne jemand verachtet, so vergleicht er ihn solchen Gegenständen, an denen er etwas Kleines, Schimpfliches, und Verachtungswürdiges zu bemerken glaubt; er nennt ihn einen dummen Esel, ein Schwein, einen faulen Bären, ein altes Roß, einen Tagdieb, ein altes Kalb, oder Kalm, ein altes Weib. Auch bedient er sich einer Menge einzelner Wörter, deren Bedeutung größtentheils sehr alt ist, z. B Tropf, Stax, Limmel, Hachel, Schroln, grober Knopf, Lienl, Faci, Zolch, Dummkopf, voller Zapf, u. s. w. Einige derselben sind unmittelbar beleidigend, und werden für so schimpflich, und entehrend gehalten, daß derjenige, den sie angehen, selbe, wie man sich ausdrückt, nicht auf sich liegen lassen könne, weil, wenn ein solcher zu einem Stand, dessen Grundfesten unmittelbar auf die Ehre gebaut sind, (wie der Militärstand, und dann alle bürgerlichen Zünfte sind), gehört, sogleich alle seine Gesellen sich weigern, mit ihm Dienst zu machen. Wer also so auf diese Art beschimpst wird, ist bürgerlich gezwungen, den andern zu verklagen, und von ihm Genugthuung zu fodern. Diese Worte, wenn sie nämlich Mann gegen Mann ausspricht (was ein Frauenzimmer im Zorn sagt, und schreyt, wird glücklicher Weise nicht im geringsten geachtet, noch jemals für schimpflich genommen) sind: Schlechter Kerl! Schurke! Kalfaktor! Hundsfutt! Spitzbub! — Die Huren und Maitraißen nennt man: Schlagerinnen, Peitschen, Fetzen, Schindermatzen, Schindluder. — Im heftigen Zorn sprechen, oder, nach der eigentlichen Redensart, schelten einige mit dem Wort: Sakra! wozu sie zuweilen das Tausend/ oder Himmelkreuztausend zu setzen pflegen. Wenn sie jemand verwünschen, so sagen sie: Der Teufel soll dich holen! zerreissen! Die Worte der Verachtung dehnen sie, und blicken dabey auf den Gegenstand seitwärts zur Erde, zum Zeichen, daß sie denselben kleiner machen, und erniedrigen wollen. Im höchsten Zorn stampfen sie auf die Erde, und ballen die Faust. — Wenn sie jemand sagen wollen, daß sie ihn innigst lieben, so nennen sie ihn ihren Augapfel; sie versichern, sie trügen seine Person im Herzen herum, legten sie ins Aug ꝛc. Auch heissen sie das Geliebte ihr Leben, ihre Freude, ihren Kummer, ihren Schatz, ihr Alles; wobey merkwürdig ist, daß sie den Gegenstand ihrer Zärtlichkeit kleiner und

zärter

zärter machen; sie sagen: mein Kind! und, mein liebes Männchen! statt, mein lieber Mann. Wenn eine Frau ihrem Mann untreu geworden: so sagen sie, sie habe ihm Hörner aufgesetzt, und darunter verstehen sie Hirschgeweyhe, weil diese die größten sind. — In der höchsten Freude gehen sie immer um die Sache herum, und betrachten selbe auf allen Seiten, wobey gemeine Leute die Töne: je, je! ah, ah! hören lassen. Auch sagen sie mit aller arglosen Gutherzigkeit: Mordio! Mordio! Vornehmere Leute sagen: c'est admirabl! c'est charmant! c'est excellente! Kömmt das von Paris? — Wenn ein Mann etwas bekräftigt, so sagt er: Ich sags! oder: Ich bin Mann! Ein Mann, ein Wort! Bey meiner Ehre! Und dabey giebt er dem andern die rechte Hand. Es giebt aber auch welche, die sprechen: Ich will nicht mehr von der Stelle gehen! oder: So wahr ich lebe! So wahr Gott mir helfe! oder: Da haben sie meine Handschrift und Petschaft.

Eilfter Abschnitt.

Vom Ueblichen in Sprachen.

Aus den Sprachen, welche in einem Lande üblich sind, kann man erkennen, mit welchen fremden Nationen dasselbe in Verbindung stehe, und welche Art Geschäfte es vorzüglich treibe. Die lateinische Sprache versteht hier beynahe jedermann, der sich über den Profeßionistenstand erhebt. Die Geistlichen schrieben ehmals fast alles in dieser Sprache, als in welcher noch alle ihre geistlichen Verrichtungen gehalten werden. In der lateinischen Kongregation predigt man auch lateinisch. Die geistlichen, nämlich die theologischen Wissenschaften werden alle lateinisch gelehrt, und dieß war bis auf die letzten Zeiten auch bey philosophischen üblich. Im gemeinen Umgang wird indeß diese überaus nützliche Sprache selten gehört. Die gemeinste ausländische Sprache ist die französische, welche fast jedermann spricht (und derer man sich sogar in Aufschriften auf Briefen, wenn sie auch nicht ausser Land gehen, gewöhnlich bedient) und dann die italienische. Man lernt beyde regelmäßig, und befleißt sich auf Ausdruck und Accent, oft, (besonders bey Vornehmern,) ohne seine Muttersprache gut sprechen, oder schreiben zu können. Das Englische fängt an, Mode zu werden. Vom Spanischen, Böhmischen, Polnischen rc. hört man nichts. Jener Sprachen bedienten sich einige ehmals ohne Unterschied, wenn sie schrieben, so, daß man bey manchem Buch nun mit Mühe entdecken kann, in welcher Sprache es geschrieben worden; und noch gegenwärtig bilden sich einige, besonders

die

die Juristen, festiglich ein, sich damit ein Ansehen zu geben, wenn sie ihre Schriften mit lateinischen Terminis verelenden. Das befleissen sich auch einige im Umgang mit französischen Worten zu thun. — Die Militärsprache ist vermischt, und schon das Wort exerciren ist lateinisch, wie das Wort Compagnie französisch. Dann sagt man zum Beyspiel: Man wird chargiren; man wird avanciren; man wird Batailon *carré* formiren. — Die Advokatensprache ist (Ausnähme giebt es allerdings) erbärmlich, und barbarisch.

Uberhaupt ist die ganze Volkssprache mit lateinischen und französischen Wörtern gänzlich vermengt, und auch in Schriften, welche an das Volk gerichtet sind, erscheint nichts bessers. Die folgenden lateinischen Ausdrücke versteht, und spricht (unter unzähligen andern) fast jedermann, als: Absentiren, avociren, advociren, accomodiren, ästimiren, accusiren, aspiriren, aportiren, accreditiren, acceptiren, approbiren, agiren, applaudiren, assigniren, assecuriren, aquiriren, appeliren, apliciren, annunciren, citiren, contrahiren, circuliren, consultiren, conjungiren, convalesciren, curiren, calculiren, consummiren, consideriren, condoliren, corrumpiren, concrediren, comittiren, disputiren, deliberiren, decliniren, disponiren, defendiren, dissimuliren, distrahiren, dilatiren, deploriren, ediren, examiniren, extradiren, exploriren, expisciren, effektuiren, gratuliren, gloriren, imitiren, imploriren, intimiren, ingnoriren, imputiren, insinuiren, insultiren, instruiren, informiren, inquiriren, inspiriren, legitimiren, liberiren, meritiren, negiren, negotiren, numeriren, negligiren, obsigniren, offendiren, apponiren, prolongiren, postuliren, pretendiren, produciren, provociren, participiren, perhorresciren, referiren, reserviren, recolligiren, restauriren, respondiren, restiren, repetiren, remittiren, renuntiren, restituiren, reassumiren, revidiren, resentiren, renoviren, relegiren, revociren, remonstriren, resolviren, restringiren, reclamiren, realisiren, supliciren, sustentiren, supprimiren, separiren, statuiren, satisfaciren, variren, u. s. w. Eben so allgemein spricht man diese französischen Wörter, als: addressiren, abandoniren, amüsiren, attachiren, annociren, aprochiren, arretiren, avertiren, accompagniren, arriviren, attagiren, atrapiren, atachiren, aveniren, avisiren, blamiren, balanciren, caresiren, chikaniren, chagriniren, changiren, chargiren, charmiren, conduiren, confondiren, derangiren, divertiren, disgraciren, debauchiren, degoutiren, echausiren, ennuiren, engagiren, emploiren, echapiren, entrepreniren, forciren, faconiren, flatiren, fouvagiragiren, geniren, garniren, hasardiren, interessiren, logiren, meliren, moquiren, menagiren, masquiren, ordoniren, pausiren, parliren, piquiren, raisoniren, railliren, refüsiren, repousiren, revoltiren, riskiren, revanciren, vantiren u. s. w. Und hieraus sieht man, mit welchen Völkern und Dingen wir in Gemeinschaft gestanden, und welche Begriffe wir dadurch erhalten haben.

Zwölfter Abschnitt.

Provincialismen, und Sprüchwörter.

Aus den besondern Ausdrücken, und Redensarten, welche einem Volke eigen sind, kann man nicht nur auf das Alter, und die Abkunft, sondern auch auf die innere Stärke und die Beschäftigung desselben schliessen. Dieß gilt besonders von Vergleichungen und Sprichwörtern; denn jene werden immer von den Gegenständen, welche ein Volk umgeben, diese von Erfahrungen, welche es gemacht hat, hergenommen. Ein starkes geistreiches Volk spricht gern in Bildern, welche es gemeiniglich grösser wählt, als die Sache selbst ist, welche es durch selbe, als in etwas Aehnlichem, sichtbar machen will. Es wäre hier zu weitläuftig, ein ordentliches

Verzeichniß solcher Worte, und Redensarten herzusetzen, und ich will nur einige wenige als ein Beyspiel anführen, worinn sie bestehen. Man sagt **greinen** statt, ausschelten; **schmieren** statt bestechen; **hinausstampern** statt, hinausjagen; **sich stentiren** statt, sich geschickt bewegen; **sich höllisch brauchen**, statt, sich eifrig um seine Sache annehmen; **tribuliren** statt einen aufziehen; **schnüren**, statt es einem schwer machen; **sich schneiden**, statt sich irren; **pampfen**, statt sehr stark essen; **aller Verhoffen**, statt erschrecken, bestürzt werden; **sich kraudig machen**, statt sich prahlen; **geschupft**, oder **angebrennt seyn**, oder **einen Streich haben**, statt falschen Witz, und einen elenden Geschmack besitzen; **vexiren**, statt mit einem scherzen; **einen bleien**, statt schlagen; **pegern** bey den Juden, statt sterben. **Bockbeinigt** seyn, heißt hartnäckig seyn; **roth-** oder **kauderwelsch sprechen**, heißt unverständlich reden; **avanti gehen**, heißt ausreissen; **betuft seyn**, heißt traurig seyn; **zum Godika** bedeutet, gleich, als wenn, oder, als wenn halt gerade rc. **Beym Becken** heißt niemals; **es thut ihm kein Zahn weh**, heißt, er ist todt; **einen ein silbernes Nichsl und Beutelcy geben**, heißt, einem nichts geben; **Kreuzwohlauf seyn**, heißt, lustig seyn; **faullenzen**, heißt, müßig gehen. **Er hat einen Kreuzkopf**, heißt, er hat einen guten Kopf; **er ist ein Sonn-**

tags-

tagskind, heißt, er weis, und sieht alles; er macht sich breit, heißt, er thut sich darauf viel zu gut; sie ist geschwächt worden, sagt man von einem Frauenzimmer, welche ihre Unschuld verloren. Einen beluchsen, heißt, betrügen; ausbeuteln, heißt aussuchen; hinhobeln heißt bilden; halizen heißt klitschen; fuchsschwänzeln heißt schmeicheln; einen laichen, heißt, einen zu Schaden bringen; himmellitzen heißt blitzen; diese letztern Worte enthalten schon Malereyen, und Vergleichungen, wie dieselben unmittelbar in Worten, wie die folgenden, deren wir eine erstaunliche Menge haben, enthalten sind, als: eiskalt, schneeweis, himmelblau, meergrün, steinhart, windschnell, siedheiß, kohlschwarz, steingrob, kohlrabenschwarz, hundenaß, vogelfrey u. s. w. enthalten sind. — Er ist, wie das Fähnlein auf dem Dach, heißt, er ist veränderlich; er ist eine Kathl, heißt, er ist nicht verschwiegen; er hats faustdick hinter den Ohren, heißt, er ist verschlagen; es gilt seine Haut, heißt, er ist in Gefahr; er ist Hechten gesund, heißt, sehr gesund; er schaut durch die Finger, oder er läßt alle Fünfe gerad seyn, heißt, er ist in seinem Amt nachläßig; er backet Schnee in dem Ofen, heiß, er verdirbt; er verklagt den Teufel bey seiner Mutter, heißt, er klagt vergebens; er muß das Bad austrinken, heißt, er er muß büssen; er hängt der Katze eine Schelle an, heißt, er übernimmt es, eine Sache anzubringen; er hat sich das Maul verbrennt, heißt, er hat zur ungelegnen Zeit geredet; er hat schon das Maul am rechten Ort: er hat das Herz am rechten Fleck sitzen, heißt, jenes, er ist in seiner Art beredsam, dieses, er ist kühn; er läßt sich nichts über das Maul, über die Leber kriechen, heißt, er läßt sich nicht weh geschehen; er hat Haare auf den Zähnen, heißt, er besitzt Verstand; es fehlt ihm im Dachstuhl, heißt, er hat einen schwachen Verstand; er hat ihm eine Lauge angegossen, heißt, er hat ihm die Sache verdrüßlich gemacht; er ist zwischen zween Stühle niedergesessen, heißt, er hat das Gewisse verloren, indem er das Ungewisse suchte; er trägt Wasser in die Isar, heißt, er bemühet sich vergebens, oder um eine überflüßige Sache; man siehts ihm an der Nase an: er muß überall seine Nase oder Rießl drinn haben, heißt — jenes, sein Aussehen verräth ihn, dieses, er mischt sich ungebeten in alles; wenn man ihn betrügen will, so muß man früh aufstehen, heißt, man kann ihn nicht leicht betrügen; ich bin ihm ein Spieß im Auge, heißt, er kann mich nicht leiden; es ist ein Hechsenprozeß, heißt, es ist eine verworrene Sache; er dicht, wie der Karpf im Vogelhäuschen: er sieht darein,

wie

wie ein abgestochener Geisbock, heißt — jenes, er ist dumm, dieses, er ist blöd und verlegen; er hat sich seinen Kopf aufgesezt, heißt, er ist fest entschlossen, darauf zu beharren; er hat sich auf die hintere Füsse gestellt, heißt, er hat seine Kräfte zusammgenommen; er will allein Hahn im Korb seyn, heißt, er will herrschen; der Schuh drückt ihn, heißt, er hat ein heimliches Anliegen. u. s. w.

Unter die Sprichwörter gehört: Versprechen ist adelich, Halten bäurisch. Man trägt den Krug so lang zum Brunnen, bis er bricht. Stille Wässer fressen tiefe Gestade. Wer nichts wagt, der gewinnt nichts. Aus Kindern werden Leute. Jenseits des Bachs giebt es auch Leute. Ein gutes Ding braucht Weil. Es ist keine Kirche so schlecht, es ist das Jahr einmal Kirchweih. Es ist keine Kirche so klein, wo der Teufel nicht eine Kapelle hat. Die Katz läßt das Mausen nicht. Man sucht keinen hinter dem Ofen, man ist dann selbst dahinter gesessen. Ein Wolf frißt den andern nicht. Wie gewonnen, so zerronnen. Jedem Lappen gefällt seine Kappen. u. s. w.

Dreyzehnter Abschnitt.

Von der Gestalt, dem Wachsthum, und Lebensalter der Einwohner.

Ungeachtet es sehr schwer hält, hierüber etwas ausführliches zu berichten, weil von Zeit zu Zeit Fremde sich niederlassen, und bey den Einheimischen auch auf das Zufällige der Lebensart, welch oft die Festigkeiten unterdrückt, Rücksicht genommen werden muß: so läßt sich doch etwas Allgemeines bestimmen. Die Männer sind groß, meistens sechs Schuh, und haben eine runde, volle Gesichtsbildung, deren Hauptzüge ein biederes Wesen, und eine einladende Redlichkeit sind. Der Ton ihrer Stimme ist ungesucht, so, wie ihre Bewegungen, und ihr Gang ist bescheiden und männlich. Das Frauenzimmer wird unter das schönste in Deutschland gezählt, und es giebt überhaupt in beyden Geschlechtern, und unter den gemeinsten Ständen die geistreichsten Physionomien, von denen sich bey einer zweckmäßigen Bildung überaus viel Gutes versprechen läßt.

Indeß verursacht das Fätschen der Kinder (ein abscheulicher Gebrauch)! die warmen Getränke der Mode, wozu noch das pressende Schnüren bey Frauenspersonen, und dann die

Hals- und Kniebänder kommen, manches Hemmen des Wachsthums, und nicht selten solche Verunstaltungen, deren Folgen ausgetrocknete, krüppelichte, und verschraubte Körper sind. Gleichwohl ist die Anzahl derjenigen, welche ein sehr hohes Alter erreichen, nicht geringer, als in andern Orten, und es giebt immer welche, die über hundert Jahre leben. Die Krankheiten, welche am heftigsten schaden, sind die Blattern, (das Einimpfen ist kaum jemals versucht worden) die hitzigen Fieber, und seit einiger Zeit die Auszehrungen, welche vermuthlich auch die Liebseuche, die man vor einigen Jahren kaum dem Name nach kannte, zur Quelle haben. Lungen- und Wassersuchten sind auch sehr einheimisch, so wie das Podagra ein nicht ungewöhnlicher Gefährde des Alters ist.

Vierzehnter Abschnitt.

Von dem Karakter der Eingebornen.

Der wahre eingeborne Münchner, und Baier ist sehr leicht von einem andern wegzukennen. Er ist männlich höflich, und schämt sich, jemand eine Schmeicheley zu sagen, welche der andere nicht verdient, oder woran sein Herz nicht denkt. Er spricht über seine Angelegenheiten ohne allem Umweg, und setzt durch seine Kühnheit den höfischen Fremden in Erstaunen; denn der Eingeborne heuchelt nicht, und wo ihm etwas mißfällt, und Unrecht daucht, sagt ers geradezu, und beurtheilt öffentlich den Vornehmen, wie den Niedern. Er sagt es laut, und ins Gesicht sagt ers ihm. Diese ihm gleichsam angeborne Gewohnheit, den geraden Weg zu gehen, begleitet ihn allenthalben, und er bleibt nicht selten der Gefahr ausgesetzt, dadurch, daß er jemand, der ihn betrügen will, für ehrlich hält, übervortheilt zu werden. Ein ähnlicher Mangel an Welttugenden ist die hergebrachte Bescheidenheit, seines Verdienstes nicht zu achten. Es haben hier ununterbrochen berühmte Künstler und Gelehrte aller Arten gelebt, und sie bemühten sich nicht im geringsten, wie sie bekannt werden möchten, und sind es bey dem Ausland immer mehr, als zu Hause gewesen. Auch ist bey keinem öffentlichen Schriftenbehältniß ein ordentliches Verzeichniß ihrer Nämen, und Arbeiten vorhanden; und der Künstler verbeugt sich tiefer, als er sollte. So wird ebenfalls in mechanischen Künsten mit der möglichsten Vollkommenheit gearbeitet, und z. B. die hiesigen Kutschen, Lakirarbeiten, auch wohl Stahlarbeiten ꝛc. werden so geschmackvoll, und trefflich, wie in Paris, und London, verfertigt.

Was die Wissenschaften betrifft, so circuliren hier alle Kenntnisse, die der Mensch sich erklärt, oder erfunden hat, — ob nur bey Privatpersonen, ob nur in Büchern, oder auch bey Regierungskollegiis, ist hier der Ort nicht, zu entscheiden, ist auch schon entschieden für den, der aus einer Reihe, und dem gewöhnlichen Geist statistischer Handlungen zu schliessen weis. Die Gelehrsamkeit, und das, was man Aufklärung des Verstandes, Verbesserung des Geschmacks, und Erhebung des Karakters nennt, befindet sich, im Ganzen genommen, bey dem Mittelstand. Von diesem wird geschrieben, von diesem wird auch das meiste gelesen, und gearbeitet, und der Unterricht in Künsten und Wissenschaften den übrigen Ständen ertheilt. Die Kühnheit, derer sich die Schriftsteller bedienen, hat stets die Bewunderung des Auslands verdienet, und wechselweise die inländischen Köpfe ermuntert. Man hat hier lange, wie man sagt, vergessen, was eben gegenwärtig nicht weit von uns als eine grosse Seltenheit, und als die Erscheinung einer mächtigen Aufklärung bewundert wird.

Die Musik gehört zu den Lieblingsfreuden der Einwohner, und in wohlgeordneten Häusern wird sie ohne Ausnahm als ein wichtiges Stück einer guten Erziehung betrachtet. Ueberhaupt sind sie sehr empfindsam, und

weinen

weinen herzliche Thränen bey einer tragischen Vorstellung, wozu sie mehr, als zu lachenden Scherzen geneigt sind; daher verfehlt eine geistreiche Anstalt nie ihres Zwecks, und sie hangen mit Wärme und edler Unbeugsamkeit an jeder Einrichtung, oder altem Herkommen, wovon sie überzeugt zu seyn glauben, daß selbe sie alle betrift. Sie sprechen bey gemeinschaftlichen Dingen, als gehörten sie alle zu Einer Familie, und der Name **Vaterland** ist ihnen heilig, und jeder Flecken, der dazu gehört, ist ihnen wichtig. Sie lieben sehr die öffentlichen Feyerlichkeiten, wo sie Gelegenheit finden, sich versammelt zu sehen, und fröhlichen Herzens zu werden. Bey ihren Lustbarkeiten ist aller Zwang, und alle Verstellung entfernet, und die Lebhaftigkeit, und das gesellige Wesen ziehet jeden in den Kreis ihrer Freuden. Der wahre Eingeborne wird nicht erst hier gegen Fremde offen, und vertraut, er ist dieß zu allen Zeiten, und man darf mit ihm nicht Jahre lang umgehen, um zu wissen, woran man ist. Das Häßliche der Verstellung, und andre sittliche Krankheiten, welche theils der Umgang mit angesteckten Fremden, theils die Lectur mißverstandner oder wirklich schlechter Schriften verbreitet, sind indeß nicht unbekannt; und machen den Reingebliebnen schon kennbarer. — Doch ich habe davon bereits

weit=

weitläuftig und umständlich genug in einer Abhandlunng über die Bayern (bair. Beytr. Jahrg. 2, M. Aug.) gehandelt, und ersuche daher den Leser, sich daran zu erinnern. Das Blut der Altbayern wird nie versiegen; es ist hier gut seyn, und wer nur eine kleine Zeit zugegen ist, will hier seine Wohnung sich bauen.

Fünfzehnter Abschnitt.

Verstorbene Künstler, welche in, oder für München gearbeitet haben.

Ich habe diejenigen Werke, welche von den nachstehenden Künstlern in hiesigen Kirchen verhanden sind, in dem gegenwärtigen Verzeichniß nicht immer wiederhollet, und man barf nur das Register nachsehen, um selbe zu finden. Die Nachrichten habe ich theils aus Kunstbüchern, z. B. dem Sandrat, Füßleins allgemeines Künstlerlexicon, theils aus Haudschriften, und mündlichen bewährten Ueberlieferungen gezogen, und, was ich daran versehen, oder vergessen haben sollte, das werde ich in meinem bairischen Jahrbuch fleißig und gewissenhaft nachtragen. Man wird darinn jederderzeit eine Verbesserung, oder Ergänzung, und auch die Namen geschickter mechanischer

Künstler,

Künstler, als guter Büchsen- oder Uhrmacher u. dgl. finden. Mit lebenden Künstlern hat der Herr Landesregierungsrath, und geheimer Archivarius v. Lippert in dem augsburgischen monatlichen Wochenblatt (Jahrgäng 1770 bis 73) rühmlichst angefangen, ausführliche Nachrichten zu liefern, und ich habe das benutzt, was im selben vom **Aulizeck, Boos Roman, Demaree, Dorner, Lerch, Oefele, Schega, Stephan, Straub, Westermayr, Wink** gesagt worden ist.

Ableitner (Johannes) ein Bildhauer ward im vorigen Jahrhundert zu München geboren, und machte sich durch seine Arbeiten, womit er viele Kirchen im Land, besonders zu München geziert hat, rühmlichst bekannt.

Achen (Johann van) Maler wurde 1556 zu Köln geboren. Einer seiner ersten Lehrmeister wird von Vermander Jerigh geheissen. In der Zeichnung folgte er der Manier des Bartholome Spranger; in der Malerey dem Caspar Rems und Alexander Bonvicino, genannt Morretto, zu Venedig. Churfürst Maximilian berief ihn nach München, wo er verschiedne Denkmäler seiner Kunst hinterlassen. Er starb in kayserlichen Diensten um das Jahr 1600. Die **Sadeler, J. Müller, J. Saen-**

redam,

redam, L. Kilian ꝛc. haben ungefähr 44 Blätter nach seiner Erfindung in Kupfer gebracht.

Achmiller ein hiesiger Steinmetz und Bildhauer.

Albrecht (Balthasar Augustin) ward 1687 zu Berg, unweit Aufkirchen in Oberbayern, geboren. Er ward churfürstl. Hofmaler, hinterließ verschiedne schöne Kunstwerke, starb 1765, und ward auf dem äußern Gottsacker begraben, wo man sein vom Johann Straub verfertigtes marmornes Grab mit dieser Inschrift sieht: Hier ruhet im Frieden, und erwartet eine fröhliche Auferstehung der wohledelgeborne, und kunstreiche Herr Albrecht, weiland seiner römisch kayserlichen Majestät Karl VII, dann auch Sr. Churfürstl. Durchlaucht in Bayern Kammerdiener, Hofmaler, und der Kunstgallerien Inspektor, so in dem Herrn selig verschieden den 1 Aug. 1765. Sein Portrait hat der Hofmaler Herr Oefele gemalt, und Jungwirth in Kupfer gestochen.

Amigoni (Jakob) ein Venetianer, malte Historien, und Portraite von mittelmäßiger Größe. Zu Venedig malte er zwey vortrefliche Altarblätter für die Patres Oratorii. Er gieng nachher nach Spanien, und starb

zu

zu Madrit 1752 im 77 Jahr seines Alters. *)

Amling (Karl Gustav) ein Nürnberger. Er gieng nach München, um sich in der Kunst zu üben, und that sich früh, und so ausserordentlich im Zeichnen hervor, daß ihn der Churfürst Maximilian Emanuel auf seine Kosten nach Paris zu Nikolaus Poily schickte, bey welchem er seine Fähigkeiten nach Möglichkeit ausbilden sollte. Amling erfüllte die Erwartung, die man sich von ihm machte, und bildete sich zu einen der besten deutschen Künstler seiner Zeit. Er diente dem Churfürsten, so lange er lebte, zu seinen Stolz und Vergnügen, verfertigte sein Portrait, und die Portraite der Durchl. Familie in Lebensgröße, dann auch im kleinen Format; weiter auf 12 Tafeln die Geschichte des Otto von Wittelspach, und K. Ludwigs, und die 12 Monate nach Pet. Candito, und viele andere Historien, Portraite ꝛc. er starb zu München im 50 Jahr seines Alters.

Amort ein Oelmaler; von ihm, ist ein Altarblat in der Frauenstiftskirche.

*) Es war noch ein Amigoni (Octavius) ein Maler zu Brescia; lernte bey Anton Gandino. Er malte sowohl in Oel, als in Frescofarben, und starb 1661 im 56 Jahr seines Alters.

Asam (Cosmas Damian, und Egidi) zween Brüder, deren jener zu Benediktbaiern, dieser zu Tegernsee gebohren ward. *) Cosmas machte sich in Rom sehr berühmt, trug auch den ersten Preis davon; Egidius verlegte sich neben dem Malen, auch auf Stuckadorarbeit, worinn er ein Meister geworden. Sie ließen sich beede in München häuslich nieder, bauten, und zierten mit Malereyen, und Stukadorarbeit die hiesige St. Joanneskirche, und malten überaus viel, theils Plafond, theils Altarblätter in den hiesigen Kirchen. Und man weteiferte in Bayern, etwas von ihrer Arbeit zu bekommen, wie sie dann in der Domkirche zu Freysing, in der St. Emeramkirche zu Regensburg; zu Osterhosen rc. (wo unter dem Portal die evangelische Parabol von dem Pharisäer, in einem Rundel vorgestellt wird, wo sich Cosmas Asam als

*) Im allgemeinen Künstlerlexicon heißt es; „Assan (Gosman Daniel, und in deren Supplement steht Asam Cosmas, statt Adam, welcher Name in der in vorgehenden Seite, und zwar so steht. — Adam (Cosmus siehe G. D. Assan, S. 37.) ein Mahler aus Bayern arbeitete um 1730 in der Schweiz. Er mahlte einen Theil des Gewölbs der Kloster kirche zu Einsiedeln auf nassen Kalk, und hinter das Gewölb das Gewölb der Pfarrkirche St. Jakob zu Inspruck. Hagedorn p. 301 und Poellnitz, T. 2. p. 116. Füßli führt diesen Mahler unter dem Namen Cosmus Asam T. 3. p. 127. an.

den Publikanen gemalt hat) und in vielen andern Kirchen herrliche Denkmäler hinterlassen haben.

Außer Land siehet man vom Cosmas Plafondgemählde zu Prag, zu Mariaeinsiedel in der Schweiz, zu Insbruck, in dem Kloster zu Weingarten, und auf dem St. Bernardsberg zu schwäbisch Gemünd. Seine letzte Arbeit war zu Friedberg bey unser Herrgottsruh.

Baader (Joh.) von Lechmillen in Bayern gebürtig; ein Oel und Frescomaler; starb zu Polling 1779.

Baur (Ignaz) von Großhausen in Bayern, übte sich bey Herrn Direktor **Günther** in Historienmalen, so wohl in Oel, als auf nassem Wurf. Man sieht von ihm Gemählde in der Kirche zu Escheloh bey Kloster Etal, und an dem Stadttheater zu Augsburg, wo er Herrn Huber Hilf geleistet, wie auch an einigen Häusern.

Beich (Franz Joachim) wurde 1665 zu Ravenspurg geboren, und lernte bey seinem Vater das Zeichnen. Nachmals begab er sich an den churbairischen Hof nach München, und malte die Feldschlachten, denen der Churfürst Maximilian Emanuel in Ungarn beygewohnt hatte, samt den dazu gehörigen Prospekten auf sehr große Tafeln. Während dem spanischen Succeßionskrieg, und in Abwesenheit des Chur-

fürsten

fürsten gieng Beich nach Italien, und hielt sich eine Zeitlang zu Livorno, und zu Neapel auf, wo seine Arbeit so hoch geschätzt wurde, daß der berühmte Solimena eines seiner Gemählde kopirte. Die Lagen seiner Landschaften sind allzeit malerisch, und reizend, auch mit großer Dreistigkeit uud meisterhafter Führung des Pinsels behandelt. In seinen Zusammensetzungen bemerket man die Manieren des Caspar Dughet, und des Salvator Rosa. Er hat auch in diesem Meistergeschmack einige von seinen Erfindungen in Kupfer geezt, zuweilen folgte er hierinn des Albert Meyrings Manier. **Hagedorn** p. 231. In München sind von ihm ausser den oben angezeigten Landschaften sechs biblische Gemählde, welche Titl. Herr von Rufini besitzt, und Köriger, ein hiesiger Kupferstecher gestochen hat, vorzüglich merkwürdig. Er starb daselbst 1748.

Bergmüller (Johann Georg) er ward 1688 zu Tirkheim in Baiern gebohren; lernte auf Unkösten seines Landesherrn bey Andreas Wolf in München, und studierte nach Karl Maratti. Er ward ein starker Historienmaler in Oel- und Frescogemälden, wovon in vielen Kirchen, und Privatgebäuden zu Augsburg, und in den benachbarten Städten, sowohl an Altarblättern, als Frescogemälden, rühmliche Zeugnisse seiner

Geschicklichkeit zu sehen sind. Er radierte auch mit einer geistreichen Manier einige geistliche und weltliche Geschichten von seiner eignen Erfindung. Man hat auch von seinem Aufsatz zwey Bücher: 1) geometrischer Maaßstab der Säulenordnung, 2) Antropometria d. i. Statur des Menschen nach verschiednen Altern. Seine geistlichen Erfindungen sind sehr andächtig, und sittsam, und seine Färbung ist lieblich. Bergmüller war Direktor der Akademie, und bischöflicher Kabinetsmaler. Er starb zu Augsburg 1762. Sein Sohn, Johann Baptist, geboren 1724. folgte ihm in der Kunst. Er zierte die Klosterfrauenkirche zu Landsberg mit Frescogemälden. J. J. Hayd, B. Vogel, J. A. Friedrich, u. s. w. haben nach J. Georg Bergmüller in Kupfer gestochen.

Bidermann, ein Landschaftmaler von Starrenberg, heyrathete eine Tochter des Nikolaus Stuber, Maler zu München.

Bocksberger (Joannes) Hansen Sohn, und Schüler; übertraf seinen Vater gar bald in der Lebhaftigkeit und Hurtigkeit, mit welcher er Jagden, Feldschlachten, und anders, in Fresco, auch in Oel malte. Es sind von ihm viele Häuser in Augsburg, München, Regensburg, Ingolstadt, Passau, und Salzburg gemalt worden.

Er

Er arbeitete um 1560 zu Salzburg. Dieser Künstler hat auch vortreflich in Holz geschnitten. Man hat von ihm 122 Stück in einer Bibel nach J. Amans Zeichnungen, die 1569 bey S. Feyerabend zu Frankfurt gedruckt ist, und einige in einem deutschen Livius, nach T. Stimmer. Sandrat Tom. I. p. 260. M. Bocksberger, oder Bockpergen hat auch einige Stücke in obbemeldte Bibel in Holz genitten. Papillon.

Bodma, herzoglicher Kammerdiener, und Oelmaler in München. Von ihm ist ein Gemälde in der hiesigen Frauenstiftskirche.

Böhm (Bartholomäus) war Maler und Kupferstecher, zu Nürnberg geboren 1502; hat viele schöne Stücke verfertigt; wurde am baierischen Hof sehr geschätzt, und vom Herzog Albert nach Italien (wo er zu Rom unter M. Ant. Raymund arbeitete) geschickt, wo er 1540 gestorben.

Brüderle, Maler zu München, verfertigte viele gute Stücke in halben Figuren. Er lebte im vorigen Jahrhundert.

Bucher (Joseph) ein Maler, ward zu München den 13 März 1711 geboren. Er kam frühzeitig zu dem damals sehr berühmten Ma-

 ler

ler Paskal, und lernte bey diesem Künstler Miniatur malen. Er gieng auf Reisen, und wurde sogleich nach Frankfurt berufen, und alldort bey der kaiserlichen Kanzley als Wappen- und Diplomenmaler angestellt, wobey er sich so verdient machte, daß ihm Maximilian III. in Ansehung seiner schönen Arbeit 1745 sein besonders Wohlgefallen bezeugt hat, wovon seine Erben noch ein schönes Denkmal besitzen. Er starb als kurfürstlicher Wappen- und Diplomenmaler den 11. Jun. 1776. Von seinen Arbeiten liegen die meisten beym Archiv des kurbaierischen Ritterordens des heil. Georgs, einige auch bey dem hohen Ritterorden des heil. Michaels, einige in den Händen derer, welche zu den Zeiten des Reichsvikariats, und hernach geadelt wurden, oder in Wappen, und Insignien einige Vermehrungen erhielten. Er malte auch Portraite in Miniatur, und Ring, und einige Stücke in Oelfarben.

Candito (Peter) war zu Brügge in Flandern geboren, und hieß Peter von Witt. Als er sich nach Florenz ins Toscanische begab, um unter Georg Vasari zu studiren, nannte er sich Candito. Herzog Albert V. ließ ihn nach München kommen, und Maximilian I. bediente sich bey der Auszierung der neu erbauten Residenz überall seiner Kunst, und Einsicht. Es ist fast

kein

kein Zimmer, wo man nicht etwas von ihm antrift, und die vielen Statuen von Bronz sollen alle von seiner Anordnung seyn. Ausser den im 2 Th. angeführten Werken verfertigte er auch die baierischen Eremiten. Die vier Kirchenlehrer, welche nebst vielen andern Egidius Sadeler in Kupfer gestochen. Er hat bey Erfindung seiner Arbeiten vielfältig den berühmten Jesuiten Raderus zu Rath gezogen, und nach dessen Gedanken gearbeitet.

Caspari, war Hoftheatralmaler (sieh Schilling) und machte sich durchseine Arbeiten, besonders einem schauderhaften **Kerker**, unvergeßlich.

Ciamana (Alexander) von ihm sind in der Michaelshofkirche Gemälde.

Cignani (Karl) ein Bologneserkünstler, und Schüler des Albani; sein Pinsel ist leicht, doch kräftig und fleißig; seine Zeichnung richtig; seine Gedanken groß, und meisterhaft im Ausdrucke der Leidenschaften; seine Gewänder sind schön, und seine Gesichter reizend. Man hat von ihm schöne allegorische Werke. Er ward gebohren 1628. und starb 1719. (Vom Felix Cignani hat man, unter andern, schöne allegorische Gemählde, er starb 1724. Siehe Theatinerkirche.

Comp, kurfürstl. Hofmaler, der um 1716 starb; er hat sich besonders in Theatermalereyen hervorgethan.

Cosmas Damian (auch Paul Cosmas, auch Piazza) hieß im weltlichen Stand **Paul Ungaretto**, war im Kastelfranco in dem Staat von Venedig gebürtig, und lernte bey dem jüngern Palma. Er studierte nach den besten venetianischen Malern, und arbeitete in verschiedenen Kirchen, und Pallästen daselbst. **Cosmas** tratt in den Kapuzinerorden, und ward an Kaiser Rudolphs II. Hof nach Prag gesandt. Er arbeitete auch zu Rom in Diensten Papst Paulus des V. Endlich kam er nach Venedig zurück, wo er 1621 im 64 Jahr seines Alters starb. Mann sieht in dasiger Pfarrkirche St. Paulus einige Gemälde von ihm. Er ist auch unter dem bloßen Name des **Kapuziners** bekannt. Zu München sind von ihm in der Frauen Stiftskirche Altarblätter, wie auch Gemälde zu Schleißheim zu sehen. Ph. Thomaßin, L. Ciamberlano, und R. Sadeler haben nach ihm in Kupfer gearbeitet, insonderheit hat der letztere drey historische Blätter nach ihm verfertigt.

Couvillier (Franz de) war Hofbaumeister unter Kaiser Karl VII. Von ihm sind unter vielen andern die Lustschlösser im Nymphenbur-

ger-

gergarten, als: Amalienburg, Badenburg, Pagodenburg, die Klause; auch das hiesige neue Opernhaus, und das Akademiegebäude. Die Theatinerfascade.

Couvillier (Franz de) Sohn des vorigen, und kurfürstlicher Baumeister. Er war, wie sein Vater, ein trefflicher Zeichner, und guter Erfinder; und seine weitläuftige Sammlung hinterlassner Werke, (welche im 2ten Th. des baier. Jahrbuchs von 1782. umständlich angezeigt sind) macht ihn unvergeßlich. Von ihm ist z. B. die Stiege zu Nymphenburg, die Hauptwache, u. s. w. Er starb um 1770.

Degler (Franz Joseph) ein Maler von Augsburg, lernte bey Wolf; arbeitete in Oel, Fresco, und Miniatur. Er gewann 1765 einen Preis in der Akademie von St. Lucas zu Rom. Hier sind schöne Arbeiten von ihm. Er starb 17

Demaree (oder Georg de Marees) wurde in Stockholm 1697 gebohren. Nachdem er die untern Schulen studirt, lernte er vom schwedischen Hofmaler, Peter Martin Meytens, das Zeichnen und Malen. Er blieb bey demselben 14 Jahre, und malte in Oel das ganze königliche Haus, wie auch alle Reichsräthe, wodurch er so vielen Beyfall erhielt, daß man bey Hof beschloß, ihn reisen zu lassen; allein Demaree schlug dieß aus, und verließ sich, indem er 1724 seine Reise antratt, auf seine Geschicklichkeit. Er kam nach Amsterdam, wo er Portraite malte: dann nach Nürnberg, wo er die preislerische Zeichnungsakademie fleißig besuchte, und mit Johann Kupezky Freundschaft machte. Ein grosses Familienstück, wo er seinen Bruder Abraham (damaligen Prediger bey der reformirten Gemeinde in Nürnberg, und nachmaligen Superintendenten, Oberhofprediger, und Konsistorialrath in Dessau) nebst seiner Gemahlinn und dreyen Kindern vorstellte, erwarb ihm bey den dortigen Künstlern eine grosse Meynung. Er malte auch die Gemahlinn des Joachim von Sandrat, und diese ließ das Portrait durch G. D. Heumann in Kupfer stechen. Im Jahr 1725 reisete er durch Augsburg, München, Insbrug, Padua, nach Venedig, wo er in Miniatur und Email malte. Er übte und bildete sich mit grossem Fleiß in der piazettischen Schule, und begab sich 1726 nach Rom, wo er seinen alten Freund, **Karl Hörlmann**, (nachmaligen königl. schwed. Bau- und Gartendirektorn) antraf, und ihn in Schmelzwerk malte. Er machte sich in Rom alle Gelegenheit, welche daselbst zu Vervollkommung eines Künstlers vorhanden sind, zu Nutzen, und machte besonders viele Portraite. Von da kam er nach Venedig zurück, wo er seinen Vetter, den nachmaligen kaiserlichen Hofmaler, Martin von Meytens, und seinen Freund Karl Hedlingern, den er in Stockholm gemalt hatte, antraf. Bald nach seiner Ankunft wurde er von dem bürettischen Haus, welches itzt in Erlangen blühet, nach Nürnberg berufen, wo er viele Arbeiten verfertigte, welche der berühmte Bernard Vogel in schwarze Kunst gebracht; dann gieng er wieder nach Augsburg, wo er mit dem kurbaierischen Concertmeister, Simon Schuhbauer, bekannt wurde, auf dessen Ersuchen er nach München gereiset, und ihn daselbst auch gemalt hat. Dieß gab Anlaß, daß ihn, nachdem er wieder abgereiset war, Karl Albrecht nach München berief, und ihm verschiedne Arbeiten auftrug. Da er eben im Begriff war, abzureisen, malte er noch auf Ersuchen Joseph Mörl, eines geschickten Kupferstechers, das Muttergottesbild im Herzogspital, während der Zeit man ihm verschiedne neue Arbeiten antrug. Um diese Zeit faßte er auch den Entschluß, seine Religion zu ändern, und bekannte sich bald darauf zur katholischen, worinn auch seine Voraltern gelebt hatten. Nun beschloß er, in München zu bleiben, und verheyrathete sich im Jahr 1731 mit Maria Barbara Schuhbaurinn, mit welcher er eilf Kinder zeugte. Im Jahr 1745 wurde er vom Kurfürst zu Köln nach Bonn berufen, wo er bis

1749

1749 verblieb. Eben dieß geschah 1752 vom Wilhelm, Landgrafen zu Hessenkassel, den er sowohl selbst, dann dessen Fr. Gemahlinn, den Erbprinzen, und noch 3 andere Prinzen in Oel malte, wo er mit einer goldnen Medaille, wozu Hedlinger den Stempel geschnitten, beschenkt worden. Er malte bey dieser Gelegenheit viele andere Portraite, z. B. den landgräflichen Rath und Hofbibliothekär, Hrn. Arkenholz, und den Edelknabenhofmeister, Hrn. Johann Fridrich Reifstein, welche beede in die Wette eiferten, ihm hierüber ihre dankbare Erkenntlichkeit zu bezeugen. Dieser letztere beschenkte ihn unter andern mit einem Probstück seiner erfundnen Wachsmalerey; auch ließ er von Hrn. Schepp das Portrait des Künstlers nach Antik in Stahl schneiden, und in Gold fassen, womit er ihn ebenfals beschenkte. Dann kam er, auf höchste Einladung, 1753 wieder nach Bonn, wo er, wie das erstemal, das Portrait des Kurfürsten, und andrer Personen, auch einige historische Stücke malte. Endlich 1754 kam er wieder nach München, wo er nun sein eigentliches Vaterland hatte. Im Jahr 1763 wurde er vom Fürstbischof zu Wirzburg und Bamberg berufen, wo er, ausser andern, mit einer schweren Medaile, wozu unser Schega den Stempel gemacht, beschenkt worden. Im Jahr 1767 kam er auf gleiche Einladung nach Mainz, wo er den Kurfür-

für-

fürsten rc. malte. Diese war seine letzte Reise, nach welcher er München nimmermehr verließ. Unter die Arbeiten des Demaree gehören mehr, als fünfzig Portraite fürstlicher Personen, deren einige, welche ich mit einem Sternlein bezeichnen will, er öfters und von verschiedner Grösse gemalt hat. 1) Den damals regierenden König von Schweden. 2) Dessen Gemahlinn. 3) Dessen Herrn Bruder Prinz Maximilian. 4) Kaisern Karl VII.* 5) Dessen Gemahlinn.* 6) Den Kurfürsten Maximilian III.* 7) Dessen Gemahlinn.* 8) Dessen Herrn Bruder, Prinz Joseph. 9) Die Kurfürstinn von Sachsen, Antonia.* 10) Die Prinzeßinn Theresia. 11) Die Markgräfinn von Baden-Baden.* 12) Die Prinzeßinn Josepha, nachmalige Gemahlinn K. Josephs II.* 13) Den Herzog Ferdinand aus Baiern.* 14) Dessen Gemahlinn.* 15) Dessen ältern Prinzen Maximilian. 16) Dessen jüngern Prinzen Herzog Clemens.* 17) Dessen Gemahlinn.* 18) Die Prinzeßinn Theresia, Tochter des Herzogs Ferdinand. 19) Den Kurfürsten von Köln, Clemens August.* 20) Den Herzog Theodor, Kardinal aus Baiern.* 21) Seine itzt regierende kurfürstl. Durchleucht von Pfalzbaiern.* 22) Dessen Gemahlinn. 23) Den letztverstorbnen Prinzen von Zweybrück. 24) Dessen Gemahlinn. 25) Den letztverstorbnen Kurfürsten von Sachsen. 26) Dessen Prin-

zeßinn

zeßinn Amalia. 27) Den Prinzen Xaverius. 28) Den Prinz Karl. 29) Den Prinz Albert. 30) Den Kurfürsten von Trier, Wenzeslaus Klemens.* 31) Die Prinzeßinn Christina. 32) Die Prinzeßinn Elisabeth. 33) Die Prinzeßinn Kunigunda. 34) Den Landgrafen Wilhelm von Hessenkassel. 35) Dessen Erbprinz. 36) Des Prinzen Gemahlinn. 37, 38, 39) Desselben 3 Prinzen. 40) Den Fürstbischof zu Wirzburg. 41) Den verstorbnen Kurfürsten von Mainz.* 42) Die Frau Gräfinn von Bendheim, geborne Gräfinn von Oranien. 43) Den Fürsten Pathiani. 44) Einen Fürsten von Lobkowitz. 45) Die Gräfinn von Esterhaßy. 46) Eine Fürstinn von Lichtenstein. 47) Einen Fürsten von Hohenlohe. 48) Die Fürstinn von Portia, geborne Gräfinn von Morawizky. 49) Die Fürstinn von Lubomirsky, geborne Baroneßinn von Stein. 50) Den dermaligen Fürstbischof von Freysing. Die Portraite des Kaisers Karl VII, und des Kurfürsten Maximilian III. sind zu Pferde in Lebensgrösse vorgestellt, und historisirt. — Ausser diesen hat er eine Menge andrer Portraite verfertigt. Unter seine historischen Arbeiten gehören: 1) Eine heil. Magdalena zu Rom. 2) Die Königinn Kleopatra. 3) Der heil. Franc. Seraphicus zu Venedig. 4) Der Erzengel Michael zu Bonn, für den Kurfürsten. 5) Die heil. Familie. 6) Der heil. Klemens, in der

Hof-

Hofkapelle des heil. Florians ebend. 7) Eine Maria. 8) Die heil. Barbara, 9) Apolonia. 10) Der heil. Joseph an dem vierfachen Altar in der Hofkapelle zu Poppelsdorf. 11) Franc. Seraphicus. 12) Franc. von Paula. 13) Franc. Xav. 14) Das große Altarblatt, Maria Heimsuchung, in der Kirche der hiesigen Salesianerinnen. 15) Das Choraltarblatt des heil. Martins in der Pfarrkirche zu Kaufbayrn. 16) Eine Kreuzigung Christi in der Klosterkirche zu Diessen. 17) Die heil. Anna in der akademischen Pfarrkirche zu Ingolstadt. 18, 19) Zwey Altarblätter der Mutter Gottes, und der heil. Klara in der Klosterkirche auf dem Anger in München. 20) Der heil. Hieronymus. 21) Die heil. Magdalena im kleinern Dessein. 22) Der englische Gruß im Kloster Polling. 23) Eine heil. Familie, für die verwittibte Kurfürstinn zu Sachsen. 24) Der heil. Johann von Nepomuck, in der schönbergischen Hauskapelle. 25) Ein heil. Karolus Boromäus, und Antonius in Nymphenburg. 26) Eine heil. Familie für eine Dame in Tyrol. 27) Ein Krucifix im Exercienhaus zu München. 28) Der heil. Johann von Nepomuck in der Hofkapelle nach Ismaring, welchen Hr. Jungwirth zu München in Kupfer gestochen. 29) Der heil. Schutzengel in der Pfarrkirche zu Kelheim. 30) Ein englischer Gruß in der hiesigen Theatinerhofkirche. 31)

Die

Die heil. Cäcilia ebendaselbst. 32) Eine heil. Familie von 4 Figuren für den Hrn. Landesregierungsrath und geheimen Archivar Johann, Kaspar von Lippert. 33) Eine Geburt Christi mit kleinern Figuren. Er starb zu München 1776

Diefenbrunner (Georg) von Mittenwald in Baiern geboren 1718. Er lernte anfangs daselbst bey seinem Bruder, dann bey Hrn. Roth in Wirzburg, und bey Hrn. Schöpf in Bonn. Er war ein guter Historienmaler in Fresco- und Oelfarben, malte meist auswärts, um 1765 zu Augsburg und in Baiern, wo von ihm besonders schöne Frescogemälde bey der sogenannten Rotschweig in einer Kapelle, welche gleich bey der Landstrasse eine kleine halbe Stund ausser Dachau gegen München liegt, worinn ausser den Gemälden in dem ofnen Plafond die Ermordung des Otto, Grafen von Dachau, durch eine Oeffnung der Emporkirche zu sehen. Klauber hat es in Kupfer gestochen.

Diepolo (auch Tiepolo, Johann Baptist) von einer guten Familie zu Venedig geboren. Er näherte sich dem Geschmack des Paul Veronese, worinn er eine unbeschreibliche Menge Gemälde zu Auszierung der Kirchen und Palläste verfertigte. Er arbeitete einige Zeit in Deutsch-

land,

land, wo er in dem bischöflichen Pallast zu Wirzburg den Saal, die Treppe, und zwey Altarblätter malte. Hier malte er zu Nymphenburg.

Dietrich war ein hiesiger Bildhauer. Sieh Franciscanerkirche.

Dübüt (Karl Klaudius) ein Bildhauer von Paris; arbeitete an dem königlichen Hof zu Dresden. Maximilian III. berief ihn als den ersten Hofbildhauer nach München, wo er in dem Nymphenburgergarten verschiedne Statuen verfertigte, und hier im 85ten Jahr seines Alters starb.

Engelhart, ein Maler zu München; seine Arbeit besteht meistens in Kruzifixen, worinn er sich eines schwärzlichten Kolorits bediente. Er malte auch historische Stücke, wie dann von ihm ein Altarblatt im Kloster Scheftlarn zu sehen.

Faistenauer, ein Maler aus Baiern. Von ihm ist das Altarblatt des heil. Thomas von Villa nova in der hiesigen Augustinerkirche.

Faistenberger (Andreas) zu Küzbüchel in Tyrol gebürtig; ein überaus geschickter Mann;

er war hiesiger Hofbildhauer, starb 1735. Unter seine Arbeiten gehören Abraham und Isaak bey den Theatinern, der heil. Sebastianaltar in der Frauen-Stiftskirche, dann die 2 Statuen auf dem Choraltar der Herzogspitalskirche.

Fischer, ein geschickter Maler zu München, dessen Oelgemälde sehr geschätzt werden. Er arbeitete nach Rubens.

Füterer (Ulrich) war 1408 Maler, Dichter, und Kronikschreiber von München, und hinterließ in Manuscript eine Kronik, welche den *Scriptoribus Rerum Boicarum* unter der Aufschrift Fragmenta Chronici Tegernseensis p. 629. T. I. einverleibt ist.

Geer, ein Maler in München.

Geiger, Maler in München.

Gödeler (Elias) Maler und Baumeister, ward 1620 auf dem Schloß Helfenberg in dem Land ob der Ens geboren. Er malte Perspektiven in Oelfarben, und auf frischem Kalk, und arbeitete zu Nürnberg. In Baiern erhielt er (sieh Marberger im Leben berühmter Baumeister) den Titel eines kurfürstl. Hofbaumeisters, und nach

nach seiner Anordnung wurden verschiedne öffentliche, und Privatgebäude errichtet.

Greif, ein guter Oelmaler aus Baiern.

Groff (oder Grufft, Wilhelm de) kurfürstl. Blidhauer zu München. Er arbeitete um das Jahr 1750 in Marmor und Erz, besonders vieles nach Nymphenburg. Er hatte den ebenfalls berühmten Verhelst zum Scolaren; starb 1774 im 65 Jahr seines Alters. Ihm ist in dieser Arbeit sein Sohn als Bildgiesser, Karl Groff, kurfürstl. Rath, und Mitglied der kaiserl. und der röm. Akademie, gefolgt.

Günther (Franz Ignatz) wurde unweit Kehlhaim in Baiern geboren. Er lernte die Bildhauerkunst bey Hrn. Straub, bey welchem er 7 Jahre verblieb, und erwarb sich durch seine Kunstarbeiten vielen Ruhm. Von ihm sind unter andern zwo Statuen zu Schleißheim: item das Portal zur hiesigen Hauptwache, und auf selbem Herkules und Bellona; die fünf Kirchthürme in der Frauen Stiftskirche, u. s. w. Starb zu München

Gumpp (Michael) ein Oel- und Frescomaler aus Baiern. Von ihm sind die Seitengemälde in hiesigem Bürgersaal.

Hartwagner (Michael) ein Oel und Frescomaler zu Deckendorf in Niederbaiern geboren. Er war eines aufgeweckten Kopfes, zeichnete fleißig, las gerne, und fühlte das Wesen seiner Kunst. Er malte in Oel und Fresco; allein da er meistens nach Brod arbeiten mußte, indem er ohne Unterstützung war, so konnte er sich selten Zeit lassen, ein Werk so zu vollenden, wie er im Geist es sich vorstellte. Ich sah ihn an Einem Tag alle zwölf Apostelköpfe fast in natürlicher Grösse verfertigen, und in einer grossen Geschwindigkeit Portraite malen, denen er, ausser der Aehnlichkeit, immer etwas mitgab, woraus man einen denkenden Mann erkannte. Ein Kato, wie er sich die Wunde aufreißt, und eine Kleopatra, in Lebensgrösse, welche an einen Pfarrherrn bey Aichach gekommen; ein Abraham, sind seine mir bekannten historischen Werke, und mit vielem Geist verfaßt. Er radirte auch in Kupfer, wie ich im 2ten Theil dieser Beschreibung bey der Theatinerkirche erwähnt habe. Er starb zu München um 1775.

Heigel (Martin) von Konstanz; ein hiesiger Oel und Frescomaler; lernte bey Zimmermann; starb hier vor 7 Jahren.

Heindl (Augustin) ein Oelmaler aus Baiern. Von ihm ist die Auferweckung Lazari in der hiesigen Augustinerkirche.

Herz (Jak.) Maler in München.

Holzmann (Johann) ein Oelmaler. Von ihm besitzt Hr. Kan. Bernard ein schönes Gemälde, Maria Himmelfahrt, von 1605.

Hormann (Peter) Historienmaler zu München. Von ihm sind z. B. die 7 Gaben des H. Geistes in der H. Geistkirche.

Hormannstorfer, ein guter Blumenmaler zu München.

Hufnagl, Maler zu München.

Jaufmann, ein Miniaturmaler zu München.

Ingerl, ein Bildhauer zu München.

Kager (Mathias) gebohren zu München 1566; er war einer der beßten Historienmaler seiner Zeit, und hielt sich lange Zeit in Italien auf, wo er die Antiken und die beßten unter den neuen Meistern studierte, wie man solches an seiner Arbeit leicht bemerkt. Nach seiner Zurückkunft in Baiern ernannte ihn der Kurfürst Maximilian zum ersten Hofmaler. Gleichwohl setzte er sich in Augsburg, wo er auch das Bürgerrecht nahm. Als er sich darum meldete, versprach er (wie in der Kunst- Gewerb- und

Handwerksgeschichte von Augsburg zu lesen) nur mit Wasserfarben, und in Miniatur zu malen. Dieses hielt er auch eine Zeitlang, und hatte darauf sehr gute Gesellen, worunter auch sein Landsmann, Johann Ulrich Loth, gewesen, welcher Johann Karl Loths Vater war, der einer der größten Maler der venetianischen Schule wurde. Allein laut den Akten des augsburgischen Stadtarchivs verließ Kager diese kleine Arbeit sehr bald. Von ihm nun sind in Augsburg auf nassem Wurf die Gemälde am Weberhaus, am heil. Kreuzer- und Frauenthor-Thurm, und vornehmlich das grosse Gemälde hinter dem Rathhaus über den Gefängnissen, nämlich die Geschichte der Königinn von Saba, und des Königs Salomo, welches Franz Collignon von Nancy in Kupfer gestochen. In dem sogenannten goldnen Saal auf dem Rathhaus ist, wie aus noch in München vorhandnen Briefen des Hanns Bartholome **Welsers** erwiesen werden kann, die Erfindung des damas zu München lebenden sehr berühmten Jesuiten, P. **Matthäus Raderus**, der die Gedanken auch dem berühmten **Witt**, oder **Candito** angegeben, von welchem sie skizirt worden sind; von Kager allein aber ist die Ausführung der Malerey auf nassem Wurf, und der mit Oelfarbe auf Leinwand gemalten Deckenstücke, die alle, sowohl in der Erfindung nach dem Geschmack ihrer Zeiten, als in der Ausführung

führung Meisterstücke sind. Eines seiner vornehmsten Gemälde ist das jüngste Gericht in der Rathsstube, wo auch die Geschichte Jesabels merkwürdig ist. Zwey Fürstenstuben haben ebenfalls grosse historische Gemälde, mit starker Zusammensetzung, wie auch einzelne Bildnisse von seinem Pinsel. Ausser diesen ist von ihm ein Altarblatt in der Predigerkirche zu Augsburg ꝛc. Er zeichnete auch viel für Kupferstecher. Dergleichen sind das Sanctuarium Christianorum, das **Lucas Kilian**, und die Vorstellung zu Raders heiligem Baierland **Raphael Sadeler** in Kupfer gestochen. Er ward zu Augsburg in Ansehung seiner Verdienste zum Bürgermeister erwählt, und starb 1634. Er wird auch vom Imhof unter die Baumeister gezählt.

Kilian (Wolfgang) wird unter die ersten guten Kupferstecher, nebst seinem Bruder Lukas, gezählt; indem er eine grosse Anzahl Kupferstiche sammt Portraits mit einer guten Manier verfertigte, wie er denn unter andern schönen Stücken 1620 das Werk *effigies ducum Bojariæ* mit einer lateinisch und deutschen Beschreibung der Stammtafeln herausgab. Es giebt sehr viele Kiliane, wie überall zu lesen.

Kohlbrenner (Martin) gebohren zu Siechsdorf 1682. Sein Vater **Wolfgang** war Salzmayramts- Holz- und Triftschreiber. Von jenem ist das Frescogemälde am Etalerhaus nächst dem schönen Thurm, worinn der Kaiser Ludwig, wie ihm ein Mönch das Muttergottesbild übergiebt, vorgestellt wird; weiter ein schönes Fresco in der obern Kruftkirche der engländischen Fräulein, das die heil. Dreyfaltigkeit vorstellt. Er starb 1738.

Kohlbrenner (Johann) des obigen Bruder, gleichfalls ein Maler. Im Kloster Seon sind von ihm noch verschiedne Stücke vorhanden. Ein vorzüglich schönes Gemäld ist zu Mariä-Egg auf der Wallfahrt, zwo Stunden von Traunstein im Gebirg, nämlich ein Altarblatt linker Seits am Chor, das die heil. Anna, Maria, und Joachim vorstellet. Er starb 1740.

Köriger, Kupferstecher in München.

Kreiter (Aloys. und Elias zween Brüder) zu Weilheim geboren; waren sehr gute Oelmaler, und ahmten den Christoph Schwarz nach; lebten um 1619. Im Kloster Polling sind vom Aloys. Malereyen.

Krüger (auch Grieger) Maler aus Baiern.

Krummer (Johann) baierischer Hofmaler unter Herzog Wilhelm V. und Kurfürst Maximilian I.

Krumpter (Johann) ein Bildhauer, und Kunstgiesser zu München unter Wilhelm V, und Kurfürst Maximilian I, der ihn das berühmte Grabmal Kaiser Ludwigs des Baiers in der Kirche U. L. Fr. nach der Anordnung des Peter de Witte verfertigen ließ. Auch sind von seiner Arbeit der metallene Engel in der hiesigen Michaelskirche bey Wilhelms V. Grab, dann Christus und Magdalena auf dem Kreuzaltar.

Kunst (Joseph) aus Bayern; malte Kabinetstücke; starb vor 5 Jahren.

Läter, ein Oelmaler aus Bayern.

Liberi, (Peter) ein Maler von Padua; studirte zu Rom nach den Worten Raphaels. Er ward in den Ritterstand erhoben, und starb 1677 im 77 Jahr seines Altars. Liberi malte fast keine Historien, sondern meistens Fabeln, und sehr viele Hieroglypsen, die aber niemand, als er allein verstand. — Die Kupferstecher J. Barone. M. Boschini. D. Rossetti. J. Bicini u. a. haben nach ihm gearbeitet. Sein Sohn Marius malte ziemlich gute historische Stücke; aber die Talente seines Vaters konnte er nicht völlig erreichen. Sieh Theatiner Kirche.

Loth (Johann Ulrich) ein überaus vortreflichen Maler, wurde zu München geboren, lernte zu Venedig bey Carl Saracino, und erwarb sich durch seine Gemählde in Oel und Wasserfarben einen ausgebreiteten Ruhm. Unter seine besten Werke gehört das Urtheil Salomonis in der churfürstl. Residenz, und das Altarblatt die heiligen 3 König in der hiesigen Frauen Stiftkirche. Er malte auch zuweilen in Miniatur, worüber er sich, wie Sandrat sagt, zuletzt in den schönen Farben so vertieft hat, daß er der Crudezza beygefallen. Er starb zu München 1660.

Loth (Johann Carl) lernte die Kunst von seinem Vater; und setzte sein Studien zu Rom unter Michael Angelo von Carravaggio fort; zu Venedig besuchte er die Schule des Peter Liberi. Seine Gemählde zu Venedig, und in Deutschland machten ihn überaus berühmt, und er erlangte den Titul eines kayserlichen Hofmalers, und Kammerjunkers. In München sind von ihm schöne Gemählde. Neben andern, schreibt Sandrat, ist zu München bey einem Liebhaber, Namens Cleer, von seiner Hand, ein bezechter, nackender, und schlafender Silen, der auf seinem Arm ruht, in halber Figur zu sehen, der wohl meisterhaft, und natürlich an Colorit, Erhebung, und andern gebildet. In der Kirche St. Lukas zu Venedig sieht man sein Grabmal mit dieser seinen Verdiensten ge-

mäßnen

mäßnen Aufschrift. Joann Carolus Loth Bauarus, suorum temporum Apelles, ob virtutem Penicilli ab Imp. Leopoldo Nobilium Ordini aggregatus, Umbram Mortis depingere coepit die VI Oct. a. MDCXCVIII aetatis suae LXVI. Eines seiner schönsten Gemählde ist das große Altarblatt in der Dominikanerkirche zu Bergamo. Zwey Gemählde mit lebensgrossen Figuren, die Loth mit seinen zwo Töchtern, und Noah mit seiner Familie vorstellen, findet man in dem Pallast Trivulci zu Mayland: diese zwey Stücke sind von schöner Composition. Die Stellung des Noah ist besonders wohl ausgedrückt. Kilian, Moitte. H. Noßi u. s. f. haben nach ihm in Kupfer gestochen. Er starb 1698.

Luidl, (Gabriel) Hofbildhauer zu München, von Mähring in Bayern, unweit Augsburg gebürtig.

Marchiori (Johann) ein Bildhauer von Venedig. Er lebte um 1750. (Sieh Nymphenburg)

Mayr (Leonhard) herzoglich clementinischer Hof- und Miniaturmaler.

März Maler zu Straubing, bey welchem Westermayr, und der berühmte Holzer in Condition stunden.

Merian

Merian (Mathäus) hat zwar nicht in Bayern, aber vieles für Bayern gearbeitet. Er war Kupferstecher, und Buchhändler zu Frankfurt am Mayn, und fing 1642 ein topographisches Werk an, welches zusamm aus 30 Theilen besteht. Alle diese sind mit genauen Landkarten und feinen Kupferstichen von Städten, Klöstern, Schlößern ꝛc. geziert, und es sind ihrer wenigst bey 1500. Der dritte Theil von Deutschland begreift Bayern, Salzburg, die Oberpfalz, und mit Einem Wort alles, was zum bayrischen Kreis gehörig. Er ist 1644 gedruckt, und hat 62 feine Kupferstiche, denen die topographische Beschreibung der vornehmsten Städte und Oerter in bemeldten Landschaften angehängt sind.

Mielich (Johann) ein vortreflicher Miniaturmaler zu München; starb 1572 im 52 Jahr seines Alters, wie man aus seinem noch vorhandnen Grabmal wahrnehmen kann. Man zeigt in der churfürstl. Bibliotheck zween Bände von Atlasformat, die von der Hand dieses Künstlers mit unzähligen Gemählden geziert sind. Auch hat man von ihm eine wahrhafte Abconterfayung des kayserl. Feldlagers vor Ingolstadt, so 1546 wider die schmalkadische Armee von Carl V geschlagen worden, auf einer großen Tafel entworfen.

Mörl hiesiger Kupferstecher. Er gab einige Portraite, z. B. Kayser Carl VII zu Pferd nach Demaree (auf einem großen Regalbogen, wo auch Setlezky unterschrieben ist) und verschiednes heraus z. B. das Kupfer vom Domm zu Freysing.

Müller (Adam) mahlte meist Frescogemählde z. B. in der hiesigen Stadt das Marienbild zurück am Kosthaus, welche den Uhrzeiger hält; weiter das Gemählde am Hofwaisenhaus.

Müllermaller malte hier Fresco.

Oeffner, Ein sehr geschickter Hofbaumeister zu München hat vorzüglich Schleißheim gebaut.

Paskal, ein Oelmaler aus Bayern.

Passetti, ein Maler. Von ihm ist ein Gemäld in der hiesigen Augustinerkirche.

Pay de, ein Oel- und Portraitmaler zu München.

Permoser (Baltasar) ward um 1650 zu Kammer in Bayern gebürtig, und lernte die Anfänge seiner Kunst bey einem Bildhauer Namens Weißkirchner zu Salzburg, die er hernach durch öftere Reisen nach Italien ausbil-

dete.

dete. Er arbeitete lange Zeit zu Florenz, wo man von seiner Hand zwey sehr schöne Statuen auf dem Hauptportale der Theatinerkirche, wie auch die Statue ihres Stifters in einer Nische der Vorderseite sieht. Permoser war besonders in kleinen Basreliefs, und Statuen von Elfenbein berühmt, und hatte vieles für den Großherzogen zu arbeiten. Nach einem 14 jährigen Aufenthalt daselbst gieng er nach Berlin, wo er einige beträchtliche Werke verfertigte; endlich setzte er sich zu Dreßden, wo er 1732 starb. Er ward zu Friedrichsstadt begraben, wo man sein von ihm selbst verfertigtes Grabmal sieht. Die Grabschrift heißt: „Herr Balthasar Permoser, ist geboren zu Cammer, in Bayern, 1650, den 1 Augusti, gestorben in Dreßden, den 20 Febr. 1732. ruhet hier am Fuß des Kreuzes, welches er gebildet hat, seines Alters, 81 Jahr, 7 Monat. Diesem Meister im Bildhauen, kann nicht jeder sich getrauen, gleich zu kommen, an Aehnlichkeit, an Stellung, Stärke, Feinigkeit; er gab alles, doch kein Leben, das kein Mensch, nur Gott kann geben; seine Hand macht theure Marmelstein, Wachs, Holz und Helfenbein, lebt itzt mit Gott durch seine Tugend, die er liebte von der Jugend; Hier wird allzeit bleiben in Gunst, und Hochachtung, seine Kunst."

Seinem

„Seinem verstorbenen Vetter zu Dank und Gedächtniß, hat dieses im Namen der Freundschaft geschrieben, M. M.„ (vermuthlich Michael Moser, welchen Balthasar zu sich genommen, ihn die Kunst gelehrt, auch ihn in Sprachen unterrichten lassen.) Folgends nahm Moser sich der Erbschaft an, reisete nach Holland, und begab sich wieder nach Haus. In selbiger Gegend erhielt er das Lob eines geschickten Künstlers. Er ist nachher gestorben; es sind aber noch zween Brüder von ihm am Leben.

Diese Grabschrift und Nachricht ist in der neuen Leipzigerbibliothek der schönen Wissenschaften, und der freyen Künste (B. 9 S. 217) zu lesen, wo jemand zu recht gewiesen wird, der behaupten wollte, Permoser sey zu Camerau im Pfleggerichte Kötzting, und nicht zu Cammer gebürtig. Die Bibliothek führt nicht nur die erwähnte Grabschrift, sondern auch den Originalaufschein an, der so lautet: L. I C. Daß der vill Ehrengeachte, und Kunstreiche Herr Baltasar Bermoser Khönigl. Pohl. und Chursächsischer Hoff-Bildthauer den 13 August Ao 1651 in dem Churbayrischen Dorf Cammer, Gerichts Trauenstein von dem Ehrbaren Christian Permoser Neumayrbauern alldort und Anna dessen ehweib

Ehlich

Ehlich erzeiget, von dem Wohlehrwürdigen Herrn Johann Poller damaligen Cooperatoren zu Otting und Cammer Christ. Cathol. Gebrauch nach getauffet, und von dem Ehrsamen Balthasar Murr Bauersmann zu Altersing aus dem heil. Tauff gehoben worden, würdet hiemit aus dem Pfarrtaufbuch priesterlich bezeiget. Actum Pfarrhoff Otting den 4ten April Ao 1769 L. S. Johann Georg Buggenthaler mppa. Pfarrer zu Otting und Cammer.

„Die Variante mit der Grabschrift, heißt es weiter, wo der erste August 1650 als Geburtstag angegeben wird, kommt vermuthlich daher, daß Balthasar vieleicht, wie oft gewöhnlich ist, zu seinem oberwähnten Vetter mag gesagt haben, er liefe mit der Jahrzahl. — In obgedachter Hauptpfarr Otting aber, sogleich neben Waging liegt, hat Balthasar Permoser, vermittelst einer im Jahr 1692 geschehenen Erlegung von tausend Gulden, eine deutsche Schule gestiftet, worinn die Jugend für beständig, oder wie Balthasar sich ausdrückt, auf ewige Weltzeiten, so wohl im Lesen, Schreiben, Rechnen, als auch andern guten Sitten, und christkatholischen Lehrstücken durch taugliche Schulhalter emsig unterwiesen werden sollte. Unsern Lesern ist vieleicht die Nachricht

richt angenehm, die wir hier noch vorläufig mittheilen können, daß Balthasar, nachdem er als ein Knabe, durch Köpfe und andre Figuren, die er auf seinen Hirtenstecken, oder anders schlechtes Holz geschnitzt, seine Neigung zur Kunst verrathen, in Salzburg bey einem Bildhauer Weissenkirchner gelernet; ingleichen, daß er für dessen Sohn Weissenkirchner, einen Bildhauer auf dem Gries zu Salzburg, um das Jahr 1725 ein vortrefliches Bild, den gegeisselten Heiland an einer Säule vorstellend, ungefähr 5 Schuh hoch, von fleischfarben, und rothgesprengtem Untersperger Marmor so künstlich verfertigt habe, daß es fast das schärfste Aug täuscht. „

Von seinen Meisterstücken zeigt man zu Wien an der schönen Statue des Prinzen Eugens, die in dem Lustgarten seines Pallastes ausser bemeldter Stadt aufgerichtet ist. In der churfürstl. Gallerie zu Dreßden verwahrt man von seiner Arbeit die lebensgroßen Statuen, Apollo und Minerva, aus sächsischem Marmor. Die Ursache, warum man sehr wenig Arbeit von diesem Künstler findet, soll seyn, daß er aus Verdruß wegen allerhand unzeitigen Kritiken seine Werke zum öftern in Stücke zerschmiß, auch keinen Heller von dem Preis des Stücks nachließ, wenn er ihn einmal bestimmt hatte. Unter seinem Namen wurde 1714 zu Frankfurt eine Lob und Schutzred des Barts, gedruckt, worinn er sich bemühet, den ohne Ursach verworfenen, und von Rechtswegen auf den Thron der Ehren wieder erhobnen Bart bey itzigen ohnbärtigen Zeiten zu männiglichs Vergnügen zu rechtfertigen: Seine Bildniß steht diesem Werklein voran, von welchem indeß einige wollen, daß es dem berühmten Dichter König zum Urheber habe. S. Blesendorf hat nach ihm das in der St. Johanneskirche zu Berlin aufgerichtete Grabmal des berühmten Medailleurs Remond Falz in Kupfer gestochen.

Pfalach (vermuthlich Franz Palacios) von Madrit gebürtig, Schüler des Diego Velasquez, starb Ao. 1676, im 39 Jahr, als Kayserl. Hofmaler. Er soll das Altarblat bey den August. St. Niklas gemalt haben, wo ich den Forastier angab.

Pfleger (Nikolaus) von Reichenhall gebürtig; ein sehr geschickter Oelmaler.

Prucker (Nikolaus) ein berühmter Hofmaler unter Kurfürst Ferdinand Maria zu München; er malte sehr schöne Stücke mit Gummi und Oelfarben, welche in der Gallerie zu München zu sehen sind. Er ist hier gestorben.

Rosa Alba, eine Venetianerinn, und berühmrühmte Meisterinn im Miniaturmalen, und im Malen mit Pastelfarben. Starb 1757.

Rösch (Georg Sigmund) hiesiger Kupferstecher; er verfertigte die 4 Stücke zu den Ottonischen Geschichten, über welche Amling starb; man hat auch Gemälde von ihm.

Rottenhammer (Johann) ward zu München 1564 gebohren, lernte bey Johann Thonauer, hielt sich an Tintorets Manier, malte größtentheils historische kleine Stücke auf Kupfer. Er setzte sich zu Augsburg, wo er in der heil. Kreuzkirche das grosse Altarblatt mit schöner Komposition, und grosser, doch ungezwungner Abwechslung des Ausdrucks und der Stellungen, welches die Herrlichkeit der Heiligen im Himmel vorstellt, verfertigte. Er arbeitete auch für Kaiser Rudolph II. und Herzog Ferdinand zu Mantua. Er war ein fleißiger Künstler, der aber einige Zeit so wenig unterstützt wurde, daß er gezwungen war, für die Gemäldehändler zu arbeitern. Er starb 1604.

Rubens (Ptter Paul) zu Köln 1577 gebohren; der Fürst des Ausdrucks, Meister des natürlichen Kolorits, des schönen Helldunkeln. Seine Gemälde belaufen sich, nach den Nachrichten der Liebhaber, auf etliche Tausend, wovon er, in Betracht seiner Geschichte, (denn er wurde Ritter, mußte vielfältige Reisen thun, Frieden stiften zwischen grossen Mächten) ganz gewiß die wenigsten selbst ganz vollendet, und etwa die Idee angegeben, oder die Skize verfertigt hat. In der hiesigen Gallerie allein befinden sich von ihm bey 50 Stück. Man findet über Rubens Werke überall begeisterte Beschreibungen. Er starb zu Antwerpen 1640. Die vollständigste und wichtigste Beschreibung seiner Gemälde findet man in dem dritten Theil von Kasans Diktionaire.

Ruffin, ein hiesiger Oelmaler, starb um 1750.

Sadeler (Johann) gebohren zu Brüssel um 1550, war das Haupt, und Lehrmeister der Schule dieses Geschlechts, und stund bey verschiednen Fürsten, insonderheit bey Maximilian I. in Baiern in grossen Gnaden, wo er verschiedne schöne Arbeiten verfertigte. Von München gieng er nach Verona, Venedig, und Rom, wo er dem Pabst Klemens VIII. ein ganzes Buch von seinen Kupferstichen übergab, welche aber von demselben kaltsinnig aufgenommen worden. Er kehrte hierauf ganz mißvergnügt nach Venedig zurück, und starb daselbst von dieser Reise, welche er bey grosser Sonnenhitze

mach-

machte, ermüdet, im 50ten Jahr seines Alters 1600. Sein Oheim Egidius Sadeler von Antwerpen übertraf ihn in der Genauigkeit der Zeichnung, und dem Geschmack des Grabstichels; allein dieser ist niemals nach Baiern gekommen.

Sadeler (Raphael) gebohren 1555, Bruder des Johann, bey welchem er eine Menge Kupferstiche verfertigte; allein, da er merkte, daß die allzugrosse Anstrengung des Gesichts seine Augen schwächte, entschloß er sich auf die Malerey zu legen, wo er es ganz gewiß sehr weit gebracht haben würde, wenn er nicht nach wieder erlangter Stärke des Gesichts seine erstere Arbeiten von neuem vorgenommen hätte. Sein Griffel unterscheidet sich von dem seiner Brüder vornehmlich in dem, daß er sehr viel dem Geschmack des niederländischen Künstlers Albrecht Dürers nachgeahmt; aber sein Gewand und Baumschlag war ungemein besser gegen denselben. Er verfertigte ganze Bücher von Heiligen, und Einsiedlern, durchreisete verschiedne Länder, hielt sich lange Zeit in Baiern auf, und setzte sich endlich zu Venedig, wo er auch starb 1617. Unter seine Werke gehören *Bavaria sancta, beata, & pia*, wozu Raderus die Beschreibung gegeben. Die vornehmsten Kupferstiche hat Swertius in seinen Athenis belgicis aufgezeichnet.

Sandrat (Joachim) zu Frankfurt am Mayn 1606 gebohren, ein Künstler von ausserordentlichen Fähigkeiten. Er verlegte sich nebst dem Malen auf das Radiren und Kupferstechen, in welchem allem er, besonders, was die Erfindung und Zeichnung betrifft, ein grosser Meister geworden. Er reiste von Frankfurt nach Nürnberg, Prag, Utrecht, einige Zeit nach England, und Italien, und erwarb sich durch seinem Pinsel allenthalben eine ausnehmende Hochachtung. Er besah ferner Sicilien, Neapel, und Malta, und kehrte endlich nach einem siebenjährigen Aufenthalt in Rom wieder nach Haus, wandte sich hierauf nach Amsterdam, verließ aber diesen Ort nach einiger Zeit wieder, und begab sich nach dem in der Pfalzneuburg bey Reichertshofen gelegnen Landschaftengut Stockau, welches ihm beym Absterben seiner Gemahlinn Johanna von Milkau erblich anheim fiel. Hierauf verfertigte er verschiedne Werke nach München, Freysing, Landshut, Neuburg ꝛc. Durch diese seine für um grosse Summen verkaufste Kunststücke hat er sein Gut, welches 1647 durch die nach Baiern abgegangne Franzosen verbrannt worden war, vortrefflicher, als es ehmals war, hergestellt. Unter die Werke, welche er zu Amsterdamm verfertigte, gehört vorzüglich die Vorstellung der 12 Monate, des Tags, und der Nacht ꝛc. welche er für Kurfürst Ferdinand Maria

ria nach Schleißheim geliefert. Nachmals verkaufte er sein Gut, und begab sich 1660 wieder nach Augsburg, woselbst, und hernach 1673 zu Nürnberg er seine Wohnung aufschlug, und 1688 starb. Er stund bey verschiednen Fürsten, besonders bey Kaiser Ferdinand III, der ihm öfters eigenhändig schrieb, in grossen Gnaden, wie er ihn dann nach Wien berufen, die kaiserliche Familie abzumalen, und reichlich beschenkt, auch seinen Adel sammt dem Wappen mit dem Zusatz einer königlichen Krone bestättiget hat. Sandrat ist aber nicht allein in der Malerkunst vortrefflich gewesen, sondern er ist auch in den hohen Rath Kurfürst Philipp Wilhelms von der Pfalz, ferner in den venetianischen Ritterorden St. Marcus, wieder in die sogenannte fruchtbringende Gesellschaft unter dem Name des Gemeinnützigen aufgenommen worden. Er hat sich auch durch seine Schriften und seine Wissenschaft in der Geschichte, der Mythologie, und den Alterthümern bekannt gemacht. Das Buch **die deutsche Akademie der edlen Bau- Bildhauer- und Malerkunst** hat bey manchen Fehlern grosse Vorzüge. Man hat von ihm ferner: Joachim Sandrat Iconologia Deorum, des alten und neuen Roms grossen Schauplatz, admiranda sculpturae, seu statuariæ veteris &c.

Saraceno (oder Saracino, Karl) genannt

Veneziano; lernte bey Camillus Mariani, folgte aber des Michael Angelo Merigi Geschmack. Er starb 1625 im 40ten Jahr seines Alters. Er radierte verschiedne Blätter von seiner Erfindung, unter andern, das Absterben der heil. Maria im Beyseyn der Aposteln. J. L. Clerc, J. F. Greuther, Ph. Thomaßin, u. a. m. haben nach ihm in Kupfer gestochen.

Schauer (Franz v. Sal.) Maler in Baiern.

Schilling (Joseph Ignatz) wurde im Jahr 1702. zu Villingen gebohren. Sein Vater, Johann Heinrich, Maler zu Villingen, hatte 2 Töchter und 8 Söhne, welche letztere er alle zur Malerkunst anwies. Joseph Ignatz, der jüngste, blieb bis in das achtzehnte Jahr seines Alters zu Hause, dann kam er nach Neuburg, und im 24ten Jahre seines Alters nach München, wo er bey dem bürgerlichen Maler Sang in Arbeit trat, und sich nachmals mit dessen Tochter, Maria Katharina Eleonora, 1730 verheyrathete. Er war besonders in der Architektur und Perspektiv berühmt, malte auch Fresco, und in Oelfarben Portraits, und anders. Nach Bruntrut, und Freyburg im Breisgau malte er etliche Altarblätten. In der hiesigen Michaels-Hofkirche sind von seiner Hand das Herz-Jesubild, und St. Johannes von Nepomuck, die Fastenbilder, und wieder ein Herz-Jesubild, welches am Tag dieses Festes auf dem Choraltar steht. In der Theatinerkirche der heil. Paulus Aretius. Zur lateinischen Kongregation, wo jährlich in der Fastenzeit geistliche Spiele, und auch andere bey ausserordentlichen Gelegenheiten aufgeführt wurden, malte er allein bey vierzig Jahr das ganze Theater. Im Jahr 1754 verfertigte er das heil. Grab bey St. Peter in München; wie er dann 1758 eines zum Kloster Tegernsee, dann für das Schulhaus zu Freysing ein Theater, dann auf dem gräfl. töringischen Gut Jetenbach wieder ein h. Grab, dann nach Dillingen ein Theater, wieder eines nach Straubing, wieder ein h. Grab nach Mauern nebst Mosburg, ein anders nach dem B. kreitmayrischen Gut zu Offenstetten, nach der Jesuitenkirche zu Altenötting verfertigte. Er malte auch 1764 die St. Sebastianskirche zu Ebersberg aus, und machte sich durch seine Arbeiten allenthalben berühmt. Er war auch in der höhern Rechenkunst Meister. Als der Hofmaler Stuber starb, wurde ihm diese Stelle vom Hofe angetragen; er schlug sie aber aus, um etwa die Mutter nicht zu kränken. Er starb im Jahr 1773.

Er zeugte bey seiner ersten Frau 12 Kinder, wovon noch zween Söhne am Leben, und beede

Maler sind. **Ignatz Balthasar Schilling**, welcher die Theatermalerey wohl verstehet, auch Portraite und anders in Oelfarben malet; er ist gebohren 1739 den 29 Dec.; und **Felix Nepomuk Schilling**, geboren den 16 April 1742. — Mit der zwoten Frau, **Maria Johanna Lindermayrinn**, erzeugte Joseph Ignaz Schilling 10 Kinder, wovon noch drey am Leben sind.

Schinnagl (Max. Joseph) 1697 zu Burghausen in Baiern gebohren. Er war besonders ein geschickter Landschaftmaler. Er lernte bey seinem Stiefvater **Joseph Kamclor**, und ahmte öfters in seinen Werken, zumal in der Vorstellung waldichter Gegenden, den Joseph Orient nach. Franz Christoph Janneck zierte gemeiniglich dessen Gemälde mit Figuren. Schinnagl arbeitete um 1750 zu Wien.

Schönfelder (Joseph Heinrich) ward 1609 zu Biberach gebohren; er lernte bey Johann Sichelbein zu Memmingen, und ward durch fleißiges Nachdenken ein berühmter Maler. Er kam nach Rom, wo ihm wegen seiner Kenntniß in der Zeichnung, und der Malerey überhaupt in dem Pallast Orsini, und der Kirche St. Elisabeth de Formari einige Werke aufgetragen wurden. Er malte bis in sein hohes Alter mit einer starken, und wohl ausgedrückten Ma-

nier

nier in den Städten Augsburg, Ingolstadt, Lyon, München, Salzburg, und fast im ganzen Deutschland. In München malte er unter andern an dem Vorzimmer der Kurfürstinn verschiedne Historien, auch für die hiesige Gallerie 4 grosse Stücke aus der Geschichte des Königs Salomo von vortrefflicher Zusammensetzung, u. s. w. Er setzte sich zu Augsburg, wo er zwischen 1670 und 1680 starb. Er hat 1626 einige Köpfe in 12 radirt. G. Ehinger, G. A. Wolfgang, M. Küssel, die Kilianen u. s. f. haben nach ihm in Kupfer gestochen.

Schwarz (Christoph) wurde 1550 zu Ingolstadt in Baiern geboren; studirte zu Venedig nach Titian. Er war im Fresco- und Oelmalen einer der größten Künstler seiner Zeit. In Baiern, besonders in München, wo er erster Hofmaler war, sind von ihm sehr viele Gemälde vorhanden. Seine Zusammensetzungen sind groß, und leicht, und seine Manier, besonders das Kolorit, vortrefflich. Er erhielt den Name, der deutsche Raphael. Seine Frescoarbeit ist so zart, daß sie den Oelfarben gleich kömmt. Man hat nach ihm Kupferstiche von Thomaßin, L. Kilian, J. Matham, u. a. m. J. Sadeler besonders hat das Leiden Christi nach seinen Erfindungen gestochen.

Schwaiger (Franz) Maler in Baiern.

Seidl (Jud. Thadäus) Maler zu München.

Sieg (Johann Kaspar) Maler zu München.

Söckler (Johann Michael) Kupferstecher, wurde 1744 zu Augsburg gebohren, und lernte bey Jungwirth in München, wo er sich auch häuslich niederließ. Er verfertigte nebst vielen geistlichen Bildern auch einige schöne Portraite, z. B. J. J. Rousseau, und Voltaire ꝛc. ferner das wittelspachische Haus in Medaillons, den König Friedrich II zu Pferd, groß fol. Er starb 1781 im 37ten Jahr seines Alters.

Spet (Franz Xav.) ein gebohrner Münchner, und Hofkupferstecher, ward nach Frankreich und Italien geschickt, sich daselbst zu bilden; er verfertigte unter andern das Portrait Kaisers Karl VII.

Steinberg (Gottf.) Kupferstecher zu München; hat meist Schriften gestochen.

Storrer (Christoph) ein Maler von Konstanz; lernte bey seinem Vater, und zu Mayland

land bey dem jüngern Herkules Procaccini. Er war in der Zeichnung wohl geübt, und malte mit grosser Fertigkeit in Oelfarben, und auf frischem Kalk. Zu München befinden sich von ihm, ausser andern, drey historische Gemälde in der Gallerie. Er starb zu Mayland im 60 Jahr seines Alters 1671. B. Kilian, nnd G. A. Wolfgang haben Theses nach seinen Zeichnungen, und D. Joseph Cotta nach seinen Gemälden zu Mayland radirt.

Strobl (Xaver) ein Insbrucker, lernte bey Schuhbauer, und wurde herzoglicher Maler. Er verfertigte in Oel schöne Gemälde; unter andern zu Seehausen am Würmsee ein Altarblatt, das letzte Abendmal, etwa 26 Schuhe hoch. Wieder sieht man von ihm in Schleißheim die durchl. Herzoginn als Cäcilia nach Demaree.

Straub (Heinrich) hiesiger Hofmedaleur und Prägschneider, starb 1782.

Stuber (Nikolaus) war zu München gebohren; lernte mit seinen Brüdern Joseph und Franz bey ihrem Vater Gottfried, übertraf sie aber alle in der Kunst sehr weit. Er hielt sich lange Zeit in Italien auf. Seine Zeichnung ist männlich, und im Geschmack der römischen

Schule; die Färbung ist sehr angenehm, und die Zusammensetzung wohl gewählt. In der Architektur war er besonders vortrefflich. Er malte das vortreffliche Frescogemälde am hiesigen heil. Geistspital, welches die sieben leibl. Werke der Barmherzigkeit vorstellt. Als um 1716 Comp, kurfürstl. Hofmaler, zu München starb, der sich vorzüglich mit Auszierung der Schaubühne berühmt gemacht hatte, ward Stubern die Stelle aufgetragen. Er malte auch auf Begehren des Kurfürsts die Frescogemälde zu Schleißheim. Er liegt auf dem äussern Gottesacker begraben.

Süppon, ein guter Oelmaler in Baiern.

Süstris (oder Suster, Friedrich.) Dieser Künstler wird von Vasari unter den verschiedenen Nämen: di Lamberto, Fiamiegho, und Padoano, angeführt. Er war von Amsterdam gebürtig, lernte bey seinem Vater, und arbeitete mit Ruhm zu Florenz, wo er 1564 als ein Mitglied der Künstlerakademie das Leichengerüst des Michael Angelo auszieren half. Nachher ward er kurbaierischer Hofmaler, und starb zu München. Die Sadeler, und D. Custos haben 12 Blätter nach ihm in Kupfer gestochen. So Bottari T. 3. p. 480, und Giunta p. 22. Sandrat T. 1. p. 235. sagt, Lambrecht, Friedrich,

und

und Johann Süster, Gebrüder und Maler zu München, lernten diese Kunst bey Christoph Schwarz. Der erste malte wohlangeordnete und geistreiche Historien, Friedrich und Johann brachten ihre eignen Erfindungen in Miniaturgemälde. In Vergleich dieser beyden Nachrichten erhellet, daß Christoph Schwarz, der 1550 gebohren ist, nicht Friedrichs Lehrmeister seyn könne, weil dieser leztere schon 1564 zu Florenz arbeitete.

Tenier, (Sieh. S. 83.)

Tintoret (Maler). Sieh Augustiner.

Thonauer (auch Donauer Hans) Maler zu München, war Rotthammers Lehrmeister; starb um 1680.

Triva (Anton) ein Maler von Reggio, lernte bey J. F. Barbieri, genant Quecino. Er ward in der Erfindung, Zeichnung, und Colorit ein vortreflicher Meister, arbeitete so wohl mit der linken, als rechten Hand. Er verfertigte einige Gemählde für die Kirchen zu Venedig. Nachmals kam er an den churfürstl. Hof nach München, wo er 1699 im 73 Jahr seines Alters starb. Er radirte eine keusche Susane. Von seiner Schwester Flaminia fin-

der

det man in der Nonnenkirche der Schule de Zoppi zu Venedig ein Gemähld, welches die heil. Dreyfaltigkeit vorstellt. Beyde werden von Poschini p. 528 und 536 sehr gelobt.

Troga, ein Oelmaler in Baiern.

Troger (Paul) Bildhauer zu Haidhausen, der besonders in Helfenbein nach den Antiken sehr fein gearbeitet, wovon in Schleißheim viel zu sehen.

Vanni (vermuthlich Raphael; denn es waren ihrer mehrere) Ritter und Maler von Siena.

Verhelst (Egydius) geboren zu Antwerpen, wo er den ersten Grund zur Kunst legt. Grust ließ ihn, da er noch nicht 15 Jahr alt war, nach München kommen. Bey diesem blieb er 12 Jahre, und arbeitete an vielen Bildsäulen, davon man verschiedne Gruppen in dem churfürstl. Garten zu Nymphenburg sieht; wurde auch churfürstl. Hofbildhauer. Nach dem Tod des Churfürsten Maximilian Emanuels verfügte er sich nach dem Kloster Etal, welches er mit den schönsten Bildern seiner Kunst auszu-

zieren,

zieren, Gelegenheit erhielt, dort war von ihm der große Altar, mit Mariä Himmelfahrt, worunter die 12 Apostel weit über Lebensgröße vorgestellt waren. Die Basreliefs waren aus Bley gegossen, und stark vergoldet, und der ganze Chor war, mit den schönsten Bildsäulen ausgeziert. Er arbeitete 10 Jahre Jahre daran, aber im Jahr 1733 gieng diese schöne Arbeit, mit dem ganzen Gottshaus, in Einem Tag durch Feuer zu Grund. Der Maler **Bergmüller** sein Freund beredete ihn hierauf, sich nach Augsburg zu setzen, und Bürger zu werden. Was er dort verfertigte, ist in der Kunst, Gewerb - und Handwerksgeschicht von Augsburg, zu lesen. Er hat verschiedene, durch die Kunst und andere Verdienste ebenfalls berühmte Söhne hinterlassen, von denen Herr Ign. Wilhelm **Verhelst** ꝛc. 1726 zu München geboren worden.

Vincentini (oder Vincentino, Andreas) ein venetianischer Maler, lernte bey dem jüngern Palma. — Er mahlte bis in sein 75stes Jahr sehr viel für Kirchen, und Privatpersonen, und starb 1614. Natalis Cochin hat nach ihm in der Patina Buch eine Hochzeit zu Kana radirt. Man findet auch von ihm ein Blatt in der Louisa Sammlung. Von seinem Sohne Markus siehet man in der Kirche St. Barnabas eine heil. Katharina mit einigen andern Heiligen. Andreas hatte auch einen Bruder, der diese Kunst übte. Ridolfi T. 2. p. 144.

Vivien (Joseph) geboren zu Lyon 1657, lernte bey Karl le Brün. Er verfertigte 1698 das Maygemähld, die Anbetung der Weisen vorstellend, für die Hauptkirche zu Paris. Vivien verlegte sich auch auf das Portraitmalen, worinn er sich sehr hervorthat. Die Churfürsten von Bayern und Cöln ernannten ihn zu ihren ersten Maler. Er malte das erste historische Bildniß, in ganzer Statur welches Johann Audran sehr schön in Kupfer stach. Zu seiner Zeit war Vivien einer der besten Pastelmaler. Man findet viel Edles und Wahres in seinen Werken: Die Farbe ist markigt und geschmelzt, die Ausarbeitung männlich und zierlich; er wußte die Aehnlichkeit und den Charakter seiner Portraits wohl auszudrücken. Man bewundert in seinen historischen Bildnißen die Fruchtbarkeit und Schönheit seiner Einbildungskraft, indem er die Geschichte, die Fabel und die Allegori in seinen Zusammsetzungen geschicklich anzubringen wußte. Er starb zu Bonn 1735. Die Kupferstiche nach seinen Gemählden auf mehr, als 20 Bläter geschätzt. Guarinenti nennt ihn Viviani, d'Argensville.

Völpini (auch Maestri, Johann Baptist) verfertigte 1676 die Statue der heil. Jungfrau Maria für die Kirche St. Maria del Carmine zu Mayland. Er arbeitete auch für die dasige Domkirche, die Carthause zu Pavia, die Kapellen zu Varallo u. s. w. starb zu München um 1760.

Untersteiner   aus Bayern gebürtig; ein guter Historienmaler.

Wachsschlunger (Paul) eines Malers Sohn aus Bayern, malte Jagden, und Waydwerke, worinn er seinen Vater übertraf. Man sieht seine Gemählde vielfältig in Bayern, auch einige zu Schleißheim. Er arbeitete um 1720 zu Regensburg und dann zu Kamberg, wo er starb.

Watterschoot (Heinrich) ein sehr geschickter Landschaft- und Bataillenmaler zu München, erfuhr das harte Schicksal vieler großer, aber unglücklicher Künstler; er kam nicht nur dem geschickten Beich in vielen Stücken bey, sondern übertraf ihn wirklich in Figuren und in der Färbung weit. Gleichwol konnte Beich nicht genug arbeiten, so stark wurden seine Landschaften gesucht, da indeß Watterschoot wegen Mangel an Arbeit darben und hungern mußte.

Weiner (Joh.) Kupferstecher und Maler in Baiern, er malte nach Schwarz.

Weiß (Joseph) ward 1699 zu Bergetreite in Schwaben, gebohren, und stund in Arbeit viele Jahre bey Demaree Er war Hofmaler, und portraitirte zu Frankfurt die ganze Famili des bayrisch-kaiserlichen Hauses. Er verfertigte auch viele Altarblätter, z. B. nach Burgkirchen bey Altenötting das Choraltarblatt Maria Himmelfahrt, und in dem Aufzug die Vorsicht Gottes. Nach Schwaben einen sterbenden Joseph, und Johann v. Nepomuck. Für Titl. Hr. Graf v. Törring Jettenbach eine Heimsuchung. Für Titl. Hrn. Grafen von Haimhausen nach Kuttenplan in Böhmen 3 Altarblätter, als, 1) das Choraltarblatt die Tauf Christi, 2) der heil. Johannes von Nepomuck, 3) der heil. Anton v. Padua. Für die hiesige Michaelskirche des heil. Aloysius, welcher am Festtag auf den mittern Kreuzaltar gestellt wird. Weiß malte auch vieles in Miniatur, worunter zu Schleißheim, Maximilian III zu Pferd, welchem der B. Zink zur Seite steht, nach Demaree, vorzüglich schön ist. Er malte auch eine Zeitlang in der hiesigen Porcelainfabrike mit Schmelzarbeiten auf Porcellain, und führte über die aufgestellten Maler die Aufsicht, starb 1770.

Wening

Wening (Michael) churfürstl. Kammerportier, und Kupferstecher hat 1701 zu München eine ausführliche Beschreibung des ganzen Churfürsten- und Herzogthums Bayern unter dem Titul: Historica Topographica descriptio &c. deutsch herausgegeben. Es ist in die Rentämter München, Burghausen, Landshut, Straubing abgetheilt, und durch sehr viele Kupferstiche, worinn die Städte, Schlößer, ꝛc. nach der Natur gezeichnet sind, überaus schön geziert. Man hat dieß kostbare Werk schon zum drittenmal und vermehrter aufgelegt.

Werschich ein guter Oelmaler in Bayern.

Winder (Franz Joseph) ein Portrait und Historienmaler, arbeitete 1744 und 45 zu Augsburg, wo man schöne Portraite von seiner Hand sieht; kam dann in churbairische Dienste nach München, wo er auch starb. Zu Schleißheim sieht man von ihm das Bildniß der Gemahlinn Kaysers Karl VII.

Windinger (Petrus) aus München ein geschickter Blumen und Früchtenmaler.

Wolf (Andreas). (Die folgende Nachricht habe ich aus einer Handschrift des hiesigen Hofmales Johann Deglers gezogen, und unverändert eingerückt.) Andreas Wolf wurde zu München von einem nicht zum beßten erfahrnen Maler, Jonas Wolf, gebohren, und was er gelernt, hat er durch seinen Fleiß und Mühe selbst an sich gebracht. In seiner ersten Jugend hat er studiren sollen; allein, statt des Arguments (schriftlicher Uebungen) seynd mehrentheils Hirschen, Pferde, und andere Thiere auf das Blat kommen. Man ließ ihn also die Malerkunst ergreifen, wo er gleich zeigte, daß kein gemeiner Künstler aus ihm werden würde. Er blieb immer bey seinem Vater, und hat niemals eine Reise gethan, welches um so mehr seine grossen Gaben zu erkennen giebt, da er sich so gut gebildet hat. Schon im 12ten und 15ten Jahr hat er so schöne Sachen gemacht, und so vielfältige Proben seiner Fähigkeit gegeben, daß darüber jedermann in Verwunderung gerathen. Seine erste Manier war etwas Schönfeldisch; er hat sie aber nicht lang behalten, sondern etwas Karl Lothisches sehen lassen. Bey diesem blieb es aber eben so wenig, und er hat sich bald seine eigne Manier auserwählt, und sich selbst zum Meister gemacht. Diese Manier ist überaus lieblich und angenehm, und wird als die schönste bey verschiednen andern Meistern, welche der Natur auch auf diese Spur gekommen seynd, wahrgenommen. Der Reichthum seiner Invention war bewunderungswürdig,

dig, und die Sachen sind seinem Geist lebhfta und geschwind in verschiednen Gestalten und Zusammsetzungen erschienen. Wenn er ein Altarblatt zu machen gehabt, hat ers zwey bis dreymal gezeichnet, bis er zum Malen kommen, und dann ist fast alles wieder anders geworden, ja, wenns auch schon halb gemalt war, hat er wieder ausgestrichen, und die Sache vollkommner gemacht; denn er hatte eine Menge Eingebungen, und Gedanken, wie man eine Begebenheit vorstellen sollte, daß sie darinn am beßten wirke. So hat er auch alles über die Maßen schön ordinirt, und hatte eine schöne Haltung dabey, so daß jedes Aug über seine Gemälde erfreuet, und erquicket wird. Es seynd von ihm viele Stücke in der kurfürstl. Residenz verkürzet über sich hinauf zu sehen, die eben so kunstreich, als seine andern seynd; denn er ist auch in der Architektur und Perspektiv vortrefflich. Unter andern hat er auch Gräber, die man in der Charwoche aufrichtet, gemalt, und unter die vornehmsten gehören, eines in der Stiftkirche, das andere in der Pfarrkirchen St. Peter; das letztere kann auch vor einen Oelberg in der ganzen Fasten gebraucht werden. Das dritte Grab ist in Regensbnrg in der Domkirchen, andrer zu geschweigen, welche in den Klöstern zu sehen seynd. Was die Altarblätter anbelangt, und zwar die größten: so ist fast das erste im

 Kloster

Kloster Benediktbaiern, welches Gott Vater, unsre L. Frau, und den heil. Benedikt, mit vielen Engeln umgeben, vorstellt; dann eines im Köttweinkloster in Oestreich, Maria Himmelfahrt; dann in Linz bey den Karmelitern, St. Theresia, im Kloster St. Florian; nächst dabey das Abendmal, die Urlaubnehmung von unser L. Frauen, und die Füßwaschuug. Im Kloster Kremsmünster die Verklärung Christi. Zu Augsburg bey den Herren Jesuiten St. Franciscus Xav. Zu Regensburg im Dom St. Joseph. Bey den Herren Karmelitern der h. Simon Stock. Bey den Herren Augustinern St. gustin und Monica. Zu Insbrug bey den Herren Jesuiten der h. Apostel Thadäus. In Kempten der h. Schutzengel. In München 2 in der Stiftkirchen, St. Rupert, und die Vermählung Mariä mit Joseph; in dem Herzogspital St. Elisabeth, und hinter einem geschnittnen Krucifix viele schöne und traurige Engel und Kindel. Im Josephsspital der sterbende Joseph, und so weiter viele, viele Gemählde in Klöstern, Stiftskirchen, u. s. w.; wie z. B. in dem Landshuterstift die Geburt Christi; in der Pfarr das Abendmal; im Kloster beym heil. Kreuz die Kreuzigung Christi; im Kloster Waldsachsen in der Pfalz ist ein grosses Altarblatt, Maria Himmelfahrt, zu finden. Im Domstift Freysing sind fünf Altarblätter, und eines im

Stift

Stift St. Andree. — In seinen letzten Jahren bekam er eine grosse Neigung für die Baukunst, und hat, unter andern, das Kloster Schöftlarn zweymal unterschiedlich im Grundriß und Durchschnitt aufgeführt und gezeichnet; auch nachher die Direktion über den Bau geführt. Auch hat er einen schönen Lustsaal nicht weit von München, dem Herrn Grafen von Haimhausen gehörig, sammt einer Stiege, welche über eine kleine Höhe dem Hauptschloß überaus wohl ordinirt, gebauet, auch ein schönes Fasanen-und Vogelhaus, einen Brunnen, und Kaskade im Garten angegeben. Wie sein Lebenswandel und Aufführung gewesen, habe ich oft von ihm selbst gehört. Ich bin auch sechs Jahre bey ihm in Arbeit gestanden. In seiner ersten Jugend hat er sich immer in der Einsamkeit gehalten, und ist pur der Kunst obgelegen. Den Hauptgrund hat er bey Hrn. Balthasar Ableitner, kurfürstl. Hofbildhauer, der in der anatomischen Akademie und Austheilung ungetadelt gewesen ist, erlernt. Er begrif alles gar behend, und feurig, und da ihm bald darauf ein Zeichnungsbuch, lauter Originalzeichnungen von Raphael d'Urbino, gelehnet worden, hat er daraus die Schönheiten des Umrisses, und den Stil der Antiken sogleich wahrgenommen, und erlernet, auch ihn nachher in seinem ganzen Leben vor Augen gehabt. In seinen männlichen Jahren ist er zuweilen mit einem seines gleichen spazieren gegangen, und hat etwan in einem Garten einen Trunk Bier, doch ganz mäßig, und unter immerwährenden Gesprächen von der Kunst, gethan. Vom Wein ist er, bis in sein hohes Alter, kein Liebhaber gewesen, und auch im Alter nicht viel. Die h. Schrift hat er fast auswendig gewußt, auch in andern Büchern, wenn er nicht gemalet, immer gelesen, und studirt, auch mit erfahrnen Leuten und Gelehrten sehr gerne von der Kunst geredet, so, daß ihm nichts darüber gewesen. Er hat fast alle vornehme Kunststücke, welche zu Rom, und andern Orten sind, gewußt, wo sie stehen, und zu finden seynd, da er doch nicht weiter ist gekommen, als einmal mit einem seiner guten Freunde nach Salzburg, ein andersmal nach Augspurg, und Passau nur zu sehen, gereiset. Im Essen und Trinken ist bey ihm, wiewohl es immer nüchtern und bescheiden hergegangen, wohl zu leben gewesen; aber den delikaten Speisen hat er nicht nachgefragt. Bey Tisch hat er immer lesen lassen, und sein Geist ist immer bey der Kunst gewesen. Dieselbe war ihm Tag und Nacht vor Augen, und sie war ihm alles. Er ist niemals ein Liebhaber von den Weibern gewesen, und man hat ihn gleichsam zum Heyrathen überreden müssen, welches im 36ten Jahr seines Alters geschehen. Er hat etliche Erben erzeugt, doch meistentheils Töchter, und zween Söhne, die aber in der Jugend gestorben, und seynd nicht mehr, als zwey Töchter noch übrig. Seine Frau, welche eines Bildhauers Tochter von Landshut ist, war vor seiner gestorben. Er ist im Wittibstand verblieben, hat seine Mittl wohl gehabt, aber mehrentheils in schönen Kunststücken; er hatte auch ein eignes Haus, und Gärtlein dabey. Die Kunst hat ihn mehr gefreuet, als das Geld, und er hat sich der Hauswirthschaft gar wenig angenommen. Von kleinen Figuren ist er kein Liebhaber gewesen, und was davon vorhanden, hat er in der Jugend gemacht. Die Figuren in Lebensgrösse, und darüber, waren ihm lieber; er hat auch nichts von nackten Bildern gemacht, und wenns geschehen, sie ganz ehrbar bekleidet. Er war sehr freundlich, und dienstfertig in seinem Umgang, und redete wenig, ausser, was von der Kunst gewesen; da war er daheim. Er ist gestorben um Osternzeit 1716 im etlichen und sechzigsten Jahr. Dieß alles bezenge ich, daß es ganz der Wahrheit gemäß sey.

Johann Degler, Hofmaler.

Wolf liegt auf dem äussern Gottsacker begraben und sind bey den schönen Grabstein diese Inschriften: In diesen dreyen Begräbnissen ruhen in Gott Herr Jonas Wolf, Bürger und Hofmaler allhier, ist im Herrn entschlafen

schlafen den 28 Aug. 1680; dessen Hausfrau Maria Helena, gebohrne Schöninn, ist verschieden den 15 Octob. 1691. Dann auch Johann Andre Wolf, in Baiern und Freising Hofmaler rc. dessen Seel Gott befohlen den 9 April 1716; wie auch dessen liebste Hausfrau Maria Eva Katharina. Auch geruhen im Herrn allda Mathias Wolf, Bau- und Mauermeister bey Ihro hochfürstl. Durchl. Herzog Albrecht in Baiern rc. so verschieden den 4 Märzt 1663, sammt den 3 Hausfrauen. Rechter Seits: Ingleichen ruhen allda Fr. Maria Josepha Febaldinn, gebohrne Mößinn, so den 17 März 1772 gestorben. Requiescat in pace.

Wolf (Jonas) malte Früchte, Blumen, u. s. w.

Zanchi (Anton) geboren zu Este in dem paduanischen Gebiete 1639; lernte bey Franz Rusia. Die Stadt Venedig besitzt ungemein schöne Gemählde von seiner Arbeit: insonderheit die Schule St. Rochus, die Tafel von der 1630 daselbst eingerißenen Pest, und eine Geschichte des Leydens Christi: die Schule St. Hieronymus, den Barmherzigen Samariter und den verlornen Sohn nebst vielen andern, in welchen Zanchi seine vortreflichen Wissenschaften in Erfindungen, Zierlichkeit, Colorit, und Ausdrücken zu erkennen giebt. Obiges Gemähld wird von Kochin, als sehr schön, in einem

großen

großen Charakter gezeichnet, mit einer starken Manier, wohl ausgedrückten Schatten, und zierlichen Gewäudern, gemalt, beschrieben. Er starb 1725. Sein Sohn Joseph malte in der Kirche St. Palermiano eine Tafel, worauf der Doge mit vielem Volk umgeben, und unter diesen auch des Malers Portrait abgebildet ist, und an der Decke der St. Paulskirche die Geschichte dieses Apostels Bassaglia. Sieh Theatinre.

Zimmermann (Vater und Sohn) zu München geboren, Oel- und Frescomaler; jener malte den Plafod bey St. Peter, item zu Berg am Laim, ferner im neuen Gernhaus ꝛc.

Zück aus Schwaben, und Mahler zu München. Von ihm ist das Plafodgemählde zu der Mariahilfkirche in der Au.

Zütter (Joseph) von Brüssel gebürtig, und Historien- auch Frescomaler zu München. Der Kreuzweg bey den Kapucinern ist von ihm; die Knobelkapelle in der sendlinger Gasse.

Birkhart (Anton) Kupferst. in München.

Hubertus, Gerardus, Bildhauer und Giesser; von ihm ist der St. Michael zwischen den Kirchthurm.

Jenet (Johann) Kupferstecher in München; stach das Choraltarblatt bey den hiesigen Augustinern.

Kaufmann, Kupferstecher in München; starb um 1750.

Sechzehn-

Sechzehnter Abschnitt.

Jetztlebende Künstler, welche in- oder für München gearbeitet haben.

Anmerkung. Die Werke dieser Künstler, (die bereits verfertigten sowohl, als die künftigen) welche ich hier der Kürze halber weggelassen habe, sind in meinem bayrischen Jahrbuch zu finden. Dort werde ich auch die Nachrichten von denjenigen ergänzen, welche ich hier aus Versehen nicht angeführt haben sollte.

Ärzt (Martin) hiesiger Hofuhrmacher, und geschickter Mechanikus.

Aulizeck (Dominikus) churfürstl. Bildhauer, ward zu Poliezka in Böhmen 1734 geboren; lernte bey Franz Batwack in Leutomischel; reiste dann nach Wien, wo er bey Johann Georg Leut arbeitete, dann nach Paris, und London, in welchen Städten er die Akademien der Künste unermüdet besuchte. Dieß that er um so mehr in Rom, wo er sich auch in der Anatomie, und Architektur, und in der letztern dem berühmten Architekten Cajetan Liaveri übte. Er gewann daselbst in einem Streitt der Ponßirkunst mit 56 Kanditaten, von ersten Preis,

Preis, und vom Pabst Clemens XIII die Würde eines Ritters Auratae Militiae. Hierauf kam er nach München, und wurde daselbst vom Titl. unserm berühmten Grafen von Haimhausen ꝛc. Direktorn der Porcellainfabrike zu Nymphenburg, als Inspektor und Modelmeister aufgestellt, welche Stelle durch den Hintritt des Franz Pastelli, eines Italieners eben erledigt ward. Er verfertigt die Modelle nach der Fabrike, und als Bildhauer schöne Werke als viele große Statuen Portraite u. s. w.

Boos (Roman Anton, Hofbildhauer) wurde 1735 zu Roshaupten, einem bey Füßen liegenden Dorf geboren. Sein Vater Joseph Boos entdeckte nicht so bald die sich auszeichnenden Fähigkeiten seines Sohnes, als er ihn nach Füßen, dem berühmten Bildhauer, Anton Sturm, übergab. Nachdem hier Roman seine Talente entwickelt hatte, gieng er auf Reisen, und hinterließ an verschiednen Orten Denkmäler seiner Geschicklichkeit. So kam er auch nach München, und blieb bey dem Hofbildhauer Johann Baptist Straub bey neun Jahr, gieng dann wieder auf Reisen, wo er die Akademien zu Wien, und Augspurg fleißig besuchte, und endlich kam er wieder nach München zurück. Einige Arbeiten, welche er für das Kloster Fürstenfeldbruck verfertigte, machten

ten ihn allen Kennern rühmlichst bekannt. Diese sind zum Gartenbaßin ein vier Schuh hoher Neptun, der einen, Wasser auswerfenden Delphin hält, aus weißem Salzburgermarmor; dann in die Kirche die Statuen Ludwig des Strengen, (Stifters) und Ludwigs des Kaysers. Dann verfertigte er, auf Bestellung des hiesigen Hofbauamts auf die Fascade der Theatiner-Hofkirche vier Statuen, aus Kehlheimerstein, jede 12 Schuh hoch, nämlich die heil. Adelheit, Ferdinand, Cajetan, und Maximilian. Weiter verfertigte er, auf Bestellung des hiesigen Stadtraths, zu dem Brunnen in der Neuhausergaße den heil. Johannes, eine 7 Schuh, 6 Zoll hohe Statue aus weißem Salzburgermarmor. Er wurde bald zu fernern Arbeiten dadurch aufgemuntert, daß er zum Hofbildhauer ernannt ward, wo er dann, auf Bestellung des Hofs, in den Garten zu Nymphenburg viele Statuen verfertigt hat, als die 1) Amphitritte, 2) Mars, 3) Pallas. 4) Merkur, 5) Venus, 6) Bachus, 7 Ceres; sie sind von weißen Tyrolermarmor, und 8 Schuh hoch. — Dann weiter nach den hiesigen Residenz-Hofgarten acht Statuen, welche die Thaten des Herkuls vorstellen. Sie sind von Holz und 9 Schuh hoch. Weiter die Kanzel in der Stiftskirche u. L. Fr. Sein gegenwärtiger Scolar Ignaz **Breitenauer** von Eichstätt

stätt tritt rühmlich in seines Meisters Fußstapfen.

Schedeville (Jos.) arbeitet meisterlich in Hautelice.

Danner (Baptist) ein Hautelicearbeiter.

Danner, ein vortreflicher Petschierstecher.

Demmel (Augustin) zu München geboren, malt Fresco; von ihm ist z. B. das Rathhaus.

Dorner (Jakob) hiesiger Hofmaler, Gallerieinspector und Kammerrath; ward zu Ehrenstätten in Breysgau 1741 gebohren; lernte bey dem kays. kön. Hofmaler zu Freyburg in Breysgau Herrn Franz Joseph Rösch; dann reißte er nach Italien, 2c. und kam nach München, wo ihn Churfürst Maximilian III. nicht nur zum Hofmaler ernannte, sondern auch auf Reisen schickte, wo er die Niederlande, Holland, und Frankreich, und die Schweiz besucht hat. Seit dem hat Herr Dorner fortgefahren, in Portraiten, kleinern auf Niederländerart gemalten Stücken, und auch in größern, trefliche Werke zu verfertigen. Gegenwärtig befindet sich bey ihm, um sich in der Kunst vollkommner zu machen, Herr Michael Mörter aus Breisgau.

Edlinger (Johann Georg) hiesiger Hofportraitmaler, ward zu Grätz gebohren; hat sich durch viele treffliche Werke berühmt gemacht.

Egell (Augustin) ein berühmter Hofbildhauer zu Mannheim, der sich gegenwärtig in München befindet.

Feichtmayr (Franz Xaver) ein sehr geschickter Stukadorer.

Förcher (Joseph) bürgerlicher Bildhauer, ward zu Geißlingen bey Rothweil gebohren; arbeitete zu Weilheim, Türkheim, Dachau, Augsburg u. s. w. Von ihm ist z. B. die Kanzel sammt den Figuren auf dem Frauengottsacker, und in der Frauenstiftskirche S. Philipp und Ursula auf dem sieben Zufluchtsaltar. Bey ihm praktizirt Herr Aloys Knilling, von Mitterwald aus Baiern.

Funk (Valerian) Unterhofbaumeister; radirte auch bey den Couvillers. Vater und Sohn, die Architektur.

Gallmayr (Joseph) hiesiger Hofmaschinist hat sich durch viele kunstreiche Werke einen berühmten Namen erworben.

Galrapp, ein hiesiger Frescomaler.

Göbl, hiesiger bürgerlicher Kartenmacher hat sich durch seine Erfindungen, und ausnehmende Geschicklichkeit auch im Auslande berühmt gemacht.

Heringer, hiesiger bürgerlicher Bildhauer.

Jungwirth (Franz Xaver) Kupferstecher ward zu München 1720 gebohren, lernte bey Mörl, radirte etliche 80 Köpfe nach Biacetti, nebst vielen Portraiten, z. B. des Hrn. Albrecht, Beich, Straub; — ferner die Städte München und Freysing im Prospekt nach Canaletto. Ganz gestochen hat er unter andern das Portrait des Hrn. Hofmaler, und Akademiedirektors Oefele, und das Altarblatt nach van Achen in der Kreuzkapelle bey St. Michael. Sein Sohn tratt meisterhaft in des Vaters Fußstapfen, starb aber frühzeitig.

Kaltner (Joseph) gebohren zu Nymphenburg, ein Kupferstecher; lebt itzt in Paris.

Kaufmann (Michael) herzoglicher Hofmaler, ward 1713 in Ruprechts Wolfegger Herrschaft gebohren; kam in herzogliche Dienste 1745 als Portraitmaler; er malte auch in Miniatur- Oel- und Fresco.

Klein (Jakob) ein trefflicher Hautlicearbeiter.

Knoller (Martin) aus Tyrol, war um 1775 einer der vornehmsten deutschen Historienmaler, und lebte um bemeldte Zeit als k. k. Hofmaler zu Mayland. Man sieht von ihm hier die Decke des bürgerlichen Kongregationssaals, Maria Himmelfahrt. Er lebt gegenwärtig im Rom, wo er an die Stelle des Mengs gekommen.

Kreiter (Aloys) bürgerl. Bildhauer, ward zu Burghausen gebohren.

Kriegl, bürgerl. Bildhauer. Von ihm ist der Tabernackl und die Kanzel im Josephspital.

Kirzinger, ein guter Historienmaler zu München.

Lander (Joseph) ein guter Pastel und Titularhofmaler.

Lerchen,

Lerchen, zu Obereinharts in Schwaben gebürtig, lernte bey dem Miniaturmaler Franz Anton Winder zu Immenstatt (dessen Vater ein Bruder zu dem hiesigen Franz Joseph Winder war) sechs Jahre; reiste dann nach Augsburg, und von da nach München, wo er in der Porcellainfabrike malte, und seiner Geschicklichkeit wegen, die Aufsicht über 75 Jungen bekam. Er verheyrathete sich zu München, und ist ein sehr geschickter Blumen- und Thiermaler, und vorzüglich der in- und ausländischen Vögel, welche er in sogenannten Wasserfarben meisterhaft ausdrückt.

Lespilliez (Karl v.) hiesiger kurfürstl. Oberbaumeister.

Linsinger (Joseph) Hofsteinmetzmeister, der bereits verschiedne geschickte Werke, als Caskaden, Grabsteine ꝛc. verfertigt hat.

Mathäo, bürgerlicher Steinmetzmeister. Von ihm sind verschiedne öffentliche Werke, als Brünnen, u. s. w.

Mayr (Leonhard) herzogl. klementinischer Miniaturmaler.

Messerschmid (Franz Xav.) des hiesigen Hofbildhauers Straub leiblicher Schwestersohn zu Eisensteig in Schwaben gebürtig. Er lernte bey Hrn. Straub sieben Jahre, war um 1772 k. k. Hofbildhauer und Professor der Sculptur bey der Akademie der Künste in Wien, und befindet sich gegenwärtig in Petersburg.

Milchram (Joseph) aus Böhmen gebürtig, schneidet sehr geschickt in Holz; wohnet in der Au.

Murl, gebohren zu Bregenz 1745; ein sehr geschickter Künstler und Bildhauer; lernte bey Roman Boos.

Oefele (Franz Ignaz) hiesiger Hofmaler, und Professor der Zeichnungsschule, ward zu Poßen in Pohlen 1731 gebohren (sein Vater war zu Schrobenhausen in Baiern gebürtig); legte seinen Grund zum Zeichnen zu Landsberg in Baiern, dann bey dem kaiserl. Hofm. und Kupferstecher Gottfried Bernhard v. Göz; arbeitete dann bey verschiednen Meistern, z. B. bey Albrecht zu München fünf Jahre; unternahm sodann eine Reise nach Italien, und ward bey seiner Zurückkunft, da eben durch die vorzügliche Bemühungen des Hrn. v. Lipperts die Zeichnungsschule errichtet wurde, als Professor bey derselben angestellt. Oefele verfertigte seit dem viele Werke mit ausgezeichnetem Ruhm.

An-

Andreas Seidel hat unter seiner Direktion bereits sehr gute Fortgange in der Kunst gemacht.

Prözner (Johann) ein bürgerl. Bildhauer, geboren zu München; von welchem hie und da gute Werke zu finden; von ihm sind der Tabernackel und englische Gruß in der H. Geistkirche; die Diana mit dem Hirschen im Thiergarten zu Nymphenburg ꝛc. bey ihm arbeitet gegenwärtig, A. Rotter aus Tyrol gebürtig.

Pupelli, ein hiesiger geschickter Miniaturmaler.

Quaglio, (Jos.) Hoftheatermaler.

Reis, malt in Oel- und Wasserfarben.

Schäfler, ein hiesiger Stuckadorer.

Schega (Franz Andreas) ward 1711 zu Rudolphswerth oder Neustädtel, in der windischen Mark in Krain gebohren; lernte Anfangs die Büchsenmacherkunst, als welche die Kunst seines Vaters war, und arbeitete als Gesell an verschiedenen Orten, wo er zuletzt nach München kam. Hier fieng er aus eignem Triebe an, erst das Petschierstechen, dann die Stempelschneiderkunst zu lernen, und übte sich zu dem Ende im Zeichnen, und Pousiren nach der Natur. Ein Portrait des großen Karl Alberts, das er in Wachs machte, erwarb ihm bey der hiesigen Münze die Stelle eines kurfürstl. Stempelschneiders. Zu den damaligen Kriegszeiten hat er, um seinen Unterhalt zu gewinnen, auch Portraite in Pastell gemalt, und in Kupfer gestochen; der Hr. Graf Sigmund von Haimhausen Münz- und Bergwerkspräsident, einer der ersten Beförderer der Künste und Wissenschaften, gab den Fähigkeiten dieses Künstlers Gelegenheit, sich in ihrer ganzen Stärke zu zeigen, und Schega wurde kurfürstl. Medailleur. Seine Medaillienstücke vom Kurhause Baiern haben ihm bereits einen Platz unter den ersten Künstlern Europens erworben.

Scheufele (Joseph Ignaz) kurfürstl. Medailleur wurde zu Paßau 1733 geboren, ward anfangs ein Gürtler, und erlernte im 36 Jahr seines Alters die Prägkunst ohne Anweisung. Er besuchte nachmals Italien, und die Schweiz, in welcher letztern er mit dem berühmten Hedlinger bekannt worden. Er hat Kurrentmünzen, und viele Medaillen verfertigt.

Schilling (Ignaz Balthasar) Sohn des verstorbenen Joseph Ignaz, geboren zu München

chen

chen 1739. Er malt in Oel Portraite und anders; auch versteht er sehr wohl die Theatermalerey, und hat überdieß bereits vieles in Fresco verfertigt, z. B. den Saal bey Herrn Albert.

Stephan (Joseph) ein Oel-Landschaft- und Thiermaler, gebohren zu München; lernte bey den Hofkupferstecher Späth die Anfangsgründe des Zeichnens; bildete sich dann ferner bey dem treflichen, guten Watterschoot, wo er fünf Jahre verblieb. Dann reißte er nach verschiednen deutschen Städten, und, als er wieder nach München zurück kam, heyrathete er die Wittwe eines Malereyhändlers, setzte den Bilderhandel fort, und verkaufte seine, und andrer Maler Bilder größtentheils aus dem Lande. Seine Handelschaft bestund gewöhnlich in Landschaften, die er von den Beich, Watterschoot, Lätter, und von Biderman zu Starnberg, der eine Tochter des münchnerischen berühmten Fresco- und Historienmaler Nikolaus Stubers zur Ehe hatte. Diese Mutter nun, die zween Söhne, Anton und Ferdinand, und ihre Tochter — alle fünf malten Landschaften, die damals, wo es noch mehrere Kunstliebhaber gab, als itzt, wohl, und leicht angebracht wurden. Stephan hat nachmals die Handelschaft aufgegeben, und sich nur allein auf die Malerey verlegt.

legt. Er wird größtentheils von Herrschaften zur Aufhebung der Plane ihrer Güter gebraucht, die sie von ihm malen lassen. Er ist auch ein treflicher Thier- und Vogelmaler, wie dann von ihm zu Nymphenburg viele Stücke zu sehen sind.

Schweinberger, hiesiger bürgerlicher Steinmetz, von welchem viele öffentliche Arbeiten, z. B. Stadtbrunen zu sehen sind.

Sentini (Jakob) ein tresiicher Hautelicearbeiter.

Straub (Johann) hiesiger Hofbildhauer, ward 1704 zu Wisensteig geboren, wo sein Vater ebenfalls Bildhauer war; bey diesem legte er den Grund seiner Kunst, worinn er sich nachmals zu München bey dem Hofbildhauer Gabriel Luidl, bey dem er vier Jahre blieb, noch mehr ausbildete. Hierauf reißte er nach Wien, wo er sich durch viele arbeiten vortreflich auszeichnete, und gieng dann wieder auf Einladung des berühmten Faistenbergers nach München zurück, und verblieb bey ihm ein Jahr, worauf er vom Karl Albrecht als Hofbildhauer ernannt ward. Er verfertigte eine erstaunliche Menge von Arbeiten, womit Tempeln, Palläste, öffentliche Plätze geziert sind. Nach Hrn. Straub bilde-

bildeten sich in der Kunst der Bildhauer Franz Ignaz Günther, welcher bey ihm sieben Jahre verblieb; Franz Xav. Messerschmid, dann der Hofbildhauer Roman Boos; ferner Jos. Weinmüller aus Euterang in Schwaben, der bey Straub vier Jahre verblieben.

Trösler (Joseph) ein Hautelicearbeiter.

Weissenhahn (Georg Michael) Hofkupferstecher geboren 1744 zu Hohenloh, lernte bey Georg Sigmund Resch in München, arbeitete 3 Jahre an den berühmten Werken der Couvilliers; ferner 55 Kupfer zu einem aus dem englischen übersetzten ökonomischen Buche u. s. w.

Weiß (Bartholomäus) ein würdiger Sohn des geschickten Portrait- und Historienmalers, der sich durch eine große Menge guter Werke ausgezeichnet hat.

Welde (Franz Xav.) hiesiger Hofmaler aus Grab in Schwaben gebürtig; legte den Grund zur Kunst bey Hrn. Demaree, in dessen Fußstapfen er sehr glücklich getretten ist.

Westermeier wird zu Eger eine Gränzstadt in Böhmen 1739 geboren, wo sein Vater (von Augsburg gebürtig) Miniaturmaler

war.

war. Er legte bey seinem Bruder die ersten Gründe zur Kunst, und reißte dann nach Prag, nach Wien, und nach verschiednen deutschen Städten, endlich ließ er sich zu München häuslich nieder. Er malt mit einer ausserordentlichen Fertigkeit, Miniatur und Landschaften mit Wasserfarben.

Wink (Christian) kurfürstl. Hofmaler wurde im Jahre 1738 zu Eichstett an der Altmühle ganz für die Kunst geboren. Die erste Anweisung erhielt er von seinem älteren Bruder, Chrysostomus, Maler zu Eichstett; dann kam er zu Anton Scheidler, einem Maler in Eggenfelden, wo er fünf Jahre blieb, und wider nach seiner Vaterstadt zurückkehrte. Nachdem er sich bey Jakob Feichtmayr ein Jahr aufgehalten hatte, gieng er nach Augsburg, Freysing, und endlich nach München, wo er bey dem herzoglichen Hofmaler, Johann Michael Kaufmann in Arbeit tratt. Hier machte er sich bald durch eigne Erfindungen bekannt, welche den Umfang seiner Fähigkeiten wahrnehmen ließen. Er verfertigte in dem Kloster Fürstenfeld verschiedene Stücke, und wurde dann sogleich nach München berufen, das Hoftheater zu malen. Zu gleicher Zeit malte er auch auf frischem Kalch, wie dann von ihm in der Pfarrkirche zu Starnberg; in der Pfarrkirche der Graf lodronischen Hofmark

im

im Haag; in der Graf August törringischen Schloßkapelle zu Neubergshausen; in der Pfarrkirche der Graf törring = seefeldischen Hofmark zu Inning, in der Wahlfartskirche des Klosters Metten, zu Lohe; in der Pfarrkirche zu Nasting, und dem Kloster Dietramszell zugehörigen Leonardskirche ꝛc. herrliche Frescogemälde zu sehen sind. Er hat auch mit allgemeinen Beyfall viele Altarblätter in Oel gemalt, auf Befehl des Kurfürst Maximilian III. unternahm er 4 große Oelgemälde, welche die 4 Jahrszeiten vorstellen, und nach welchen Hautelisspalieren verfertigt werden sollten, wobey selber den Beyfall Sr. Durchlaucht erhielt, so daß Sie ihm zum Hofmaler ernannten. Dann verheyrathete er sich mit Elisabetha der jüngern Tochter des Hrn. Franz Andreas Schega, malte dann die Kirchen zu Egling, und Beel, und verfertigte seit dem, wie dann der Reichthum seiner Inventionen ganz bewunderungswürdig ist, eine erstaunliche Menge Gemälde.

Wink (Amandus) Vetter des vorigen, ein sehr geschickter Früchten = und Blumenmaler.

Winter (Joseph) ein Hautelicearbeiter und Frescomaler.

Wörmann (Mathias) ein guter Oelmaler.

Zachenberger (Joseph) im Jahr 1732 zu München geboren, legte den ersten Grund zur Kunst bey seinem Vater, und dem Joseph Ruffin, arbeitete bey der hiesigen Porcellainfabrike 10 Jahre als erster Blumenmaler, malte sodann auf Tafent und Beguinartig das schöne Kabinet des Titl. Hrn. Graf von Tattenbach acht ganzer Jahre, wo alles, was Natur sagen will, zugegen ist. Er hat eine besondere Erfindung gemacht, alte, und übelzugerichtete Malereyen zu putzen, selben wieder den vollkommenen Saft zu geben, und von fernern Springen zu bewahren.

Zachenberger (Anton) Bürgerlicher Bildhauer, zu Jngolstadt geboren.

Zimmermann (Franz Michael) Sohn des verstorbnen Malers, und hiesigen Hofstukadorer.

Zimmermann (Joseph Anton) Hof- und Landschaftskupferstecher, ist zu Augsburg im Jahr 1754 gebohren. Unter seine, mir bekannten, Arbeiten, gehören viele Thesestupfer, worunter drey, nämlich a) das Mariabild zu Dorfen mit vielen Figuren; b) wieder

ein

ein Mariäbild mit verschiednen Tugenden, c) das Portrait des itzt regierenden Churfürsten zu Trier, besonders merkwürdig. Dieß letztere, ein Kniestück, wurde im deutschem Kollegio zu Rom mit vielem Beyfall producirt. Er verfaßte auch eine Landsbeschreibung von Bayern in groß Oct. und den geistlichen Kalender, von Bayern, und der obern Pfalz 4 Th. mit Kupfern, worinn die churfürstl. Regierungen, alle Städte, Märkte, Klöster von ihrem Ursprung, dann sämtliche Herrn Prälaten bis itzige Zeiten beschrieben, auch alle Dekanaten, Pfarreyen, Vikariaten, Filialen, und Kapellen, samt den Beneficien, und Besitzern, mit Anzeig deren Nämen, Regierung, Bistums, Gerichts, dann vieler Gnadenbilder, und Portraiten, enthalten sind. Er verfertigte auch viele Portraite von Fürsten, Adelspersonen, und Gelehrten. Er liefert das ganze Churhaus Bayern, und sind davon bereit fünf und fünfzig Stück fertig. Wenn er die ganze Reihe vollendet hat, wird er, gemäß gnädigster Anbefehlung, ebenfalls das durchl. churpfälzische Haus vornehmen. Man nimmt auch auf diese Portraite Subscription. Zu andern Portraiten gehören das Portrait Kaysers Franz I in gr. B.; — die Portraite Kaysers Josephs II, und seiner Gemahlinn Josepha aus Bayern; das Portrait des Oefele, Lipowski, des berühm-

ten

ten Baurен und Mathematikers Gränig u. a. m. Zur hiesigen Akademie der Wissenschaften hat er viele Arbeiten verfertigt, z. B. das Portrait Sr. iztregierenden churfürstl. Durchlaucht, von B. Götz gezeichnet; — das Mausoläum des Kaysers Ludwig u. s. w. (das weitere sieh bayrisches Jahrbuch.)

Siebenzehnter Abschnitt.

Anzeige, wie die gewöhnlichen fahrenden, und gehenden Posten, und Bothen kommen, und abgehen.

§. I. Posten.

a) Die reitende kömmt an. Sonntag, Mittwoch, und Samstag von ganz Oesterreich, Mähren, Schlesien, Schwaben, Franken, Frankreich, Spanien, Portugall; Montag und Donnerstag aus Holland, England, der obern Pfalz, Schweiz, Würtenberg, Tyrol, und Italien; Dienstag, und Freytag vom Bodensee, ganz Baiern, Böhmen, Schlesien, Salzburg, Kaufbaiern u. s. w.; Mitwoch von der Mosel, von Trier, Wetzlar, Berlin, aus der Schweiz, aus Sachsen; Donnerstag aus Venedig, Mayland, Schwaben; Freytag von Berchtesgaden, Reichenhall, Traunstein; Samstag aus Sachsen, Franken, Schwaben, Tyrol, Italien, Böhmen, und Schlesien.

Erhet

Gehet ab. Sonntag, Mitwoch, und Donnerstag Morgens um 7 Uhr nach Böhmen, Schlesien, und in die obere Pfalz. Um 7 Uhr Abends nach der obern Pfalz, Schwaben, Hamburg, Ober- und Niedersachsen, Franken, Hessen, und ins Breisgauische; Montag, und Donnerstag morgens in die obere Pfalz; mittags nach Salzburg, Traunstein; Abends nach Schwaben, und in die Schweiz; Dienstag, Freytag und Samstag nachmittag um 2 Uhr nach Wien, Ungarn; Abends um 6 Uhr nach Italien, Tyrol, Salzburg 2c.; Samstag Abends um 1 Uhr nach Traunstein, Reichenhall, Salzburg, Hallein; Abends um 6 Uhr nach Savojen, die Schweiz, ganz Baiern, und die obere Pfalz.

b) Die fahrende kömmt an. Sonntag und Montag morgens, und Mitwoch morgens und abends von Augsburg, Donauwörth, Mannheim, Weissenburg, item Sonntag, Montag, von St. Pölten, Wien, Linz 2c. von Straßburg, Offenburg, Basel; Montag um 10 Uhr Morgens von Salzburg, Stein, Wasserburg; Mitwoch Morgens von Augsburg, Nürnberg, Bamberg, Abends von Paßau, Vilshofen, Landshut.

Geht ab. Sonntag abends um 2 Uhr, nach Augsburg, Donauwörth, Mannheim, Weissenburg; Dienstag um 2 Uhr Abends nach Straßburg, Offenburg, Gengenbach; Mitwoch morgens um 8 Uhr nach Salzburg, Stein, Wasserburg, Steinering, Zorneding; Samstag abends um 4 Uhr nach Landshut, Regensburg, Straubing, Vilshofen 2c. Um 8 Uhr morgens nach Wien.

§. II. Bothen.

Die fahrenden Bothen kommen an.

a) Sonntag von Altenötting, log. beym Büchelbräu in der Schwabingergasse. Von Landshut log. bey Hrn. Schlicker im Thal.

b) Montag von Erding, log. bey Hrn. Bögner im Thal. Von Freysing, log. bey Hrn. Böck. Von Ingolstadt, log. auf der alten Post in der Kaufingergasse. Von Regensburg, log. bey Hr. Bögner. Von Salzburg, log. in eigner Behausung im Thal.

c) Dienstag von Aichach, log. beym Bauernhäuselbräu in der Neuhausergasse. Von Oetting, alle 14 Tage log. bey Hrn. Schlicke.

d) Mitwoch von Landshut, log. bey Hrn. Schlicker. Von Landsberg, log. bey Hrn. Rost auf dem Rindermarkt.

e) Donnerstag von Abensperg, alle 14 Tage logiert beym Schützbräu in der Sendlingergasse. Von Augsburg log. bey Hrn. Merkl in der Weinstrasse hintenaus. Von Diessen log. beym Schützbräu. Von Murnau log. bey obigen. Von Reichenhall alle 14 Tage log. beym Zengerbräu in der Burggasse. Von Straubing log. bey Hr. Abel auf dem Paradeplaz.

f) Freytag von Burghausen, log. bey Hrn. Schlicker. Von Erding log. im Hammerthalerhofe. Von Freysing, log bey Hrn. Böck. Von Ingolstadt, log. auf der alten Post in der Kaufingergasse. Von Landshut, log. bey Hrn. Schlicker. Von Neuburg alle 14 Tage log. bey Hrn.

Hrn. Schuster im Rosenthale. Von Pfaffenhofen, log. beym Biernbaumbräu in der Schwabingergasse. Von Rosenheim, log. im Melberhause in der Weinstrasse. Von Schongau, log. beym Pollingerbräu in der Sendlingergasse. Von Wasserburg, log. bey Hrn. Rost. Von Wollnzach, log. beym Biernbaumbräu. Von Mitterwald, log. im Melberhause in der Weinstrasse.

g) Samstag von Augsburg, log. in eigner Behausnng nächst der Frauenkirche. Von Schrobenhausen, log. beym Franciskanerbräu in der Residenzschwabingergasse.

Gehen ab.

a) Sonntag nach Burghausen um 9 Uhr, nach Ingolstadt um 10 Uhr, nach Reichenhall fruh 9 Uhr, nach Schrobenhausen von Michaelis bis Georgis um 4U. nach Landshut um 10 Uhr, nach Salzburg um 12 Uhr.

b) Montag vacat.

c) Dienstag nach Altenötting, nach Erding um 12 Uhr, nrch Freysing, nach Landshut um 12 Uhr, nach Regensburg um 10 Uhr.

d) Mitwoch nach Aichach, Augsburg, und Ingolstadt um 12 Uhr.

e) Donnerstag nach Landsberg um 10 Uhr, nach Oetting um 7 Uhr.

f) Freytag nach Brannau alle 14 Tage um 8 Uhr, nach Landshut und Straubing um 12 Uhr.

g) Samstag nach Abensberg um 11 Uhr, nach Augsburg um 1 Uhr, nach Erding und Freysing um 12 Uhr, nach Mitterwald nm 11 Uhr, nach Murnau, Pfaffenhofen, Rosenheim, und Schongau um 10 Uhr, nach Wasserburg und Wollnzach.

Alle 3 Wochen von Amberg, geht am Sonntag um 12 Uhr log. beym Zengerbräu.

Von Donauwörth alle 4 Wochen, geht ab Freytags um 10 Uhr, log. bey Hrn. Albert in der Kaufingergasse.

Von Kellheim alle Monat, log. beym Maderbräu im Thal.

Von Kemnath alle Monat den 26, log. beym Fuchsbräu in der Schwabingergasse.

Von Kiemsee alle 4 Wochen, log. beym Fuchsbräu.

Von Mainburg alle Monat, log. beym Franciskanerbräu.

Von Neustadt an der Donau alle Monat, log. beym Biernbaumbräu.

Von Straßburg alle Monat, log. im Seitenmacherhanse in der Sendlingergasse.

§ III.

Posten durch das Land Bayern.

a) Von München nach Paßau; Anzing, Haag, Ampfing, Altenöting, Markel, Braunau, Scharding, Paßau. b) Von München nch Regensburg, Amberg, Sulzbach. Bis Regensburg sind zwo Straßen, als rechts Freysing, Mosburg, Landshut, Ergolsbach, Buchhausen, Eglofsheim, Regensburg,

links

links Unterbruck, Pfaffenhofen, Geisenfeld, Neustadt, Saal, Regensburg, — Birkensee, Schwandorf, Amberg, Sulzbach. c) Von München nach Salzburg, Zorneding, Steinering, Wasserburg, Stain, (nun kommen zwo Strassen,) 1) Traunstein, Reichenhall, Salzburg; 2) Ferbershaim, Waging, Salzburg. Von München nach Augsburg, Neuburg, Donauwert; — Schwabhausen; hier sind zwo Strassen. 1) Nach Aicha, Holzheim, Donauwert; (—Aicha, Neuburg.) 2) Ebersberg, Augsburg, Meittingen, Donauwert. Von München nach Mindelheim. Pruck, Inning, Landsberg, Buchlor, Mindelheim. Von München nach Mittewald, Wolfershausen, Benediktbayern, Wallersee, Mittewald.

So lange das Wasser schifbar ist, kommt alle Freytag Abend ein Ordinairflos von Tölz, und alle Monntag um 1 Uhr gehen 2 Ordinärflöße von München nach Wien, wo selbe gewöhnlich am Samstag anlangen.

Allgemeine Uebersicht dieses Werks.

Anmerkung. Es ist bey einem Werk, wie das gegenwärtige, ungeachtet aller Mühe, welche man sich geben mag, es ganz fehlerfrey herzustellen, kaum möglich, es gänzlich von allen und jeden Mängeln zu befreyen. Fehler und Mängel nenne ich hier solche Irrthümer, wenn man z. B. schreibt (nicht behauptet) ein gewisses Haus sey vor Zeiten in dieser oder jener Gaße gestanden, da es doch daselbst nicht gestanden

 ist;

ist; — Irrthümer, die der größte Mann auf Erden ganz unschuldig begehen kann, ohne darum den Vorwurf einer Nachläßigkeit, oder Unwissenheit zu verdienen. Die Sachen, (zumal, wenn sie außer dem, daß sie bloße Nachrichten sind, gar keinen Einfluß auf unsre Glückseligkeit haben) sind oft zu geringfügig, und zu unbedeutend, als daß sie jemand, der nicht mit bloßen Nämen beschäftigt ist, allemal auffallen sollen, und so schlüpfen sie unbemerkt in das Buch, wo sie zuweilen gewissen Leuten ganz willkommen, und denselben eine erwünschte Gelegenheit sind, sich an jemand zu reiben, und das Publikum ihre Uebermacht in Dingen des Wissens sehen zu lassen.

Indeß ist es, auch in Falle, daß es bloß gleichgültige Dinge beträfe, Pflicht, Fehler zu verbessern, wo man immer kann, und ich habe daher, sowohl während, daß ich an dieser Beschreibnug arbeitete, als nachdem seibe schon gedruckt war, bewährte Männer, denen leicht jede Kleinigkeit bekannt seyn darf, wiederhollter Malen zu Rath gezogen, um das, was ich versehen, oder was ich andern, die sich vor mir schon irrten, nachgeglaubt haben möchte, in dieser allgemeinen Uebersicht nachzutragen, und dem Buch nach seiner Absicht die möglichste Vollkommenheit zu geben. Es folgen hiemit die Druckfehler, und dann die Verbesserungen derjenigen Stellen, wo mich eine Nachricht, die in meinen Augen Glauben verdiente, oder das Ansehen eines sonst bewährten Schriftstellers irr geleitet, oder wo ein guter Freund mich erinnert hat, daß es, einiger Leser wegen, besser seyn würde, den Ausdruck umständlicher, oder bestimmter zu machen.

Druckfehler.

Statt.	Seite.	Zeile.	Ließ.
Massau -	17 - -	16 -	Passau.
Eckius - -	17 - -	24 -	add. Eckius der Kanzler.
Witterung -	27 - -	2	Mondsänderung= oder Viertel.
Hebammengaßl	33 - -	21	NB. ist im Anger= viertel.

NB. Um bey Benennung der Gassen alle Unrichtigkeit zu vermeiden, will ich sie, wie selbe jüngst im Druck erschienen sind, hersetzen. a) Zum Hackenviertel gehört, die Sendlingergasse, die Hofstatt, der Färbergraben, das Hadergaßl, Hackengaßl, die Hundskugel, die Brungaße, Schmalzgaße, weite Gaße, Rehrnspeckergaße, Saumarkt, Althammergaße, Neuhausergaße. b) Zum Angerviertel das Thal vom Rathsthurm rechts hinunter, Sternöckergaßel, Küchelbachergaßel, Radelsteg, Fischergäßel, heil. Geisthof, Fleischbankgäßel, Roßschwemm, Stadtmauer, Rosen oder Krottenthal, Taschenthurm hinter der Stadtmauer, Hebammengäßel, Anger, Mühlgaße, Probstengäßel, Obdranger, Loderergäßel, Gänsbüchel, Dultgaßel, Sendlingergaße auf derselben Seite, Schmiedgaßel, Singspielergaßel, Rindermarkt, Rosengaße, Peters Freithof, Schlekergaßel, Pfaffengaßel. c) Zum Graggenauerviertel das Thal, hinunter links, Bachgaßel, Pfluggaßel, Stadtmauer, Schrommengaßel, Hofgraben, Münzgaßel, Graggenau, Altenhof, Residenzgaßeneck, Plätzel, Lederergaße, aufn Gehrn, Einschütt, Burggaße, Altenhofgaßel, Kruftgäßel, Kloibergaßel, Dienersgaße, Weinstraße, Residenzschwabingergaße. d) Zum Kreuzviertel Fürstenfeldergaße, Kaufingergaße, Beckengäßel, Frauengäßel, Frauenfreithof, der Platz, Sporergaße, Augustinerstock, Knödelgaße, Windenmachergaßel, Schweiggaße, Rochusbergel, Kühgaße, die zwey Prangersgaßen.

Statt.	Seite.	Zeile.	Ließ.
Vigilius	- 39 - -	14 -	Virgilius.
Kellern	- 40 - -	9 -	Eiskellern.
12. Bildnüße	- 53 - -	1 -	3, welche daselbst auch genannt sind.

Statuen zu Nymphenburg. S. 68.

NB. Die Statuen zu Nymphenburg befinden sich in folgender Ordnung.

a) Saturn a) Cybele, vom Marchiori.
b) Juno b) Jupiter, vom Aulizeck.
c) Neptun v. Grofft. c) Thetis, vom Rom. Boos.
d) Pluto d) Proserpina, vom Aulizeck.
e) Merkur e) Pallas. vom Roman Boos.
f) Mars f) Venus, vom Roman Boos.
g) Bachus g) Ceres, vom Roman Boos.
h) Apollo h) Diana, vom Aulizeck.

Auf der Cascade.

1) Aeolus 1) Flora, von Dubût.
2) Herkules 2) Pallas, vom Volpini.
3) Die Isar 3) Die Donau, vom nieml.

Bey Pagodenburg die Minerva von Aulizeck; bey Springwassern ein Apollo zwisen 2 Satyrn, vom Dûbût.

Statt.

Statt.	Seite.	Zeile.	Ließ.
Brüder - -	17 - -	28 -	Kinder.
Diana - -	60 - -	24 -	Bavaria (ein allegorisches Bild).
Gei - -	66 - -	2 -	Geist
drey Höf -	70 - -	18 -	zween Höfe.
Quercino da Zerto	77 - -	8 -	Quercino da Zento.
Teiner - -	83 - -	4 -	Teniers.
9 Canonici -	135 - -	16 -	10
-	141 - -	23 -	
Caspar Ament	175 - -	14 -	Amort.
Weskov —	183 - -	9 -	Peskov —
Krumpter -	143 - -	15 -	Krumper.
Kagerer -	151 - -	18 -	Kager die verbesserte Rechtschreibung ist im Index.
60 an der Zahl	200 - -	14 -	bey 50
Teiner - -	383 - -	11 -	Teniers, Maler für Baiern.

Berichtigung.

Seite 4 sagte ich: „Wohl aber gehörte nach Schöftlarn schon damals der sogenannte Conradshof, dessen Gründe, und Felder, welche gleich auf der Anhöhe um die Dachauerstrasse, zum Theil noch innerhalb dem Burgfried anfangen, das Kloster noch bis diese Stunde besitzet. „So steht in den Beyträgen zur Geschichte der Stadt München vom Michael von Bergmann. „Es liegen, heißt es (S. 9.) diese noch heute zu Tag unter dem Name Konradshof bekannte Grundstücke theils noch in dem Burgfried, theils gleich ausser-

ausserhalb dessen, sammentlich aber auf der Anhöhe unweit der Gegend der Dachauer Strasse. „Es muß verbessert werden: Landsberger = oder Passinger=strasse.

Seite 5 schrieb ich: „Vermuthlich hat Herzog Heinrich der Löw u. s. w. die Mauern vom Raths= bis zum schönen Thurm und vom Blauenten, bis zum Rudel = oder Wilbrechtsthurm errichtet, auch die noch heutigen Wassergraben herumgezogen, „Das Wort Mauern muß wegbleiben, welches ich in Gedanken an eine Befestigung, hinzugesetzt habe.

Seite 7 schrieb ich, daß Ludwig, der strenge, der erste Herzog war, welcher in München seine Residenz hatte. Das war, setzte ich hinzu, der sogenannte alte Hof. -- Und so haben viele andere vor mir geschrieben. Die Ursache dieser Meynung (denn das war es noch immer) habe ich S. 50 und 51 angeführt. Die itzige alte Residenz sammt der Kirche (einige sagen den Chor) ließ, sagte ich, Kaiser Ludwig bauen, weil jene erstere durch eine Feuersbrunst Schaden gelitten hatte. — Wenn nun aber dieser alte Hof allein von diesem Kaiser Ludwig erbaut worden ist, wie man mich dessen versichert hat, so bin ich erfreut, eine bestimmte Nachricht erhalten zu haben. Ich habe hier auch einer andern herzoglichen Residenz, welche bey dem damaligen Sendlingerthor, oder der itzigen rufinischen Behausung gestanden ist, nicht erwähnet, weil ich vorzüglich vom gegenwärtigen Zustande gehandelt habe.

Seite 14 sagte ich vom Kaiser Ludwig, er sey in der hiesigen Fürstengruft in U. L. Frauenpfarr begraben worden. Und was ich unter Fürstengruft, und Frauenpfarr verstehe, habe ich Seite 143 nämlich an seinem Orte gesagt. Ich erinnere dieß mit vielem Dank und Hochachtung für die Freundschaft, welche mich an solche Stellen, die beym ersten Anblicke unvollständig scheinen können, aufmerksam gemacht hat. Von dieser Art ist.

Seite 42 der Ausdruck: „Unter andern ist hier (auf dem Lehel) der kurfürstl. Holzgarten, ein Werk, das jeder Fremde sehen soll„ — wo ich nicht die Holzflöße, sondern die Bequemlichkeit, selbes dahin zu bringen, gemeynt habe.

Seite 53 sagte ich von der Statue, welche die Tugend vorstellt, diese ist vom Porphyrstein, und so fand ichs im Bianconi (1. B. S. 19.) Die Statue ist von Gipps, und nun porphyrartig gemacht.

Seite 55. Zeile 8. der Phaeton in der Mitte vom Triva, die Eckstücke vom Wolf. Ein bewährter Kenner versicherte, die obern Gemälde wären sämmtlich vom Peter Randito, und die Seitenstücke vom Vincentini. Von jenem sind auch die Portraite in der schönen Gallerie, deren ich am Ende dieses Blatts erwähnt habe.

Seite 58. der wahre Ort, an welchem Herzog Christoph den Stein geworfen, war der alte Hof, wie sich dessen diejenigen leicht bereden werden, die sich erinnern, wann Herzog Christoph gelebt hat. Seite 16.

Seite

Seite 66. die Gemälde an den Wänden der langen Gallerie waren auf Leinwand.

Seite 64. Maximilian Emanuel hat Schleißheim verschönert. — Mit diesen Wort sagte ich zu wenig; denn dieser Kurfürst hat es (wie S. 76. folgt) neu, und vom Grunde aus erbauet.

Seite 80. die Aufschriften Baron, Graf, welche auf den Helmen stehen, sind in spätern Zeiten auf selbe gesetzt worden.

Seite 85. Was die Zahl der Personalien bey, Dikasterien (auch Klöstern ꝛc.) anbelangt, so kann sich hierinn durch hundert Zufälle eine Aenderung ergeben. Die Absicht ist erreicht, wenn man davon das Zuverläßigste erhält.

Seite 136. Aus eben denselben Ursachen habe ich die Anzahl der geistlichen Personen herab gesetzt, und nur fünfhundert angegeben.

Seite 144. Ich erinnere, daß auf dem Gewölb von Gips auch vieles von Holz angebracht sey.

Seite 153. Die 12 Gemälde in der Oetingerkapelle eignen auch einige dem Karl Pfleger zu.

Seite 164. Die Plafondgemälde bey heil. Geist haben Stuber, und Kosmas Asam verfertigt.

Seite 166. Christus mit der Weltkugel, welcher oben an der Ausserseite der St. Michaelskirche steht, soll von Bley seyn; die übrigen Statuen sind vom Sandstein. Daß den heil. Michael zwischen den Kir-

chen=

chenthüren Peter Randito ordinirt hat, habe ich aus der Aufschrift des Kupferstichs ersehen, dessen ich bey Hubert Gerard erwähnt habe.

Seite 170. Im Kollegio befindet sich auch das Rathsdikasterium der kurfürstl. Landesregierung, das goldene Allmosen, nnd eine schöne Bibliothek, welche gegenwärtig, wie auch die Kirche, dem Malteserritterorden angehörig ist.

Seite 174. Das Chvraltarblatt in der kurf. Hofkapelle stellet nicht Mariä Himmelfahrt, sondern die Königinn aller Heiligen vor.

Seite 175. Die Altarblätter in der Altenhofkirche sollen sämmtlich vom Christoph Storrer, und mithin die Seitenblätter nicht von Kaspar Amort (Amont ist ein Druckfehl.) seyn.

Seite 188. Das Choraltarblatt ist vom Karl Pfleger.

Register von den Künstlern.

A.

B.

C.

D.

E.

Register von den Künstlern.

L.

M.

O.

P.

Q.

R.

S.

Schwein=

Register.

A.

B.

C.

D.

E.

F.

Fer-

Register.

Stadt=